权威·前沿·原创

皮书系列为
“十二五”“十三五”国家重点图书出版规划项目

智库成果出版与传播平台

中国皮书发展报告（2020）

PISHU DEVELOPMENT REPORT OF CHINA (2020)

主　编／谢曙光
副主编／蔡继辉　吴　丹

社会科学文献出版社
SOCIAL SCIENCES ACADEMIC PRESS (CHINA)

图书在版编目(CIP)数据

中国皮书发展报告.2020 / 谢曙光主编. --北京:
社会科学文献出版社，2020.9
（智库成果蓝皮书）
ISBN 978-7-5201-7176-2

Ⅰ.①中… Ⅱ.①谢… Ⅲ.①中国特色社会主义-社会主义建设模式-研究报告-中国-2020 Ⅳ.①D616

中国版本图书馆CIP数据核字（2020）第157775号

智库成果蓝皮书

中国皮书发展报告（2020）

主　　编 / 谢曙光
副 主 编 / 蔡继辉　吴　丹

出 版 人 / 谢寿光
责任编辑 / 郭瑞萍　王学英　陈　荣
文稿编辑 / 孙慧娟　丁启明

出　　版 / 社会科学文献出版社·皮书研究院（010）59367092
地址：北京市北三环中路甲29号院华龙大厦　邮编：100029
网址：www.ssap.com.cn
发　　行 / 市场营销中心（010）59367081　59367083
印　　装 / 天津千鹤文化传播有限公司

规　　格 / 开　本：787mm×1092mm　1/16
印　张：22.75　字　数：340千字
版　　次 / 2020年9月第1版　2020年9月第1次印刷
书　　号 / ISBN 978-7-5201-7176-2
定　　价 / 168.00元

《中国皮书发展报告（2020）》
编　委　会

本书作者

（按文序排列）

谢曙光　吴　丹　丁启明　俞孟令　张　琛
张艳丽　范松梅　白宇飞　丁阿丽　白　云
张铭晏　孙慧娟　刘　姝　张雯鑫　陈昂昂
杨　旻

主要编撰者简介

谢曙光（笔名，本名谢寿光） 现任中国社会科学院社会科学文献出版社社长，中国社会学会秘书长，二级研究员。中国社会科学院研究生院教授，华侨大学特聘教授。1993 年起享受国务院政府特殊津贴；2009 年荣获“韬奋出版奖”；2013 年起，受聘担任国家社会科学基金学科规划评审组专家；2017 年，荣获“第四届中国出版政府奖优秀出版人物奖”。主持多项国家社科基金项目，领衔国家学术出版规范研制。

开创知名学术品牌———“皮书系列”图书，被誉为“中国皮书出版第一人”。主要学术成果包括《皮书研创与智库建设》（主编，2014）、《皮书与中国话语体系建设》（主编，2016）、《皮书手册——写作、编辑出版与评价指南》（主编，2015）、《皮书专业化二十年（1997～2017）》（主编，2017）、《皮书研创与当代中国研究》（主编，2018）、《学术出版研究———中国学术图书质量与学术出版能力评价》（合著，2018）、《中国皮书发展报告（2019）》（智库成果蓝皮书，主编，2019）、《新时代的皮书：未来与趋势》（主编，2019）、《SSAP 手册系列 1：作者手册》（主编，2020）、《中国学术出版：现状、问题与机遇》（论文，2013）、《学术出版与中国国际话语体系的构建》（论文，2014）、《皮书与当代中国研究》（论文，2016）、《大数据时代的学术出版》（论文，2017）等。

摘　要

智库成果是智库研究人员智力成果的集中体现，也是智库服务党和政府科学决策及向公众发声的主要载体。作为应用型智库成果，皮书不仅是构建中国学术国际话语体系、发挥中国智库国际影响力的知名学术品牌，而且在推动中国特色新型智库建设中发挥了咨政建言、引导舆论、促进国际交流、打造学术共同体等重要作用。

皮书自 1990 年在中国发端，1997 年经社会科学文献出版社（简称“社科文献”）专业化、系列化、品牌化运作，在历经 20 余年精心打磨之后，已进入高质量发展时代。截至 2019 年，社科文献每年连续出版的皮书近 450 种，皮书总字数达到 12.6 亿字，皮书作者总数近 3 万人；参与皮书研创的智库数量近千家。截至 2020 年 6 月 30 日，皮书数据库内容资源达到 44.7 亿字，累计机构用户超过 1500 家、个人用户达 16.6 万人；自 2007 年起，多种皮书以英文、俄文、日文、韩文等语种在海外出版，截至 2020 年 7 月，外文版及中文繁体字版的皮书出版总数达 232 部。

在高质量发展的同时，皮书应在坚持正确的政治方向、学术导向，全面落实“调整结构、优化选题”的书目管理制度，积极利用数据平台、智能平台，创新内容创作、生产、发布方式，高度重视报告的写作规范，建立科学的皮书成果评价体系等方面进一步提升，从而在咨政建言、理论创新、舆论引导、国际交流、智库共同体建设等方面发挥中国特色新型智库的重要价值。

关键词： 皮书　高质量发展　智库共同体

目　录

Ⅰ　总报告

Ⅱ　分类报告

Ⅲ 规范与评价报告

Ⅳ 热点报告

Ⅴ 案例

Ⅵ 附录

总 报 告

General Report

B.1 中国皮书高质量发展报告（2020）

谢曙光　吴 丹*

摘 要： 皮书在推动中国特色新型智库建设中发挥了咨政建言、引导舆论、促进国际交流、打造学术共同体等重要作用。经过结构调整与优化，皮书品种数快速发展的态势得到有效控制，研创机构持续增长，作者数量保持稳定。截至2019年，每年连续出版的皮书近450种，皮书总字数达到12.6亿字，皮书作者总数近3万人，参与皮书研创的智库数量近千家。截至2020年6月30日，皮书数据库内容资源达到44.7亿字，累计机构用户超过1500家、个人用户达16.6万人。自2007年

* 谢曙光，本名谢寿光，二级研究员、编审，社会科学文献出版社社长、中国社会学会秘书长，研究方向为社会组织管理、智库建设、学术出版；吴丹，副编审，社会科学文献出版社皮书研究院执行院长，研究方向为智库建设、学术出版。社会科学文献出版社皮书研究院助理研究员张铭晏担任本书数据统筹，并负责本报告的基础数据采集，特此致谢。

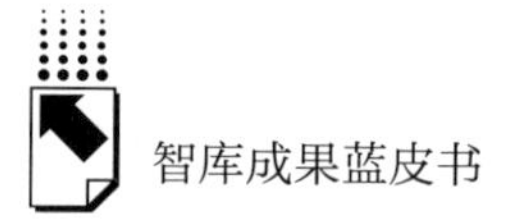

起，多种皮书以英文、俄文、日文、韩文等语种在海外出版，截至2020年7月，外文版及中文繁体字版的皮书出版总数达232部。皮书研创出版下一步的任务是：全面落实高质量发展要求，突出智库成果的公共性，以研究重大理论和实际问题为主攻方向；积极利用数据平台、智能平台，创新皮书内容生产、发布方式；高度重视皮书的写作规范；建立科学的皮书评价体系，推动智库共同体的成长。

关键词： 皮书　智库　智库成果　智库影响力

党的十八大以来，随着中国特色社会主义建设进入新时代，中国特色新型智库建设也进入新的发展阶段。党的十九大报告进一步提出要“深化马克思主义理论研究和建设，加快构建中国特色哲学社会科学，加强中国特色新型智库建设”。① 在顶层设计利好的背景下，中国智库迎来了发展的黄金机遇期，传统智库加速整合、转型，新型专业智库不断涌现。社会科学文献出版社牵头研发的第四版《中国智库名录》，收录了中国内地1537家智库②。

在2016年5月17日的哲学社会科学工作座谈会上，习近平总书记指出：“近年来，哲学社会科学领域建设智库热情很高，成果也不少，为各级党政部门决策提供了有益帮助。”③ 四年过去了，国家和社会对智库的认知

① 习近平：《决胜全面建成小康社会　夺取新时代中国特色社会主义伟大胜利》，人民出版社，2017，第41~42页。

② 《中国智库名录》是由社会科学文献出版社皮书研究院组织编写的收录中国智库基本信息的机构名录，自2015年开始出版，根据智库的变化情况，每年更新再版。收录范围包括党政系统智库、科研机构、研究院所、主要高校智库、社会智库、合作智库等。《中国智库名录No.4》收录中国智库1537家，相比于《中国智库名录No.3》，《中国智库名录No.4》新增智库189家，补充、修改信息的智库451家。参见谢曙光、蔡继辉主编《中国智库名录No.4》，社会科学文献出版社，2020。

③ 习近平：《在哲学社会科学工作座谈会上的讲话》，人民网，http：//politics.people.com.cn/n1/2016/0518/c1024-28361421-4.html。

和需求日渐深入。作为现代国家治理体系中的重要组成部分，中国特色新型智库的作用日益凸显。习总书记同时还指出：“有的智库研究存在重数量、轻质量问题，有的存在重形式传播、轻内容创新问题，还有的流于搭台子、请名人、办论坛等形式主义的做法。智库建设要把重点放在提高研究质量、推动内容创新上。”[①] 在如火如荼的“智库建设”“智库评价”的“热浪”中，智库成果始终是体现智库价值的重要表达方式，能否持续产出高质量的智库成果也成为决定智库影响力大小的主要因素。

伴随改革进入攻坚期和深水区，中国所面临的风险和考验更为复杂和严峻，面对全球各种思想文化交流中有碰撞、融合中有交锋的新态势，当今社会思想观念和价值取向日趋多元，迫切需要中国智库用中国风格、中国气派、中国话语提供高水平的理论和智力支持。

皮书是对当前中国与世界热点问题进行年度监测并对中国经济社会发展起到积极推动作用的一种重要的智库成果表达形式，是中国智库服务于中国特色社会主义现代化建设的重要载体，也是有关中国发展、中国经验、中国道路的哲学社会科学重要研究成果。本报告以 2019 年版皮书为主要研究对象，以数据为主要依据，旨在呈现 2019 年公开出版的智库成果发展图景，并总结在推动智库成果高质量发展过程中，智库平台所做的努力和取得的成效，以期为中国智库成果评价、智库评价，乃至中国特色智库建设厘清基础数据、勾画未来趋势，为提升中国哲学社会科学“学科体系、学术体系、话语体系”贡献智慧。

一 2019年版皮书数据特征：高质量发展

自 1991 年底出版第一部蓝皮书——“经济蓝皮书”《1992 年中国：经济形势分析与预测》以来，特别是自 1997 年起社会科学文献出版社对皮书

① 习近平：《在哲学社会科学工作座谈会上的讲话》，人民网，http：//politics. people. com. cn/n1/2016/0518/c1024 -28361421 -4. html。

进行专业化、系列化、品牌化运作以来，皮书的数量、影响力都得到了大幅提升。截至 2020 年 6 月，皮书已累计出版 900 多种，合计 3700 多部，总字数达到 13.6 亿字。

中国社会科学院院长谢伏瞻在 2019 年召开的第二十次全国皮书年会上明确要求皮书研创出版要走“高质量发展”路径。自此，以皮书为代表的智库成果开始步入高质量发展阶段。

2019 年全年共公开出版智库成果 1875 部，皮书 391 部，占 20.85%①。除社会科学文献出版社出版的皮书以外，还有五家出版社出版智库成果较多，分别为中国金融出版社、中国社会科学出版社、科学出版社、中国经济出版社、中国农业出版社。

（一）皮书报告总量控制有效

从皮书品种数来看，自 2019 年 10 月起，皮书研创的准入门槛越来越高，皮书出版的标准也越来越高。皮书数量增长过快的态势得到了有效控制（见图 1）。如表 1 所示，由社会科学文献出版社正式出版的 2019 年版皮书共计 427 部②。与 2018 年（441 部）相比，下降 14 部。截至 2019 年，皮书一共出版了 3559 部。

表 1　皮书品种出版数量（1997～2019）

单位：部

版本	出版数量
1997	1
1998	5
1999	9
2000	9
2001	16

① 数据来源于社会科学文献出版社“智库成果名录”课题组，为与其他图书保持一致，此处皮书品种是以自然年为统计口径，与本报告分析的版本数据略有差异。

② 为保持统计口径的延续性，本报告使用的品种统计以皮书封面标记的版本年份为准，与以图书实际出版年份的统计方法所得数据略有差异，但总趋势是一致的。

续表

版本	出版数量
2002	19
2003	22
2004	28
2005	38
2006	69
2007	87
2008	88
2009	113
2010	138
2011	185
2012	227
2013	256
2014	297
2015	329
2016	362
2017	393
2018	441
2019	427
合计	3559

数据来源：皮书研究院。

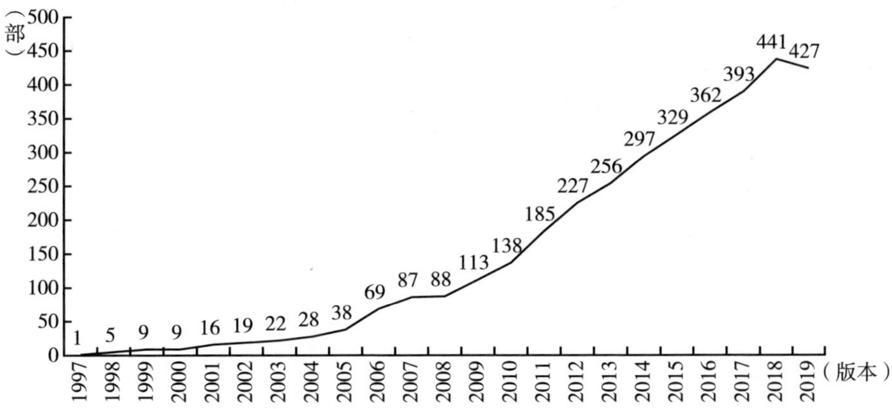

图 1　皮书品种数量的变化趋势（1997～2019）

数据来源：皮书研究院。

从图2可见，伴随着皮书品种数的下降以及整部皮书精简内容“瘦身”要求，皮书报告数量也呈下降态势，由2018年的8832篇下降到2019年的8264篇。

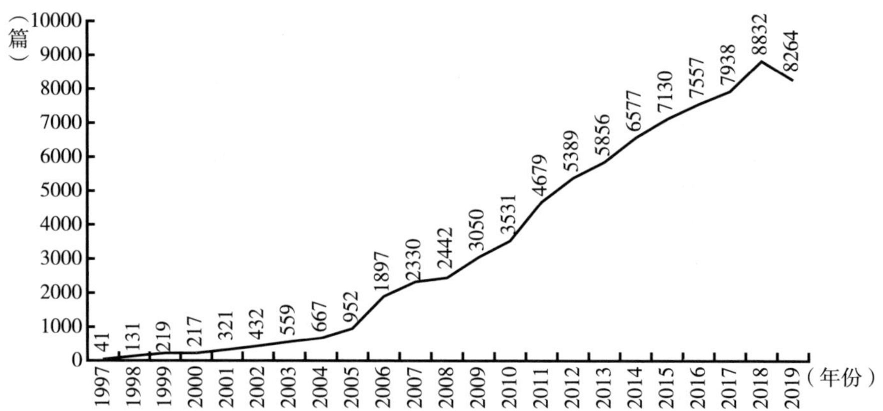

图2　皮书报告数量的变化趋势（1997～2019）

数据来源：皮书研究院。

从皮书的字数来看，每部皮书平均字数基本从2016年起就保持在34万字左右；截至2019年，皮书总字数达到12.6亿字（见表2）。

表2　皮书总字数及平均字数的变化（1997～2019）

单位：千字

版本	总字数	平均字数
1997	305	305.00
1998	1304	260.80
1999	2485	276.11
2000	2405	267.22
2001	4687	292.94
2002	5358	315.18
2003	7215	327.95
2004	—	—
2005	—	—
2006	25875	386.19
2007	38199	439.07
2008	39737	451.56
2009	51184	452.96

续表

版本	总字数	平均字数
2010	61449	445.28
2011	72799	393.51
2012	87712	386.40
2013	94368	368.63
2014	107916	363.35
2015	113482	344.93
2016	122380	338.07
2017	132230	336.46
2018	150294	340.80
2019	141567	348.00
合计	1259947	353.95

注：2004 年、2005 年字数为个位数（千字）的数据居多，为异常值，共 63 个，未计算；其他年份字数为个位数（千字）的共计 11 个，可忽略影响。

数据来源：皮书研究院。

（二）皮书研创机构持续增加

皮书研创机构是一本皮书的策划者、发起机构，往往对皮书发展起关键性作用。有的皮书由领域内多家权威机构合作研发，有的研创机构策划多种皮书，制定了关于皮书发展的激励性制度，对推动皮书的高质量发展起到了重要作用。2019 年版皮书的研创机构继续增加，达到了 452 家（见表 3）。

表 3　2019 年版皮书的研创机构统计

单位：家

序号	研创机构分类	数量
1	中国社会科学院智库	41
2	高校和高校智库	138
3	地方社会科学院智库	43
4	党政部门及其智库	128
5	行业智库	27
6	社会智库	25
7	企业和企业智库	43
8	媒体和媒体智库	6
9	其他	1
合计		452

数据来源：皮书研究院。

从历年的研创机构新增数据来看，2011 年起，每年新增机构在 50 家以上，2018 年一度超过 100 家，2019 年增速有所回落（见表 4）。

表 4　2010～2019 年版皮书新增研创机构统计

单位：家

版本	新增研创机构数量
2010	26
2011	55
2012	64
2013	54
2014	60
2015	72
2016	69
2017	85
2018	104
2019	90

数据来源：皮书研究院。

我们把皮书研创机构分成中国社会科学院智库、高校和高校智库、地方社会科学院智库、党政部门及其智库、行业智库、社会智库、企业和企业智库、媒体和媒体智库、其他等 9 大类，这 9 类机构研创皮书（2019 年版）数量如表 5 所示。其中，高校和高校智库、地方社会科学院智库、党政部门及其智库研创的皮书最多。中国社会科学院作为首批 25 家高端智库之一，其研创的皮书品种在单体智库中数量最多。

表 5　皮书研创机构研创皮书数量（2019 年版）

单位：部

序号	研创机构分类	数量
1	中国社会科学院智库	72
2	高校和高校智库	138
3	地方社会科学院智库	104
4	党政部门及其智库	101
5	行业智库	30
6	社会智库	27

续表

序号	研创机构分类	数量
7	企业和企业智库	47
8	媒体和媒体智库	6
9	其他	1

数据来源：皮书研究院。

（三）皮书报告作者相对稳定

对皮书报告作者的统计，本报告沿用一贯的统计方法，即统计皮书中有规范署名信息所有报告的作者、执笔人、课题组成员。在2019年版皮书中，受皮书品种及报告数量控制的影响，皮书报告作者的总人数、副高及以上职称及具有博士研究生学历的作者人数，与上年相比均有所下降（如表6所示）。

表6　皮书作者数量及其职称、学历分布（1997～2019）

单位：人

版本	作者数量	副高及以上职称作者数量	博士学历作者数量
1997	60	12	8
1998	153	58	26
1999	224	79	27
2000	180	47	24
2001	299	115	59
2002	420	198	98
2003	537	261	153
2004	629	339	182
2005	897	478	251
2006	1917	995	520
2007	2333	1231	695
2008	2720	1626	848
2009	3337	2051	1123
2010	3766	2505	1467
2011	4544	2784	1682
2012	5571	3594	2111
2013	6099	4089	2526
2014	7161	4676	2965

续表

版本	作者数量	副高及以上职称作者数量	博士学历作者数量
2015	7903	5162	3193
2016	8769	5676	3742
2017	9845	7535	4082
2018	11422	7335	4659
2019	11048	6676	3441

数据来源：皮书数据库，皮书研究院采集数据并进行数据清洗。

从每一版本皮书的新增作者数量来看，自 2011 年开始，每一年度新增作者都超过 1200 人，自 2014 年起，超过 1500 人。2010 ~ 2019 年，十年合计新增作者超过 15000 人（见表 7）。目前，皮书报告作者累计近 30000 人。

表 7　2010 ~ 2019 年新增皮书作者数量

单位：人

版本	新增作者数量
2010	917
2011	1318
2012	1440
2013	1267
2014	1501
2015	1659
2016	1616
2017	1755
2018	1827
2019	1776
合计新增	15076

数据来源：皮书研究院。

二　2019年版皮书研创内容及影响力分析

（一）皮书热词：2019年版皮书研创热点

本报告对 2019 年版皮书单篇报告的题目、摘要、关键词进行词频分析，分别考察宏观经济、产业经济、区域与城市经济、社会政法、文化传媒、地方发展－经济、地方发展－社会、地方发展－文化、国别区域与全球治理等9类皮书报告的研究热点。使用微词云在线热词分析工具计算热词频数并生成各类皮书报告的词云图。

为更准确分析核心词，对内容相似的词语进行了合并，如“农村”和“乡村”、“房地产”和“房地产市场”等；同时删除了一般性高频词，如“问题”“研究”“发展”等。

如表8、图3所示，2019年版皮书热词体现了皮书在选题上的特点：经济综合竞争力、高质量发展是经济领域关注较高的，在整体上排名前两位。

表8 2019年版皮书热词TOP10

排名	1	2	3	4	5	6	7	8	9	10
2019年版皮书热词	经济综合竞争力	高质量发展	新能源汽车	同比增长	乡村振兴	要素竞争力	文化	年总人口	交通	人工智能

注：该表格结果由微词云软件生成，皮书研究院统计。

图3 2019年版皮书热词云图

注：该图由微词云软件生成。

表9　2019年版皮书各分类热词排名

皮书类别		1	2	3	4	5	6	7	8	9	10
宏观经济类		经济综合竞争力	同比增长	要素竞争力	人均 GDP	竞争力指标	地区生产总值	年总人口	自治区经济综合竞争力	可持续发展排名	对外开放
产业经济类		新能源汽车	一带一路	智能网联汽车	市场规模	大数据	交通	智能化	人工智能	房地产市场	自动驾驶
区域与城市经济类		长江经济带	高质量发展	粤港澳大湾区	中心城市	上海	新动能培育	一带一路	产业新城	工业	产业集聚
社会政法类	社会发展类	社会形势	居民收入	就业	社会心态	志愿服务	社会保险	社区养老	社会组织	慈善事业	青年发展
	公共服务类	减税降费	社区治理	教育改革	电子政务	医疗改革	养老服务	生态文明	公共舆情	互联网服务	垃圾分类
	法治建设类	法治中国	民事法治	司法改革	知识产权	人权	机构改革	扫黑除恶	土地承包	营商环境	法院信息化
文化传媒类		网络	内容	市场	技术	互联网	平台	数据	视频	行业	经济
地方发展－经济类		高质量发展	河南	广州	上海	煤改电	改革	供给侧结构性改革	三农	乡村振兴	城市
地方发展－社会类		社会治理	乡村振兴	教育	祁连山	立法	社会组织	创新	社会情绪	社区治理	农民工
地方发展－文化类		文化产业	版权	城市	北京	公共	融合	甘肃	时代	建议	品牌
国别区域与全球治理类		合作	形势	关系	政策	日本	丝绸之路	挑战	文化	政治	俄罗斯

注：该表格结果由微词云软件生成，皮书研究院统计。

表9呈现了各分类皮书热词：宏观经济类皮书最关注经济综合竞争力，同比增长、要素竞争力、人均GDP、竞争力指标、地区生产总值等是经济数据分析的重要指标，对外开放也是经济类皮书关注的重要热点（见图4）；在产业经济类皮书中，新能源汽车、智能网联汽车、人工智能、房地产市场、自动驾驶、交通、大数据是热点领域，一带一路成为产业经济中的重要布局，市场规模是产业经济数据分析的重要指标（见图5）；在区域与城市经济类皮书中，长江经济带、粤港澳大湾区、中心城市、上海、一带一路是重点关注的地域，高质量发展、新动能培育、产业新城、工业、产业集聚是城市经济分析中的重要指标（见图6）；在地方发展－经济类皮书中，高质量发展、煤改电、改革、供给侧结构性改革、三农、乡村振兴、城市是被高度关注的主题，而河南、广州、上海三地地方类皮书较多（见图7）；在地方发展－社会类皮书中，最广泛被关注的是社会治理、乡村振兴、教育、立法、社会组织、创新、社会情绪、社区治理、农民工等领域（见图8）；在地方发展－文化类皮书中，文化产业、版权、城市、融合、时代、品牌等是关注度比较高的热词。

图4　2019年版宏观经济类皮书热词云图

注：该图由微词云软件生成。

图5　2019年版产业经济类皮书热词云图

注：该图由微词云软件生成。

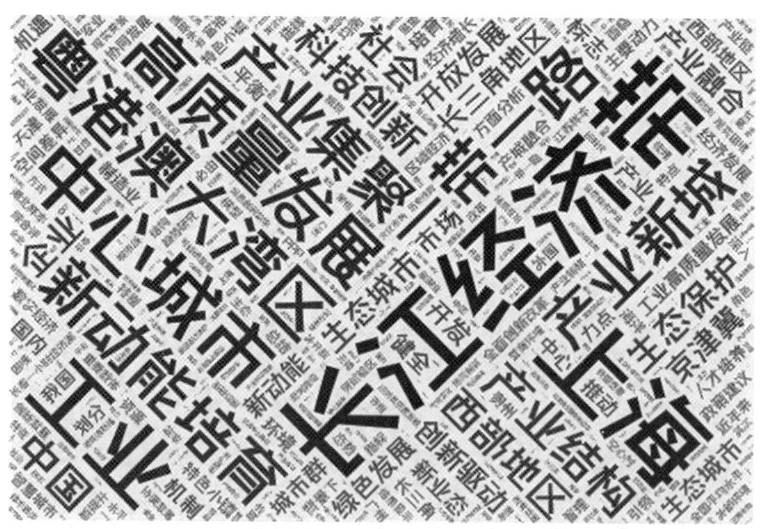

图6　2019年版区域与城市经济类皮书热词云图

注：该图由微词云软件生成。

图7　2019年版地方发展－经济类皮书热词云图

注：该图由微词云软件生成。

图8　2019年版地方发展－社会类皮书热词云图

注：该图由微词云软件生成。

（二）2019年版皮书及报告的数据库影响力分析

2019年以来，皮书数字化能力持续提升，以皮书数据库、中国皮书网、

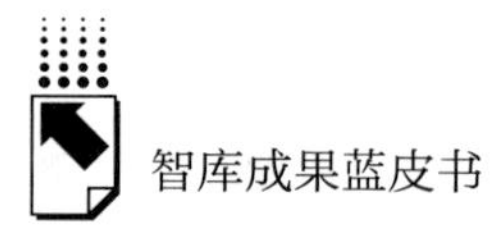

皮书电子书、皮书音视频共同服务于用户的皮书数字化业务格局基本形成，带来了良好的市场叠加效应，以内容、服务和运营创新为核心动能的动力机制正在形成。截至2020年6月30日，皮书数据库收录图书突破1万本，字数达到44.7亿字，内容涉及41个一级学科100多个行业，覆盖80余个国家、30个国际区域及国际组织，以及中国的34个省级行政区；用户遍及12个国家，机构用户已超过1500家，个人用户近16.6万人；累计页面浏览量达2102万次，各项指标较上年度都有较大提升。①

伴随着皮书数据库使用人数的持续增加，皮书报告在皮书数据库中的使用数据将进一步凸显报告在业界的影响力。本报告采集了皮书数据库中427部2019年版皮书及其报告的使用数据（每部皮书的使用数据包括其所含单篇报告的访问量、阅读量、下载量）。截至2020年5月23日，427部2019年版皮书的总访问量达到了20万次以上，总阅读量达到了197338次，总下载量为91611次（见图9）。

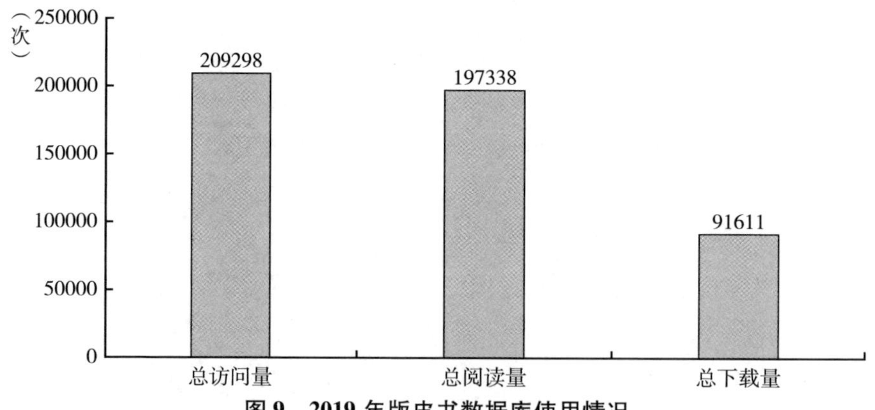

图9　2019年版皮书数据库使用情况

注：数据采集时间为2020年5月23日。
数据来源：皮书数据库。

从单部皮书的下载量频次分布来看，下载量在100～199次的皮书最多，达128部；其次是下载量在200～499次，为121部；再次是50～99次，有

① 刘姝：《皮书数字化发展报告（2020）》，参见本书第262页。

62部；只有2部皮书下载次数为0（见图10）。与2018年版数据相比，2019年版皮书的整体访问量、阅读量、下载量有了全面提升。

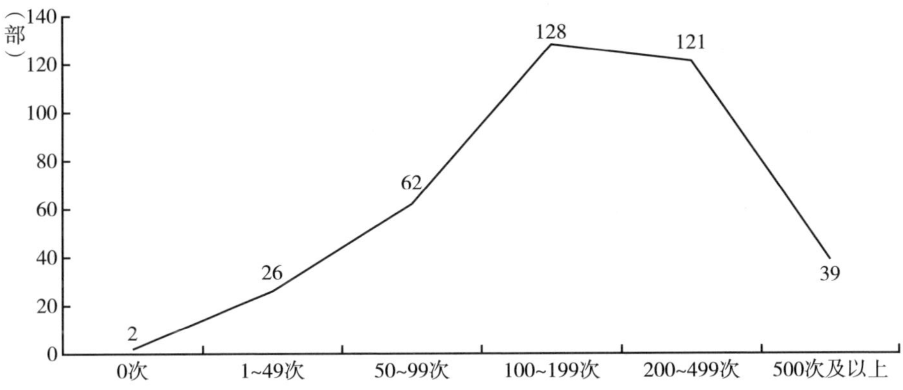

图10　2019年版皮书数据库下载量频次分布

数据来源：皮书数据库。

按照下载量对2019年版皮书进行排名，结果如表10所示。其中，《中国传媒产业发展报告（2019）》总下载量居第一位。《中国新能源汽车产业发展报告（2019）》、《中国新媒体发展报告No. 10（2019）》、《2019年中国社会形势分析与预测》、《2019年中国经济形势分析与预测》、《中国区块链发展报告（2019）》、《中国区块链应用发展研究报告（2019）》及《中国省域经济综合竞争力发展报告（2017~2018）》的总下载量都超过了1000次。

表10　总下载量500次及以上的2019年版皮书

单位：次

排名	书名	总访问量	总阅读量	总下载量
1	中国传媒产业发展报告(2019)	3367	2743	1868
2	中国新能源汽车产业发展报告(2019)	2397	1599	1590
3	中国新媒体发展报告 No. 10(2019)	2805	2297	1577
4	2019年中国社会形势分析与预测	5006	4067	1425
5	2019年中国经济形势分析与预测	3298	1621	1423
6	中国区块链发展报告(2019)	2564	1311	1420

续表

排名	书名	总访问量	总阅读量	总下载量
7	中国区块链应用发展研究报告(2019)	1653	748	1090
8	中国省域经济综合竞争力发展报告(2017~2018)	2108	1497	1052
9	中国医院竞争力报告(2018~2019)	2338	1372	955
10	中国慈善发展报告(2019)	3346	4549	933
11	中国移动互联网发展报告(2019)	1456	902	849
12	中国制药工业发展报告(2019)	1447	1567	847
13	全球政治与安全报告(2019)	1690	868	838
14	中国教育发展报告(2019)	1910	1387	829
15	中国房地产发展报告 No. 16(2019)	1150	692	719
16	中国社会保障发展报告(2019) No. 10	1882	2043	708
17	“一带一路”建设发展报告(2019)	1486	1310	702
18	2019 年中国本科生就业报告	3143	3460	676
19	粤港澳大湾区建设报告(2019)	1351	1557	667
20	2018~2019 年中国旅游发展分析与预测	1679	1290	627
21	中国文旅产业发展报告(2019)	1760	1535	617
22	河南法治发展报告(2019)	979	485	596
23	2019 年世界经济形势分析与预测	1159	506	590
24	全球数字经济竞争力发展报告(2019)	1273	1473	589
25	深圳经济发展报告(2019)	956	1108	577
26	中国传媒经济发展报告(2019)	1210	768	569
27	新兴产业发展报告(2018~2019)	726	461	560
28	国际城市发展报告(2019)	1334	1209	548
29	中国互联网经济发展报告(2019)	1245	1319	546
30	中国健康管理与健康产业发展报告 No. 2(2019)	1013	851	541
31	中国电子政务发展报告(2018~2019)	1228	1391	537
32	人工智能发展报告(2018~2019)	742	376	535
33	中国未成年人互联网运用报告(2019)	1300	1153	534
34	数字经济发展报告(2018~2019)	986	661	531
35	中国土地政策研究报告(2019)	770	413	528
36	中国信息化形势分析与预测(2018~2019)	996	903	520
37	中国医疗人工智能发展报告(2019)	1059	802	516

续表

排名	书名	总访问量	总阅读量	总下载量
38	中国智能网联汽车产业发展报告（2019）	1199	1400	507
39	中国金融发展报告（2019）	1055	851	500

数据来源：皮书数据库。

（三）2019年版皮书报告同行影响力分析

本报告使用中国知网的《中国图书引证统计分析数据库》① 统计的皮书被引频次来分析皮书在学术共同体中的同行影响力。通过查询该数据库内的皮书转引情况，导出结果并进行人工数据清洗，最后发现，截至 2020 年 7 月 24 日，可查询被引皮书共 1423 部，总计被引频次为 46035 次。其中，被引频次在 0～9 次的，有 852 部；被引频次在 10～39 次的，有 310 部；被引频次在 40～99 次的，有 143 部；被引频次在 100 次及以上的有 118 部（见图 11）。与 2019 年同期相比，被引皮书数量从 922 部增长到 1423 部，总被引频次从 36089 次增长到 46035 次，可见，一年以来，被引皮书的数量及被引频次都明显得到了提升。从这一指标来看，皮书的学术影响力获得了有效提升。

表 11 中，统计了截至 2020 年 7 月总被引频次排前 20 位的单品牌皮书品种。其中，每个品种连续出版均在 5 年及以上，总被引频次均超过了 400 次；被引频次最高的为“社会蓝皮书”，合计被引用 2883 次；“新媒体蓝皮书”“能源蓝皮书”“传媒蓝皮书”“房地产蓝皮书”“人才蓝皮书”“民营经济蓝皮书”，总被引频次达到 1000 次以上。

① 《中国图书引证统计分析数据库》发布了 1949 年至今中国出版的图书的被引频次。图书收录范围为中国版本图书馆收录的所有图书（截至 2020 年 7 月为 539 万余种），统计源为中国知网收录的《中国学术期刊（网络版）》（截至 2020 年 7 月为 5610 万余篇期刊论文）、《中国优秀硕士学位论文全文数据库》和《中国博士学位论文全文数据库》（截至 2020 年 7 月为 440 万余篇学位论文）、《中国重要会议论文全文数据库》（截至 2020 年为 240 万余篇会议论文）。图书的总被引频次为 5934 万次。

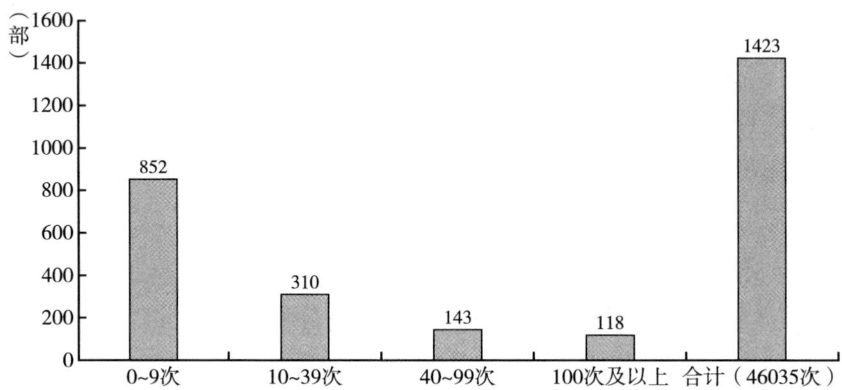

图 11　不同被引频次区间的皮书数量

注：数据采集日期为 2020 年 7 月 24 日。

数据来源：皮书研究院根据《中国图书引证统计分析数据库》统计。

表 11　截至 2020 年 7 月总被引频次排前 20 位的单品牌皮书目录

序号	品牌名	连续出版(年)	总被引频次(次)
1	社会蓝皮书	23	2883
2	新媒体蓝皮书	10	1790
3	能源蓝皮书	11	1418
4	传媒蓝皮书	16	1396
5	房地产蓝皮书	17	1335
6	人才蓝皮书	11	1093
7	民营经济蓝皮书	11	1079
8	就业蓝皮书	12	996
9	慈善蓝皮书	11	965
10	民间组织蓝皮书－文化产业	10	866
11	文化蓝皮书	13	758
12	城市蓝皮书	12	683
13	区域蓝皮书	17	673
14	文化蓝皮书－公共文化服务	5	653
15	动漫蓝皮书	7	613
16	金融蓝皮书	16	606
17	互联网金融蓝皮书	7	456

续表

序号	品牌名	连续出版(年)	总被引频次(次)
18	社会心态蓝皮书	8	441
19	企业社会责任蓝皮书	11	428
20	越南蓝皮书	13	415

注：数据采集日期为2020年7月24日。
数据来源：皮书研究院根据《中国图书引证统计分析数据库》整理。

截至2020年7月单部皮书的被引频次排前20位的如表12所示，《能源蓝皮书：2006中国能源发展报告》被引频次最高，达到1411次；随后，《房地产蓝皮书：中国房地产发展报告No.1》《人才蓝皮书：中国人才发展报告No.1》《民营经济蓝皮书：中国民营经济发展报告（2003）》《慈善蓝皮书：中国慈善发展报告（2009）》排在第2~5位，被引频次分别为1335次、1093次、1036次、965次。

表12　截至2020年7月总被引频次排名前20位的单部皮书目录

单位：次

序号	品牌名	书名	总被引频次
1	能源蓝皮书	2006中国能源发展报告	1411
2	房地产蓝皮书	中国房地产发展报告No.1	1335
3	人才蓝皮书	中国人才发展报告No.1	1093
4	民营经济蓝皮书	中国民营经济发展报告(2003)	1036
5	慈善蓝皮书	中国慈善发展报告(2009)	965
6	新媒体蓝皮书	中国新媒体发展报告No.4(2013)	928
7	民间组织蓝皮书	中国民间组织报告(2008)	866
8	新媒体蓝皮书	中国新媒体发展报告(2010)	746
9	城市蓝皮书	中国城市发展报告No.1	683
10	动漫蓝皮书	中国动漫产业发展报告(2011)	613
11	传媒蓝皮书	2004~2005年:中国传媒产业发展报告	610
12	金融蓝皮书	中国金融发展报告No.1(2004)	608
13	区域蓝皮书	中国区域经济发展报告(2003~2004)	552
14	文化蓝皮书	中国公共文化服务发展报告(2007)	493
15	互联网金融蓝皮书	中国互联网金融发展报告(2013)	431
16	传媒蓝皮书	中国传媒产业发展报告(2014)	383
17	舆情蓝皮书	中国社会舆情与危机管理报告(2012)	377

续表

序号	品牌名	书名	总被引频次
18	宗教蓝皮书	中国宗教报告(2008)	368
19	金融蓝皮书	中国商业银行竞争力报告 2006	350
20	社会心态蓝皮书	中国社会心态研究报告(2012～2013)	347

注：数据采集日期为 2020 年 7 月 24 日。
数据来源：皮书研究院根据《中国图书引证统计分析数据库》整理。

三　皮书研创成为推动中国特色新型智库建设的重要抓手

皮书作为重要的智库成果，在推动中国特色新型智库建设中发挥了重要作用。本报告呈现了不同类型智库研创皮书的数量。如表 13 所示，1996 年至今，国家高端智库研创皮书 1060 部，地方社科院智库研创皮书 926 部，政党、政府系统智库研创皮书 550 部，重点高校（双一流）智库研创皮书 267 部（见表 13）。

表 13　各类智库机构出版皮书数量（1996～2020）

单位：部

智库类别	研创皮书数量
国家高端智库	1060
地方社科院智库	926
政党、政府系统智库	550
重点高校(双一流)智库	267

注：数据采集日期为 2020 年 7 月 24 日。
数据来源：皮书研究院。

从首批国家高端智库建设试点单位来看，截至 2019 年，24 家国家高端智库中①，有 12 家出版了皮书（见表 14）。未出版皮书的 12 家国家高端智

① 2015 年 12 月，国家高端智库建设试点工作正式启动，25 家机构成为首批国家高端智库建设试点单位，在 2018 年党和国家机构改革中，中央党校和国家行政学院的职责整合，组建新的中共中央党校（国家行政学院），因此 25 家试点单位现变更为 24 家。

库中，中山大学粤港澳发展研究院、综合开发研究院（中国·深圳）已有其他类型智库报告在社会科学文献出版社出版并收入皮书数据库。

表 14　国家高端智库出版皮书情况

已出版皮书	尚未出版皮书
中国社会科学院国家金融与发展实验室	北京大学国家发展研究院
国务院发展研究中心	复旦大学中国研究院
商务部国际贸易经济合作研究院	清华大学国情研究院
上海社会科学院	中共中央编译局
武汉大学国际法研究所	中国工程院
新华社	中国人民大学国家发展与战略研究院
中共中央党校(国家行政学院)	中国人民解放军国防大学
中国国际经济交流中心	中国人民解放军军事科学院
中国宏观经济研究院	中国社会科学院亚太与全球战略研究院
中国科学院	中国现代国际关系研究院
中国社会科学院	中山大学粤港澳发展研究院
中国石油经济技术研究院	综合开发研究院(中国·深圳)

其中，研创皮书数量最多的是中国社会科学院，出版了 879 部皮书；其次是上海社会科学院，出版了 118 部；国务院发展研究中心、中共中央党校（国家行政学院）分别研创出版了 28 部、18 部皮书（见表 15）。

表 15　国家高端智库出版皮书数量（1996 ~ 2020）

单位：部

高端智库	出版皮书数量
中国社会科学院	879
上海社会科学院	118
国务院发展研究中心	28
中共中央党校(国家行政学院)	18
中国科学院	5
中国社会科学院国家金融与发展实验室	4

续表

高端智库	出版皮书数量
中国国际经济交流中心	3
商务部国际贸易经济合作研究院	2
中国石油经济技术研究院	2
武汉大学国际法研究所	1
新华社	1
中国宏观经济研究院	1
合计	1062

注：中国石油经济技术研究院研创的两部皮书是与中国社会科学院数量经济与技术经济研究所共同研创的，故总数为 1062 部皮书。

数据来源：皮书研究院。

从已公开出版的皮书成果来看，皮书在咨政建言、理论创新、舆论引导、国际交流、智库共同体建设等方面发挥了中国特色新型智库的重要价值。

（一）咨政建言，提升智库决策影响力

皮书作为应用型智库成果，服务于中央及地方政府的政策领域。皮书所提供的对于公共政策的研究、分析和建议为政府机构提供了重要的决策参考。组织撰写皮书的研创单位，也通过皮书这一成果的广泛应用而扩大了智库影响力。

一方面，皮书通过提供重要数据与事实，描述发展现状，预测未来发展趋势；另一方面，皮书通过理论创新，将创新理念转化为高质量的政策建议。从具体皮书品类来看，“经济蓝皮书”“社会蓝皮书”等多种皮书的研究结论和政策建议受到中央领导的批示；每年全国“两会”期间，都会有数十个皮书品种入选“两会”代表的推荐书目，受到了“两会”代表的极大欢迎；皮书系列中的“法治蓝皮书”“城市蓝皮书”等一系列知名皮书，受到地方政府相关部门的极大关注，并对地方治理体系建设提出了积极的建议；各地方类皮书也大多在地方“两会”期间发布，皮书的研究选题、政策建议常常入选“两会”代表提交的议案和提案。

（二）引导舆论，培育智库公共话语权

为社会公众提供与政策相关的知识和信息，也是中国特色新型智库的主要任务，而皮书恰恰能够发挥这一重要功能。皮书报告基于专业性、独立性和前瞻性的立场和观点，较易获得社会公众与媒体的信任和认同。过去二十多年，皮书成为智库与媒体联络的桥梁。

一方面，皮书的持续发布，使智库机构与媒体建立起了良好的合作与信息传播平台。新华社、中新社、中央电视台、中国网、人民日报社、光明日报社等国内主流媒体多年来跟踪报道重点皮书，不仅起到了良好的舆论引导作用，而且对建立社会公众了解并参与智库所倡导的公共政策互动机制意义重大。

另一方面，皮书的持续发布，有效提升了智库机构的“议题设置”能力，通常在公共政策出台前，有利于起到塑造和引导舆论的作用，在公共政策实施期间，有利于推动社会公众对政策的参与，及时对政策进行评估、跟进。通过一系列传播、互动，为智库机构获得该领域的话语权提供了有效渠道。

（三）促进国际交流，提升智库国际化水平

参与国际学术交流、传播中国学术理念，提升国际化水平，乃至联合国际智库开展针对全球性重大问题的研究，是提升中国智库国际影响力的重要路径。皮书系列中十多种品牌（合计 200 多部）持续以英文、俄文等多语种形式出版，实现了中国学术“走出去”，为智库提升国际影响力提供了平台。有 300 多年历史的荷兰 BRILL 学术出版公司专门以“CASS Yearbook”为丛书名，自 2007 年开始每年出版多种英文版皮书，扩大了中国智库在海外的学术影响力。同时，多位皮书主编在国际大型书展发声、演讲，实现了与国际学术界的对话与交流。

2019 年，社会科学文献出版社皮书国际化工作进一步开展，除“中国社会形势分析与预测”“中国经济形势分析与预测”“中国人口与劳动问题报告”等十余种延续性选题外，新增“‘一带一路’建设发展报告”（阿尔

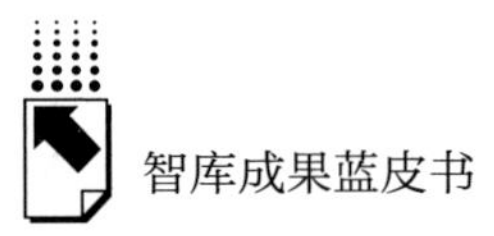

巴尼亚文版，合作机构为阿尔巴尼亚的 OMBRA GVG 出版社）。该皮书的国际化，丰富了皮书国际化的系列、类别、语言、地区分布以及合作机构。

皮书中外籍学者数量也体现了皮书的国际影响力。2019 年版皮书中，来自全球 16 个国家的 54 位外籍学者参与了皮书研创，为皮书提供了更加丰富、多元的国际化视野（见表 16）。

表 16　2019 年版皮书外籍作者人数统计

作者国籍	人数(人)
日本	9
蒙古	8
巴西	7
德国	7
澳大利亚	5
以色列	3
马来西亚	2
美国	2
葡萄牙	2
印度	2
英国	2
俄罗斯	1
法国	1
韩国	1
加拿大	1
西班牙	1
合计	54

（四）打造学术共同体，智库平台建设取得丰硕成果

近年来，以皮书为依托的学术共同体、智库共同体建设成果丰硕。全国皮书年会自 2000 年 8 月在辽宁省葫芦岛市首次举办以来，已成为皮书人共同的学术家园，不仅对皮书研创产生了巨大影响，也为皮书成为中国乃至世界知名的智库成果品牌发挥了不可替代的作用。[①] 2019 年，皮书年会迎来了

① 张雯鑫：《皮书传播力研究报告（2020）》，参见本书第 291 ~ 313 页。

20 周年盛典。本次皮书年会在黑龙江哈尔滨市召开，以“皮书与学术共同体建设”为主题，与会专家围绕学术共同体的特点与价值、皮书在学术共同体建设中的作用、皮书与学术共同体建设的未来、学术共同体建设的方法等主题进行了热烈讨论。中国社会科学院院长谢伏瞻等领导出席会议。来自中国社会科学院、地方社会科学院、高校、企业等的近 300 个皮书课题组 500 多人参加了皮书年会，皮书年会的影响力达到了新的高度。

2014 年，社会科学文献出版社在原“皮书评价研究中心”基础上正式成立“皮书研究院”。皮书研究院旨在建设服务于中国智库建设与学术出版的独具特色的社会智库平台。2019 年 8 月 8 日，皮书研究院理事会成立大会在黑龙江省哈尔滨市召开，皮书研究院及其理事单位将联合建立起中国特色新型智库的合作平台。未来，将在信息采集，数据共享，智库成果研创、评价，智库及其评价研究等领域展开更多合作。

2016 年 12 月，首期皮书研创高级研修班在广州开班，开启了又一个以皮书主编及作者为主要参与者的智库共同体。出版社依托优渥的皮书智库平台，集结强大的师资力量（来自知名智库的知名学者），在总结多年皮书出版与管理经验的基础上，研究设计了一套科学、完整的课程体系，切实帮助皮书研创机构及皮书作者提升皮书研创能力。截至 2019 年底，已举办 6 期专题研修班及皮书主编论坛，分别涵盖“皮书出版规范与标准”“地方发展类皮书研创”“区域国别及全球治理类皮书研创”“行业类皮书研创”“数与未来：皮书研创中的数据应用”“皮书选题的设计与总报告的撰写”等主题，有针对性地解决了各类皮书研创团队在科研实践中存在的主要问题，获得广泛好评。

2018 年 5 月，广东省区域发展蓝皮书研究会在广州成立。这是全国第一个关于皮书的区域性研究智库。广东省区域发展蓝皮书研究会成立以来，组织或参与组织召开了“地方蓝皮书研创与新型智库建设”研讨会、“2018 广州学与全球城市发展国际论坛”，以及“广州蓝皮书”系列发布会等大型学术会议，组织研创了“广州蓝皮书”“粤港澳大湾区蓝皮书”等多部皮书成果。

四 “十四五”期间皮书发展规划及建议

2020年初暴发并持续在全球蔓延的新冠肺炎疫情，彻底打破了人类原有的生产、生活状态和秩序，这一状况与近年国际上反全球化、保守主义、民粹主义等因素叠加，给人类发展增加了巨大的不确定性；互联网、大数据、人工智能和区块链技术的长足进步和广泛使用，又为人们精准把握外部世界、消除不确定性提供了无限的可能和想象空间。所有这一切，都成为皮书研创者和出版者必须面对和应对的时代课题。

2020年是中国全面建成小康社会的收官之年，同时也是“十三五”规划的收官之年。新时代、新征程、新任务，2021年中国特色社会主义现代化将开启新征程。皮书研创出版应从以下几个方面聚焦和发力。

（一）继续坚持正确的政治方向、学术导向和价值取向

皮书是服务党和国家决策，服务社会、服务行业发展的重要载体，要继续坚持正确的政治方向、学术导向和价值取向。做好皮书的研创出版首先要提高政治站位，在思想上、政治上、行动上都与以习近平同志为核心的党中央保持高度一致。要旗帜鲜明讲政治，全面贯彻党的基本理论、基本路线、基本方略，既不走封闭僵化的老路，也不走邪路，皮书决不能出现与党中央精神不一致的言论，决不能为错误思潮提供传播阵地。要坚持马克思主义的指导地位，特别是用习近平新时代中国特色社会主义思想指导皮书发展，不断提高运用这一重要思想分析和解决实际问题的能力，以更宽广的视野、更长远的眼光来思考、把握新时代皮书研创出版工作。要落实意识形态工作责任制，做到守土有责。守土负责、守土尽责，在意识形态领域不出问题是皮书的底线和红线，既要坚持正面宣传阐释马克思主义和党的方针政策，又要旗帜鲜明地批评历史虚物主义等错误思潮。①

① 参见《中国社会科学院院长谢伏瞻在第二十次全国皮书年会开幕式上的讲话》，皮书数据库，http：//www. pishu. cn/descqgpsnh/kmsfy/536462. shtml。

（二）全面落实“调整结构、优化选题”的皮书书目管理制度

在“调整结构、优化选题”上，要认真落实 2019 年全国皮书年会提出的“皮书高质量发展”要求，控数量、调结构、补短板，严格实施目录管理①，进一步完善准入和退出机制。从准入环节来说，2019 年 1～12 月，皮书研究院全年组织专家评审皮书立项选题 12 次，评审皮书申请项目 180 个，通过皮书项目 102 个，暂缓及否决 78 个，通过率为 56.67%。皮书项目的准入评审机制从源头上为控制皮书选题质量提供了保障。从退出环节来看，皮书的退出机制是皮书控制数量、调整结构的重要措施。自 2019 年起，皮书的退出也开始实施定期动态管理。定期淘汰出版不规律、内容质量不高的皮书品种，每月淘汰通过准入但超过 1 年未能正式出版的皮书选题。2019 年，共淘汰皮书 161 种，淘汰皮书选题 59 个。

今后，在皮书的准入环节，一方面要进一步发挥皮书学术共同体、智库共同体的作用，严格实施每本皮书的同行评审；另一方面，在皮书退出环节，要进一步把皮书评价结果与退出管理相结合，全面落实皮书的书目管理制度。

（三）突出智库成果的公共性，以研究重大理论和实际问题为主攻方向

皮书研创要具有前瞻性。对于智库而言，只有聆听时代的声音，回应时代的呼唤，认真研究解决重大紧迫问题才能真正把握住历史脉络，找到发展规律，推动理论创新。在逆全球化浪潮愈演愈烈的背景下，人类如何团结合作，共建人类命运共同体等全球治理问题，尤其需要中国智库发声，需要中国智库提供科学的研究成果作为决策支撑。

皮书研创要具有问题意识。中国特色社会主义进入新时代，社会主要矛

---

① 从 2020 年起，社会科学文献出版社每年根据上年出版皮书的评价结果，按规定程序发布“皮书书目”，未进入书目的，将不能以“皮书”名义出版。具体规定详见谢曙光主编《皮书手册——写作、编辑出版与评价指南》（第四版），社会科学文献出版社，2020。

盾发生深刻变化，统筹推进“五位一体”总体布局，协调推进“四个全面”战略布局，推进国家治理体系和治理能力现代化，实现“两个一百年”奋斗目标，开启全面建成社会主义现代化强国新征程提出了一系列全新的重大理论和现实问题，迫切需要深入研究并做出有说服力的科学解答，这些都为皮书的研创出版提供了丰富的素材和广阔的空间。皮书的研创出版必须始终着眼坚持和发展中国特色社会主义大局，贴近党和国家决策需求，以研究和回应新时代重大理论和实践问题为主攻方向，推出更多对政策制定有重要参考价值、对事业发展有重要推动作用的优秀成果，要注意补足短板，发掘更多有价值的研创主题，将皮书研究与时代要求、与经济社会发展趋势紧密结合。

（四）积极利用数据平台、智能平台，创新皮书内容创作、生产、发布方式

2019 年 11 月，党的十九届四中全会通过的《中共中央关于坚持和完善中国特色社会主义制度　推进国家治理体系和治理能力现代化若干重大问题的决定》指出：“健全劳动、资本、土地、知识、技术、管理、数据等生产要素由市场评价贡献、按贡献决定报酬的机制。”该决定首次提出把数据纳入生产要素，可见数据已经对人类社会的生产方式、生活方式产生了巨大影响。

《关于加强中国特色新型智库建设的意见》把是否具备“功能完备的信息采集分析系统”① 作为新型智库的 8 个基本标准之一，可见数据、信息已成为智库的基础要素。在数据采集、信息处理上，以数据说话为特征的皮书研创仍有提升的巨大空间。目前，皮书的数据来源包括：公开发布的官方数据、电子商务等网络平台产生的消费型数据、自有调研数据（一手数据）、行业数据（部门数据）、新闻时政数据、学术论文研究资料等。但相当部分皮书的数据来源相对单一，还是以公开发布的官方统计数据为依据，缺乏自有的数据库建设。各皮书研创机构应开拓数据采集渠道，构建细分领域的专

---

① 中共中央办公厅、国务院办公厅印发《关于加强中国特色新型智库建设的意见》，中国政府网，http：//www. gov. cn/xinwen/2015 -01/20/content_ 2807126. htm。

业数据库，确立稳定的、细分化、专业化的数据来源。一方面，除了公开发布的官方统计数据以外，与决策咨询部门建立良好互动关系，全面收集部门数据、行业数据；另一方面，也是更重要的，加大自有数据库建设力度，以数据、流量作为皮书研创的基本抓手，采取自采、合作、外包或购买等方式整合数据。

在研究方法上，要使用好数据库和数据资源，积极创造条件建构指标体系，研发本领域、本行业、本专业或专题指数。互联网、人工智能技术的飞速发展使人类社会无时无刻不在产生数据，大量数据在被生产的同时，并未被有效合理使用。皮书研创机构应依托数据资源，在皮书研创中要保证准确把握时局、引导政策走向就必须未雨绸缪，以数据事实为依据，进行持续性的数据采集工作，及时、全面捕捉各类情报信息，进而加工整理为有价值的决策资料。

在组织研创、报告发布上，要积极使用企业微信、腾讯会议等线上会议工具，推进皮书研创过程中相关会议的线上召开；要创新皮书线上发布模式，可召开视频发布会或语音发布会，并充分利用短视频、微信公众号文章等形式在线发布皮书成果。要以引流为目标，努力促进皮书成果转化。

（五）把质量作为皮书的“生命线”，高度重视报告的写作规范

《皮书手册——写作、编辑出版与评价指南》（第三版）对智库报告的定义为，“智库报告是指由专业智库撰写，基于公共事务领域，对政治、经济、外交、国防、科技、社会等宏观问题或微观问题进行专题研究，旨在为决策机构估计形势、确定目标、制定政策提供建设性的决策依据和行动建议的研究性文献”①。从此定义可见，智库报告的写作应遵循公共性、咨政性、研究性、思想性等特点。

目前，皮书中单篇报告写作的规范问题集中体现在两种形式。第一种，

① 谢曙光主编《皮书手册——写作、编辑出版与评价指南》（第三版），社会科学文献出版社，2018，第1～2页。

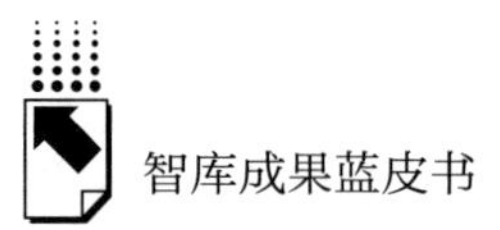

“工作报告式”。有的皮书报告作者来自行业或部门的一线机构，行业数据、部门数据都很丰富，价值很高。但报告写作中，往往忽视了智库报告的独立性、思想性、咨政性，如果拘泥于本部门的工作经验总结、未来工作思路，就容易把智库报告写成部门或行业的工作总结报告，失去了研究性，尤其是丢失了智库应有的第三方客观立场，其价值大打折扣。第二种，“学术论文式”。有的皮书报告具备科学的研究范式，通过大型社会调查，采集了大量鲜活的一手数据，但报告写作却遵循的是“学术论文”的范式，往往以“研究综述—研究方法—研究结论—研究不足及未来展望”为框架，数据处理方法占据了智库报告的大量篇幅，数据分析及结论却流于表面，未能揭示大型调查数据背后对于公共政策的实际价值。“学术论文式”报告在皮书中大量出现，皮书就会沦为“论文集”，而失去了其咨政价值。

《皮书手册》是为皮书研创制定统一出版规范与标准的工具书，自 2015 年首次出版以来，获得了皮书作者、读者的广泛关注与支持。2020 年，《皮书手册——写作、编辑出版与评价指南》将完成修订并发布第四版。通过对皮书研创规范、出版规范的精益求精，助力皮书主编、皮书作者推动智库成果的专业化，尽可能避免“工作报告式”、“学术论文式”报告的出现。

本书专题报告——《皮书学术规范性分析报告（2020）》分析了现有皮书在著述方式、要件、内容质量三个方面的规范性。在皮书研创、出版中，皮书主编、编委会应发挥积极作用，强化皮书选题策划论证，加强皮书前端管理，从选题、选稿、稿件规范性等各个环节实施全流程高质量管理。同时，出版社也应推动皮书编辑深度参与研创环节。

（六）建立科学的皮书成果评价体系，推进智库共同体成长

目前，智库成果在科研人员评价体系中受重视程度仍然不高。很多皮书研创单位对于学者参与以皮书为代表的智库成果写作激励不够，有的不能作为个人考核成果，有的即便可以作为成果，但权重占比很低，与实际研究付出的努力及成果所产生的影响力不成正比。各智库及研究机构应从制度设计上重视智库成果研创。一方面，制定激励智库成果研创的考核制度，把优秀

智库成果作为研究人员的成果及代表作认定依据。另一方面，制定提升智库成果管理质量的相关制度。社会科学文献出版社开发运维的皮书数据库，自2020年起，每季度公布皮书报告的浏览、下载、使用结果，并实现了可按照各皮书研创机构查询结果，从而为皮书的社会影响力评价提供客观数据支持。

以皮书研究院理事会、皮书年会和皮书研创高级研修班为抓手，深度推进皮书研创出版平台建设。要切实采取有效措施，鼓励、支持各地区、领域、系统皮书研创课题组开展研创交流与合作，实现皮书学术共同体数据、资源以及流量共享。要牢固树立平台意识，以皮书课题组为支撑，通过皮书研创出版活动，构建专业和专题领域智库平台，最大限度吸纳国内外本学科领域专家参与皮书研创工作。

参考文献

谢曙光主编《皮书手册——写作、编辑出版与评价指南》（第三版），社会科学文献出版社，2018。

谢曙光主编《智库成果蓝皮书：中国皮书发展报告（2019）》，社会科学文献出版社，2019。

王文涛、刘燕华：《智库运行和智库产品的评价要点》，《智库理论与实践》2016年第2期。

〔美〕詹姆斯·G. 麦甘：《美国智库与政策建议：学者、咨询顾问与倡导者》，肖宏宇、李楠译，北京大学出版社，2018。

分 类 报 告

Sub-category Reports

B.2 社会政法类皮书发展报告（2020）

丁启明*

摘　要： 报告以2019年发布的97部社会政法及地方社会类皮书作为研究样本，将社会政法类皮书与地方社会类皮书统合进行内容细分，按照“研究主题+研创单位”的复合标准划分为“社会发展类”、“公共服务类”与“法治建设类”三种类型。通过跨越传统分类方式的横向观察，对2019年社会政法类皮书的出版数量、研创团队、媒体影响力、研创动态、选题热点等情况进行动态盘点。2019年社会政法类皮书呈现选题的深度与广度加强、回应性选题增加、影响力与规范性较高等特点。除连续多年研创质量较高的传统优秀皮书保持较高研创水平外，部分皮书通过连续多年在特定领域的深耕细作与数据积累，逐渐进入优秀皮书行列。2019年社会政法类三类

* 丁启明，社会科学文献出版社博士后科研工作站研究人员，研究方向为智库管理法治化。

皮书的研创热点与2018～2019年社会普遍关注的热点问题呈现较高的重合性，体现了本类皮书的前沿性、前瞻性与时效性；同时部分热词为多年以来长期受到关注的热点问题，体现了本类皮书关注特定领域热点问题长期发展趋势和规律的研创特点。最后，报告提出社会政法类皮书高质量发展的四条建议：找准研创定位，凸显社会政法类皮书的应用对策性功能；优化皮书选题，强化传统经典选题与前沿热点选题的结合；完善研创方法，提升社会调查方法的使用水平；充实对策建议，加强前瞻性与战略性研究。

关键词： 皮书 社会发展 公共服务 法治建设

一 引言

2020年社会政法类专题报告较上一年度发布的报告有三点不同。

一是加入地方社会类皮书作为观察样本，与社会政法类皮书进行统合细分。以研究内容为分类标准，传统上皮书可分为经济类、社会政法类、文化传媒类、地方发展类、行业报告类、国际问题类等六大类型。其中，社会政法类皮书的研究领域为与社会、政策、法治等主题密切联系的特定领域；地方发展类皮书分为地方经济、地方社会、地方文化等三种类型。社会政法类皮书与地方社会类皮书的研究主题分别侧重全国性社会政法问题与地方性社会政法问题。本报告将社会政法类皮书与地方社会类皮书按照“研究主题＋研创单位”的复合标准统合细分为“社会发展类”、“公共服务类”与“法治建设类”三种类型。分类时首先考虑皮书主题涉及的学科类型，若主题跨学科，则辅以研创主体作为判断标准。这种跨越传统内容分类的观察方式，有助于适应皮书管理与评价的精细化发展方向，并对社会政法类皮书研创情况进行深入的横向观察。① 内容细分后，“社会发展类”皮书主题包括劳动与社会保障、人才与就业、特殊社会群体等内容。例如，社会组织、社区建设、慈善事业、儿童保护、青少年发展、妇女发展、就业与薪酬等。“公共服务类”皮书主题包括公共事务、公共服务、公共产品等内容。例如，城市建设、政府建设、教育医疗、党建工作、公共安全、环境保护、扶贫工作、体制改革、食品安全、土地管理等。“法治建设类”皮书主题包括法治建设与法治政府等内容（见图 1）。

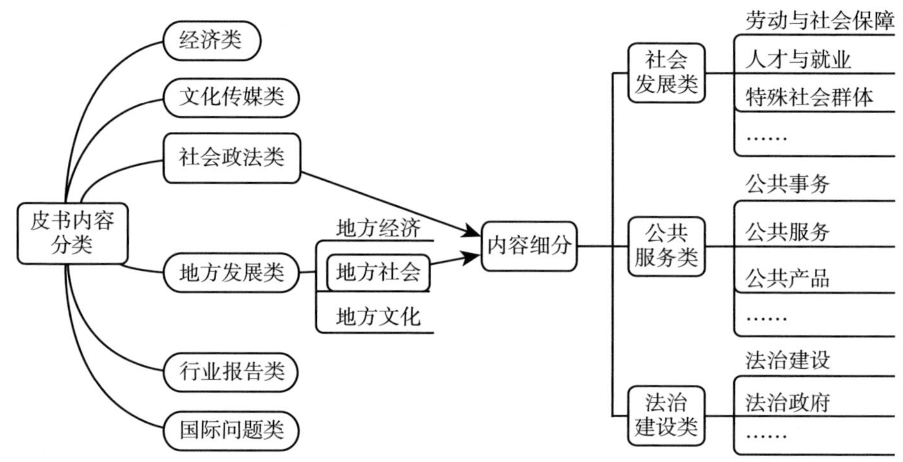

图 1　社会政法类皮书内容细分模式

二是选题热点分析方面，将上一年度采用的皮书报告题目词频分析，扩充为皮书报告题目、摘要、关键词、全文词频分析，以更为全面、精准地观察社会政法类皮书的选题热点与研创方向。

三是对优秀社会政法类皮书的选题特点及传播推广能力进行解读，样本选择与数据来源直接从皮书网与皮书数据库抓取，避免了数据爬取导致的数据损失和分析偏差。

① 本报告所指涉的“社会政法类”皮书，如无特殊说明，或未作为与“地方社会类”皮书并列使用的术语，则是指包括传统社会政法类皮书与地方社会类皮书在内的广义社会政法类皮书。传统社会政法类皮书在本报告中称为“全国类社会政法皮书”，地方社会类皮书称为“地方类社会政法皮书”。

二　2019年社会政法类皮书出版情况

2019 年社会政法类皮书共出版 97 部①，其中社会发展类皮书 49 部、公共服务类皮书 28 部、法治建设类皮书 20 部。社会政法类皮书丛书 74 种，其中社会发展类皮书丛书 42 种、公共服务类皮书丛书 26 种、法治建设类皮书丛书 14 种②。“北京蓝皮书”“贵州蓝皮书”“河北蓝皮书”“河南蓝皮书”“上海蓝皮书”“深圳蓝皮书”“湖南蓝皮书”7 种皮书丛书出版了两种及以上内容细分类型的皮书；“深圳蓝皮书”在三种内容细分领域均出版了皮书（见表 1）。报告 1660 篇，其中社会发展类报告 788 篇，公共服务类报告 487 篇，法治建设类报告 385 篇。出版总字数为 3246.1 万字，其中社会发展类皮书 1617.4 万字、公共服务类皮书 944.5 万字、法治建设类皮书 684.2 万字。社会发展类皮书在丛书数量、皮书数量、报告数量、出版字数方面均最多（见表 2）。出版时间方面，2019 年 12 月是社会政法类皮书出版的高峰期（见图 2）。社会政法类皮书具有较强的时效性，是针对出版年度内社会发展、公共服务、法治建设等领域运行态势进行分析、总结和预测的连续出版物，因此较适宜在每年 12 月至次年 3 月发布。社会发展、公共服务、法治建设等三类皮书在 12 月至次年 3 月出版的比例分别为 41.67%、32.14%、57.89%。

表 1　社会政法类皮书出版两种及以上内容细分类型的皮书丛书（2019）

丛书名称	内容细分类型		
	社会发展类	公共服务类	法治建设类
北京蓝皮书	○	○	
贵州蓝皮书	○		○
河北蓝皮书	○		○
河南蓝皮书	○		○

① 本报告统计的是版本号为 2019 版的皮书。

② 2019 年，7 种皮书丛书出版了两种及以上内容细分类型的皮书，因此丛书数合计 74 种，小于三类皮书丛书数直接加总数 82 种。

续表

丛书名称	内容细分类型		
	社会发展类	公共服务类	法治建设类
上海蓝皮书	○		○
深圳蓝皮书	○	○	○
湖南蓝皮书	○	○	

注："○"表示丛书在该内容细分类型中有皮书出版。

表 2　社会政法类皮书各内容细分类型出版统计（2019）

分类	皮书数(部)	丛书数(种)	报告数(篇)	字数(万字)	淘汰数(种)
社会发展类	49	42	788	1617.4	36
公共服务类	28	26	487	944.5	11
法治建设类	20	14	385	684.2	3
合计	97	74	1660	3246.1	50

数据来源：皮书数据库，数据采集日期为 2020 年 6 月 20 日。

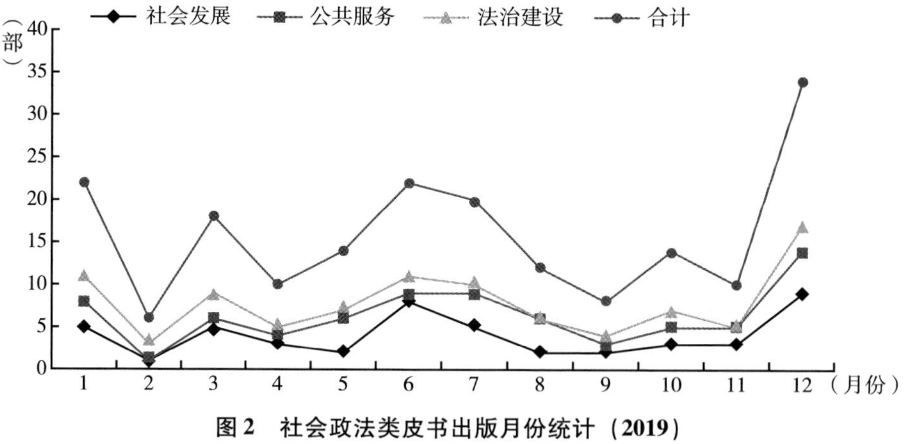

图 2　社会政法类皮书出版月份统计（2019）

数据来源：皮书数据库，数据采集日期为 2020 年 6 月 20 日。

随着皮书系列种类的增加，社会科学文献出版社就社会政法类皮书的准入、预审、研创、出版、退出等理论和实践问题进行深入探索。2019 年第二十次全国皮书年会提出"进一步加强皮书管理，推动皮书高质量发展"的要求后，出版社于 2019 年 11 月发布《关于进一步加强皮书管理的有关规定》，从严格执行准入与退出机制、总量控制、管理前置等方面完善了皮书淘汰机制。2019 年淘汰皮书 166 种，其中社会政法类皮书 50 种，占淘汰总量的 31%（见图 3）。从内容细分类型上观察，淘汰社会发展类皮书 36 种、公共服务类皮书 11 种、法治建设类皮书 3 种。

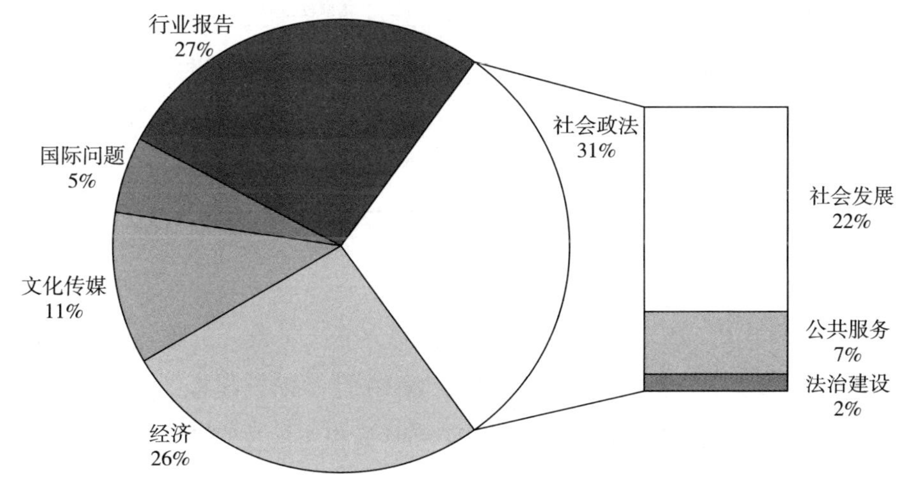

图 3　各类皮书淘汰占比统计（2019）

数据来源：皮书数据库，数据采集日期为 2020 年 6 月 20 日。

（一）社会发展类皮书出版情况

1. 出版皮书数量分析

2019 年出版社会发展类皮书 49 部。其中全国类 19 部，主题覆盖社会形势、社会保障、社会心态、社会组织、社区发展、就业发展、薪酬发展、公益慈善、残疾人事业、健康老龄化、女性生活、青少年发展、儿童发展、华人华侨等内容；地方类 30 部，主题覆盖社会形势、社会发展、社会组织、人才发展、人口发展、社会心态、公益慈善、青年发展、农民工群体、民办教育、劳动关系、志愿服务等内容。全国类与地方类社会发展皮书共同关注的 5 项主题是：社会形势、社会心态、社会组织、公益慈善、青年发展（见表 3）。

表 3　全国类与地方类社会发展皮书共同关注主题书目举例（2019）

主题	全国类	地方类
社会形势	2019 年中国社会形势分析与预测	2019 年中国广州社会形势分析与预测、2019 年河南社会形势分析与预测、山东社会形势分析与预测(2019)
社会心态	中国社会心态研究报告(2019)	北京社会心态分析报告(2018～2019)
社会组织	中国社会组织报告(2019) 中国社会组织评估发展报告(2019)	深圳社会组织发展报告(2019)
公益慈善	中国慈善发展报告(2019)	广州公益慈善事业发展报告(2019)
青年发展	中国青年发展报告 No. 4/中国未成年人互联网运用报告(2019)	广州青年发展报告(2019)

2. 出版皮书报告数量分析

以 2019 年出版的 44 部社会发展类皮书为统计对象，出版报告共计 788 篇，平均每部皮书含报告 18 篇。其中，含 10 篇及以下报告的皮书为 6 部，含 11～20 篇报告的皮书为 21 部，含 21～30 篇报告的皮书为 16 部，含多于 30 篇报告的皮书为 1 部（见表 4）。

表 4　社会发展类皮书含报告篇数统计（2019）

单位：部，%

单部皮书含报告数量	皮书数量	占全部此类皮书比重
10 篇及以下	6	13. 64
11～20 篇	21	47. 73
21～30 篇	16	36. 36
多于 30 篇	1	2. 27
合计	44	100

注：2019 年版社会发展类皮书 49 部，但部分皮书受数字化加工同期等影响，尚未进入皮书数据库，故造成部分统计指标缺失。下文各表均以合计栏显示数量作为各指标统计对象。

数据来源：皮书数据库，数据采集日期为 2020 年 6 月 20 日。

3. 出版皮书字数分析

2019 年出版的社会发展类皮书总字数为 1617. 4 万字，平均每部皮书 33. 7 万字。其中，37. 50% 的皮书单部字数为 25 万～35 万字，基本符合

《皮书手册》建议字数30万左右[①]；14.58%的皮书字数少于25万字；47.92%的皮书字数多于35万字（见表5）。

表5　社会发展类皮书字数统计（2019）

单位：部，%

单部皮书字数	皮书数量	占全部此类皮书比重
少于25万字	7	14.58
25万~35万字	18	37.50
多于35万字	23	47.92
合计	48	100

数据来源：皮书数据库，数据采集日期为2020年6月20日。

4. 出版皮书时间分析

将2019年出版的社会发展类皮书按照出版月份进行统计，结果如表6所示。出版社会发展类皮书最多的月份是12月、6月，分别占18.75%、16.67%；出版较多的月份是1月、3月和7月，占比均为10.42%。

表6　社会发展类皮书出版月份统计（2019）

单位：部，%

出版月份	数量	占比
1	5	10.42
2	1	2.08
3	5	10.42
4	3	6.25
5	2	4.17
6	8	16.67
7	5	10.42
8	2	4.17
9	2	4.17

① 谢曙光主编《皮书手册——写作、编辑出版与评价指南》（第三版），社会科学文献出版社，2018，第41页。

续表

出版月份	数量	占比
10	3	6. 25
11	3	6. 25
12	9	18. 75
合计	48	100

数据来源：皮书数据库，数据采集日期为2020年6月20日。

（二）公共服务类皮书出版情况

1. 出版皮书数量分析

2019年出版公共服务类皮书28部。其中全国类17部，主题覆盖城市管理、城市健康、电子政务、高等教育、高中教育、公共安全、公共服务、国企党建、考试事业、扶贫事业、体制改革、政府互联网服务能力等内容；地方类11部，主题覆盖党建工作、社会治理、公共服务、食品安全、生态文明、城市健康、公共安全、社会治理、体制改革等内容。全国类与地方类公共服务皮书共同关注的5项主题是：城市健康、公共安全、公共服务、党建工作、体制改革（见表7）。

表7　全国类与地方类公共服务皮书共同关注主题书目举例（2019）

主题	全国类	地方类
城市健康	中国城市健康生活报告（2019）、中国健康城市建设研究报告（2019）	北京健康城市建设研究报告（2019）
公共安全	中国城市公共安全感调查报告（2019）、中国城市公共安全发展报告（2018～2019）	平安北京建设发展报告（2019）
公共服务	中国城市基本公共服务力评价（2019）	北京公共服务发展报告（2018～2019）
体制改革	中国社会体制改革报告No. 7（2019）	江阴县级集成改革发展报告（2019）
党建工作	国有企业党建发展报告（2019）	北京党的建设研究报告（2019）

2. 出版皮书报告数量分析

以皮书数据库中收录的25部2019年版公共服务类皮书为统计对象，出版报告共计487篇，平均每部皮书含报告19篇。其中，含10篇及以下报告的皮书为2部，含11~20篇报告的皮书为13部，含21~30篇报告的皮书为8部，含多于30篇报告的皮书为2部。（见表8）

表8　公共服务类皮书含报告篇数情况（2019）

单位：部，%

单部皮书含报告数量	皮书数量	占全部此类皮书比重
10篇及以下	2	8.00
11~20篇	13	52.00
21~30篇	8	32.00
多余30篇	2	8.00
合计	25	100

数据来源：皮书数据库，数据采集日期为2020年6月20日。

3. 出版皮书字数分析

2019年出版的公共服务类皮书总字数为944.5万字，平均每部皮书33.73万字。其中，35.71%的皮书单部字数为25万~35万字，基本符合《皮书手册》建议字数；14.29%的皮书字数少于25万字；50.00%的皮书字数多于35万字（见表9）。

表9　公共服务类皮书字数统计（2019）

单位：部，%

单部皮书字数	皮书数量	占全部此类皮书比重
少于25万字	4	14.29
25万~35万字	10	35.71
多于35万字	14	50.00
合计	28	100

数据来源：皮书数据库，数据采集日期为2020年6月20日。

4. 出版皮书时间分析

将2019年出版的公共服务类皮书按照出版月份进行统计，结果如表

10 所示。出版公共服务类皮书最多的月份是 12 月，占 17.86%；出版较多的月份是 5 月、7 月和 8 月，占比均为 14.29%；2 月没有出版此类皮书。

表 10　公共服务类皮书出版月份统计（2019）

单位：部，%

出版月份	数量	占比
1	3	10.71
2	0	0
3	1	3.57
4	1	3.57
5	4	14.29
6	1	3.57
7	4	14.29
8	4	14.29
9	1	3.57
10	2	7.14
11	2	7.14
12	5	17.86
合计	28	100

数据来源：皮书数据库，数据采集日期为 2020 年 6 月 20 日。

（三）法治建设类皮书出版情况

1. 出版皮书数量分析

2019 年出版法治建设类皮书 20 部。其中全国类 10 部，主题包括法治发展、司法制度、地方法治、法院信息化、反腐倡廉、人权事业、网络法治、国际法治、法律援助；地方类 10 部，主题包括地方法治、法治发展、法治建设、依法治省等内容。全国类与地方类法治建设皮书共同关注的主题是地方法治与法治发展（见表 11）。

表 11 全国类与地方类法治建设皮书共同关注主题书目举例（2019）

主题	全国类	地方类
法治发展	中国法治发展报告 No. 17（2019） 中国司法制度发展报告 No. 1（2019）	珠海法治发展报告 No. 1（2019）、前海法治发展报告 No. 2（2019）、贵州法治发展报告（2019）、河北法治发展报告（2019）、河南法治发展报告（2019）、江苏法治发展报告 No. 7（2018～2019）、上海法治发展报告（2019）、深圳法治发展报告（2019）
地方法治	中国地方立法报告（2019） 中国地方法治发展报告 No. 5（2019）	四川依法治省年度报告 No. 5（2019） 法治山西建设年度报告 No. 2（2019）

2. 出版皮书报告数量分析

以皮书数据库中收录的 17 部 2019 年版法治建设类皮书为统计对象，出版报告共计 385 篇，平均每部皮书含报告 23 篇。其中，含 11～20 篇报告的皮书为 5 部，含 21～30 篇报告的皮书为 10 部，含多于 30 篇报告的皮书为 2 部（见表 12）。

表 12 法治建设类皮书含报告篇数情况（2019）

单位：部，%

单部皮书含报告数量	皮书数量	占全部此类皮书比重
11～20 篇	5	29.41
21～30 篇	10	58.82
多于 30 篇	2	11.76
合计	17	100

数据来源：皮书数据库，数据采集日期为 2020 年 6 月 20 日。

3. 出版皮书字数分析

皮书数据库中，2019 年出版的法治建设类皮书总字数为 684.2 万字，平均每部皮书 36 万字。其中，26.32% 的皮书字数为 25 万～35 万字，基本符合《皮书手册》建议字数；10.53% 的皮书字数少于 25 万字；63.16% 的皮书字数多于 35 万字（见表 13）。

表 13　法治建设类皮书字数统计（2019）

单位：部，%

单部皮书字数	皮书数量	占全部此类皮书比重
少于 25 万字	2	10. 53
25 万 ~35 万字	5	26. 32
多于 35 万字	12	63. 16
合计	19	100

数据来源：皮书数据库，数据采集日期为 2020 年 6 月 20 日。

4. 出版皮书时间分析

将 2019 年出版的法治建设类皮书按照出版月份进行统计，结果如表 14 所示。出版法治建设类皮书最多的月份是 1 月、3 月和 12 月，占比均 15. 79%；8 月、11 月没有出版此类皮书。

表 14　法治建设类皮书出版月份统计（2019）

单位：部，%

出版月份	数量	占比
1	3	15. 79
2	2	10. 53
3	3	15. 79
4	1	5. 26
5	1	5. 26
6	2	10. 53
7	1	5. 26
8	0	0
9	1	5. 26
10	2	10. 53
11	0	0
12	3	15. 79
合计	19	100

数据来源：皮书数据库，数据采集日期为 2020 年 6 月 20 日。

三　2019年社会政法类皮书研创单位及作者分析

（一）研创单位数量分析及性质占比分析

2019 年出版社会政法类皮书的研创机构共 116 家。其中，出版 1 部皮书的研创机构为 106 家；出版 2～4 部皮书的研创机构为 8 家；2 家研创机构出版了 5 部及以上的皮书，分别为中国社会科学院法学研究所（9 部）与中国社会科学院社会学研究所（5 部）（见表 15）。

表 15　研创单位研创皮书数量情况统计（2019）

单位：家，%

研创皮书数量	研创单位数量	占全部研创单位比重
1 部	106	91.38
2～4 部	8	6.90
5 部及以上	2	1.72
合计	116	100

数据来源：皮书数据库，数据采集日期为 2020 年 6 月 20 日。

以中国社会科学院智库、高校和高校智库、地方社会科学院智库、党政部门及其智库、行业智库、社会智库、企业和企业智库、媒体和媒体智库、其他等 9 种类型为分类标准对 2019 年出版的 97 部社会政法类皮书的 116 家研创机构进行分类，情况如图 4 所示。高校和高校智库及党政部门智库出版的社会政法类皮书较多，占比分别为 31.90%、28.45%，这与社会政法类皮书自身特性相符。其次为地方社会科学院、中国社会科学院及社会智库，占比分别为 17.24%、8.62%、6.03%。占比较少的是企业和企业智库、行业智库及媒体和媒体智库，分别占比 4.31%、2.59%、0.86%。

（二）作者数量、职务职称、学位学历分析

2019 年出版的 1660 篇社会政法类皮书报告中，有 1547 篇署名报

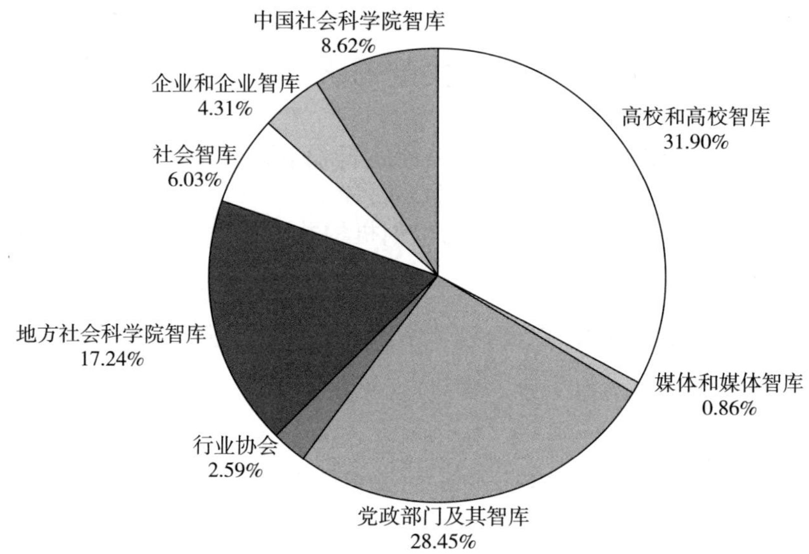

图4　社会政法类皮书研创机构性质统计（2019）

数据来源：皮书数据库，数据采集日期为2020年6月20日。

告、113篇未署名报告。署名报告共有作者2106人（家），其中，单位作者316家，自然人作者1790人；发表2篇及以上报告的作者218人（家），仅发表1篇报告的作者1888人（家）。单位作者中，发表报告数量TOP5的作者见表16。自然人作者中，发表报告数量TOP3的作者见表17 。

表16　社会政法类皮书单位作者发表报告数量TOP5（2019）

单位：篇

排名	报告作者	发表数量
1	中国社会科学院法学研究所法治指数创新工程项目组	16
2	中共上海市浦东新区地区工作委员会	7
3	《中国高考报告》课题组	5
4	北京大学教育学院高中教育大数据实验室课题组	5
5	南宁市社会科学院课题组	5

表 17　社会政法类皮书自然人作者发表报告数量 TOP3（2019）

单位：篇

排名	报告作者	作者单位	发表数量
1	李金兆	成都市经济信息中心	6
2	廉思	团中央学校部	6
3	汤志伟	电子科技大学公共管理学院	6

2019 年，有 1790 名作者为社会政法类皮书撰写署名报告，集中分布在北京、广州、深圳等城市。皮书作者数前十名的省市依次是北京、广州、深圳、河北、上海、河南、湖南、贵州、四川、安徽。1717 名作者中，副高及以上职称的作者 720 人，占 41.93%；拥有博士及以上学历的作者 648 人，占 37.74%。[①] 2019 年，社会政法类报告在皮书数据库中共收获 47898 次阅读量、18074 次下载量。其中，祝华新、廖灿亮、潘宇峰 3 位作者共同撰写的《2018 年中国互联网舆论分析报告》在浏览量、阅读量、下载量方面均为第一名，各类社会政法类皮书报告浏览量、阅读量、下载量 TOP1 见表 18。

表 18　社会政法类皮书报告浏览量、阅读量、下载量分类 TOP1（2019）

单位：次

内容细分类型	浏览量 TOP1		阅读量 TOP1		下载量 TOP1	
	作者及报告名	浏览量	作者及报告名	阅读量	作者及报告名	下载量
社会发展类	祝华新、廖灿亮、潘宇峰（人民网）《2018 年中国互联网舆论分析报告》	1829	祝华新、廖灿亮、潘宇峰（人民网）《2018 年中国互联网舆论分析报告》	1911	祝华新、廖灿亮、潘宇峰（人民网）《2018 年中国互联网舆论分析报告》	378

① 本数据主要来源于单篇报告首页脚注处的作者简介，含第一作者在内的全部作者。部分作者未对职务职称进行说明，本数据仅对有“职称（副高及以上）”“学历（博士及以上）”介绍的单篇报告作者进行统计。因此统计数据为 1717 人，略小于真实数据；作者数量为有效作者数量，即同一年份撰写多篇报告的作者记一次。

续表

内容细分类型	浏览量 TOP1		阅读量 TOP1		下载量 TOP1	
	作者及报告名	浏览量	作者及报告名	阅读量	作者及报告名	下载量
公共服务类	苏婧（清华大学）《健康中国与健康传播》	409	中央党校电子政务研究中心课题组《2018 年中国电子政务发展报告》	414	苏婧（清华大学）《健康中国与健康传播》	64
法治建设类	中国社会科学院法学研究所法治指数创新工程项目组《2018 年中国法院信息化发展与2019 年展望》	270	中国社会科学院法学研究所法治指数创新工程项目组《中国政府透明度指数报告（2018）》	348	中国社会科学院法学研究所法治指数创新工程项目组《中国政府透明度指数报告（2018）》	64

数据来源：皮书数据库，数据采集日期为 2020 年 6 月 20 日。

四 2019年社会政法类皮书规范性分析

根据“2019 年版皮书综合评价指标体系”的有关规定，皮书规范性指标考察皮书的总报告执笔人、主要撰稿人及皮书出版要件三个方面的内容：①总报告执笔人是否为主编、副主编；②主要撰稿人是否为本研究领域的专家学者；③丛书名和书名、篇章节名、全书中英文摘要和关键词、单篇报告中英文摘要和关键词、编委会（课题组、研究组）名单、主要编撰者简介、中英文目录、单篇报告作者简介、资料来源、参考文献等是否齐全，是否符合皮书体例规范。对 2019 年出版的社会政法类皮书的规范性指标得分进行统计，结果如表 19 所示。2019 年版社会政法类皮书规范性得分高于 80 分的占 68.04%，其中规范性满分皮书占比 18.56%；60 ~80 分的占比 27.84%；仍有 4.12% 的皮书存在较大规范性问题，得分低于 60 分。从内容细分类型上看，社会发展类皮书与法治建设类皮书规范性得分较高，高于80分的皮书占比分别为71.43%和80%，公共服务类皮书规范性得分较低。

表19　社会政法类皮书出版规范性统计（2019）

内容细分类型	参评数量（部）	规范性平均得分（分）	100分		高于80分		60～80分		低于60分	
			数量（部）	占比（%）	数量（部）	占比（%）	数量（部）	占比（%）	数量（部）	占比（%）
社会发展类	49	85.84	12	24.49	35	71.43	11	22.45	3	6.12
公共服务类	28	82.16	3	10.71	15	53.57	13	26.53	0	0
法治建设类	20	84.84	3	15.00	16	80.00	3	15.00	1	5.00
合计	97	84.28	18	18.56	66	68.04	27	27.84	4	4.12

注：皮书评价体系中规范性得分满分为15分，其中总报告执笔人规范性3分、皮书出版要件规范性10分、主要撰稿人规范性2分。为更为直观地呈现数据，已按比例转换为满分100分。

数据来源：皮书评价系统，数据采集日期为2020年7月30日。

从规范性三指标观察，在总报告执笔人是否为主编、副主编方面，公共服务类皮书平均得分最高；皮书出版要件规范性方面，社会发展类皮书平均得分最高；主要撰稿人是否为本研究领域专家学者方面，法治建设类皮书平均得分最高（见表20）。法治建设类皮书在三种规范性指标方面得分均高于或接近平均分值；社会发展类皮书需补强总报告执笔人规范性；公共服务类皮书需补强皮书出版要件规范性与主要撰稿人规范性。

表20　社会政法类皮书各规范性指标平均得分（2019）

单位：分

规范性指标	社会发展类	公共服务类	法治建设类	平均分
总报告执笔人	21.88	24.28	22.68	22.94
皮书出版要件	45.22	39.42	42.69	42.44
主要撰稿人	18.61	18.34	19.34	18.76

数据来源：皮书评价系统，数据采集日期为2020年7月30日。

五　2019年社会政法类皮书评价分析

（一）2019年社会政法类皮书综合评价结果

2019 年共计 419 部皮书参与评价，其中社会政法类皮书 97 部，综合评价结果分类排名 TOP10 如表 21 所示。综合排名方面，4 部社会政法类皮书在全部皮书排名中位列前 10，分别为《中国法治发展报告 No. 17（2019）》《2019 年中国社会形势分析与预测》《中国社会心态研究报告（2019）》《广州社会发展报告（2019）》。其中，《中国社会形势分析与预测》连续三年位列全部皮书排名前 10，《中国法治发展报告》《中国社会心态研究报告》《广州社会发展报告》连续两年位列全部皮书排名前 10，代表了本类皮书在全部皮书中较高的研创质量。分类排名方面，《中国地方政府互联网服务能力发展报告》首次出版即进入分类排名 TOP10，反映了皮书高质量发展背景下，皮书准入与选题管理较高的水平。《中国法院信息化发展报告》连续三年位列分类排名前 10，《中国未成年人互联网运用报告》《北京公共服务发展报告》三年内首次进入 TOP10。

表 21　社会政法类皮书综合评价 TOP10（2019）

单位：分

分类排名	综合排名	丛书名	书名	综合得分
1	1	法治蓝皮书	中国法治发展报告 No. 17(2019)	98. 40
2	3	社会蓝皮书	2019 年中国社会形势分析与预测	96. 60
3	7	社会心态蓝皮书	中国社会心态研究报告(2019)	91. 20
4	8	广州蓝皮书	广州社会发展报告(2019)	91. 15
5	12	法治蓝皮书	中国法院信息化发展报告 No. 3(2019)	90. 40
6	16	政府互联网服务能力蓝皮书	中国地方政府互联网服务能力发展报告(2019)	89. 85

续表

分类排名	综合排名	丛书名	书名	综合得分
7	19	青少年蓝皮书	中国未成年人互联网运用报告（2019）	89.59
8	22	北京蓝皮书	北京公共服务发展报告（2018～2019）	88.80
9	23	连片特困区蓝皮书	中国连片特困区发展报告（2018～2019）	88.60
10	24	上海蓝皮书	上海社会发展报告（2019）	88.45

数据来源：皮书评价系统，数据采集日期为2020年7月30日。

（二）2019年社会政法类皮书与其他类型皮书评价得分对比

2019年419部参评皮书的综合评价平均得分情况如图5所示。全部参评皮书的平均得分为72.15分，社会政法类、经济类（产业经济类、地方经济类、宏观经济类、区域与城市经济类）、国际问题类（国别与区域类、国际问题与全球治理类）皮书的平均分高于本年度总平均分。社会政法类皮书平均分为76.33分，位列各类皮书平均分首位，反映了本类皮书整体研创质量较高。

（三）2019年社会政法类各内容细分类型皮书综合评价情况

对2019年社会政法类各内容细分类型皮书综合评价情况进行分析，统计结果如表22所示。2019年社会政法类皮书综合评价得分高于80分的占比为34.02%，60～80分的占比为64.95%，1.03%的皮书得分低于60分。从内容细分类型上看，社会发展类皮书与法治建设类皮书综合评价平均得分较高，分别为77.35分、78.15分，公共服务类皮书综合评价平均得分较低。从各分值段占本类皮书比重看，高于80分的皮书占本类皮书比重最高的是社会发展类皮书，反映了此类皮书整体研创质量较高。

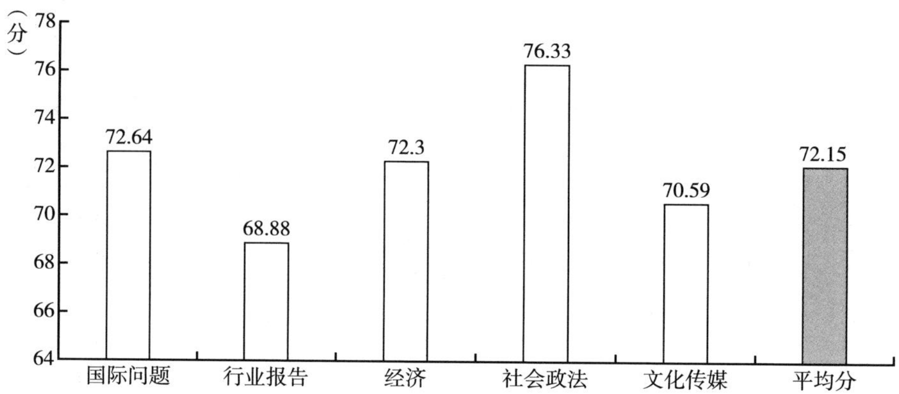

图 5　各类别皮书综合评价平均分比较（2019）

注：本报告将地方发展类皮书拆分到“经济、社会政治、文化传媒、行业报告”等类别进行统计，下同。

数据来源：皮书评价系统，数据采集日期为 2020 年 7 月 30 日。

表 22　社会政法类各内容细分类型皮书综合评价得分统计（2019）

内容细分类型	参评数量（部）	综合评价平均得分（分）	高于 80 分		60～80 分		低于 60 分	
			数量（部）	占比（%）	数量（部）	占比（%）	数量（部）	占比（%）
社会发展类	49	77.35	20	40.82	29	59.18	0	0
公共服务类	28	72.18	10	35.71	18	64.29	0	0
法治建设类	20	78.15	3	15.00	16	80.00	1	5.00
合计	97	76.33	33	34.02	63	64.95	1	1.03

数据来源：皮书评价系统，数据采集日期为 2020 年 7 月 30 日。

社会发展类、公共服务类、法治建设类皮书综合评价 TOP5 见表 23、表 24、表 25。

表 23　社会发展类皮书综合评价 TOP5（2019）

单位：分

分类排名	综合排名	丛书名	书名	综合得分
2	3	社会蓝皮书	2019 年中国社会形势分析与预测	96.60
3	7	社会心态蓝皮书	中国社会心态研究报告(2019)	91.20

续表

分类排名	综合排名	丛书名	书名	综合得分
4	8	广州蓝皮书	广州社会发展报告(2019)	91.15
7	19	青少年蓝皮书	中国未成年人互联网运用报告(2019)	89.59
10	24	上海蓝皮书	上海社会发展报告(2019)	88.45

数据来源：皮书评价系统，数据采集日期为2020年7月30日。

表24　公共服务类皮书综合评价TOP5（2019）

单位：分

分类排名	综合排名	丛书名	书名	综合得分
6	16	政府互联网服务能力蓝皮书	中国地方政府互联网服务能力发展报告(2019)	89.85
8	22	北京蓝皮书	北京公共服务发展报告(2018~2019)	88.80
9	23	连片特困区蓝皮书	中国连片特困区发展报告(2018~2019)	88.60
15	37	健康城市蓝皮书	中国健康城市建设研究报告(2019)	86.90
19	51	教育蓝皮书	中国教育发展报告(2019)	85.32

数据来源：皮书评价系统，数据采集日期为2020年7月30日。

表25　法治建设类皮书综合评价TOP5（2019）

单位：分

分类排名	综合排名	丛书名	书名	综合得分
1	1	法治蓝皮书	中国法治发展报告No.17(2019)	98.40
5	12	法治蓝皮书	中国法院信息化发展报告No.3(2019)	90.40
33	114	法治蓝皮书	珠海法治发展报告No.1(2019)	80.29
36	122	法治蓝皮书	前海法治发展报告No.2(2019)	79.80
38	132	法治蓝皮书	中国司法制度发展报告No.1(2019)	79.00

数据来源：皮书评价系统，数据采集日期为2020年7月30日。

六　2019年社会政法类皮书媒体影响力分析

中国特色新型智库建设与发展呈现的重要一面即是积极拥抱新媒体。在新媒体深刻改变公众交流与获取信息行为的背景下，利用新媒体的平台运营与传播技巧获取公众关注、提升学术影响力，成为皮书成果实现社会可见性的一条有效路径。2019 年社会政法类皮书共出版 97 部，参评 97 部，采用最新版皮书媒体影响力评价指标体系计分。百分制下，97 部社会政法类皮书媒体影响力指数得分均值为 49. 56 分，其中 51 部皮书媒体影响力指数得分高于 60 分，占全部社会政法类皮书的 52. 58% 。2019 年社会政法类皮书 TOP20 媒体影响力情况如表 26 所示。社会政法类综合评价 TOP20 的皮书，媒体影响力平均得分为 84. 28 分。

表 26　社会政法类皮书 TOP20 媒体影响力情况（2019）

单位：分

书名	传统媒体影响力			新媒体影响力		学术期刊影响力	综合评价得分
	传统媒体曝光率	网页检索量	视频检索量	微博传播能力	微信传播能力	皮书报告期刊发表情况	
中国法治发展报告 No. 17(2019)	45	5	10	15	13. 5	5	98. 40
2019 年中国社会形势分析与预测	45	8	10	10	10	0	96. 60
中国社会心态研究报告(2019)	45	8	10	10	11	5	91. 20
广州社会发展报告(2019)	45	10	10	15	15	0	91. 15
中国法院信息化发展报告 No. 3(2019)	45	9	8	11. 5	13. 5	5	90. 40
中国地方政府互联网服务能力发展报告(2019)	45	10	10	10	10	0	89. 85

续表

书名	传统媒体影响力			新媒体影响力		学术期刊影响力	综合评价得分
	传统媒体曝光率	网页检索量	视频检索量	微博传播能力	微信传播能力	皮书报告期刊发表情况	
中国未成年人互联网运用报告(2019)	45	10	10	11.5	12	5	89.59
北京公共服务发展报告(2018～2019)	45	6	4	15	15	2.5	88.80
中国连片特困区发展报告(2018～2019)	45	9	6	10	12.5	5	88.60
上海社会发展报告(2019)	45	5	6	10	10	0	88.45
2019 年中国广州社会形势分析与预测	45	5	10	15	10	0	88.40
北京人口发展研究报告(2019)	45	10	10	10	10	0	88.15
中国社会组织报告(2019)	45	9	4	10	11	0	87.06
中国社会保障发展报告(2019)	45	10	0	11.5	12	0	87.02
中国健康城市建设研究报告(2019)	45	10	0	5.5	12	0	86.90
甘肃社会发展分析与预测(2019)	45	8	10	11.5	11	0	85.87
中国老年人生活质量发展报告(2019)	45	10	10	10	10	0	85.48
2019 年河南社会形势分析与预测	45	3	4	10	10	5	85.35
中国教育发展报告(2019)	45	7	10	10	10	0	85.32
中国慈善发展报告(2019)	45	9	0	10	10	0	85.31

注：综合评价得分为 2019 年社会政法类皮书综合评价 TOP20 得分情况，而非媒体影响力得分加总。

数据来源：皮书评价系统，数据采集日期为 2020 年 7 月 30 日。

2019 年各类皮书媒体影响力平均得分情况如表 27 所示。社会政法类皮书媒体影响力平均分为 49.56 分，高于各类皮书媒体影响力平均得分(45.82 分)。如表 26 中各指标得分所示，社会政法类皮书充分运用传统媒体、新媒体进行宣传，提升皮书品牌曝光率及其社会影响力，较为充分地发挥了社会政法类皮书作为时效性强、信息量大年度出版物的价值。

表 27　2019 年各类皮书媒体影响力平均得分统计

单位：分

内容分类	平均得分
社会政法	49.56
经济	50.51
文化传媒	40.98
国际问题	49.36
行业报告	38.71
平均分	45.82

数据来源：皮书评价系统，数据采集日期为 2020 年 7 月 30 日。

社会政法类各内容细分类型皮书媒体影响力平均得分见图 6，社会发展类皮书媒体影响力得分最高；公共服务类皮书媒体影响力得分较低，利用媒体提升皮书影响力的能力亟待提升。

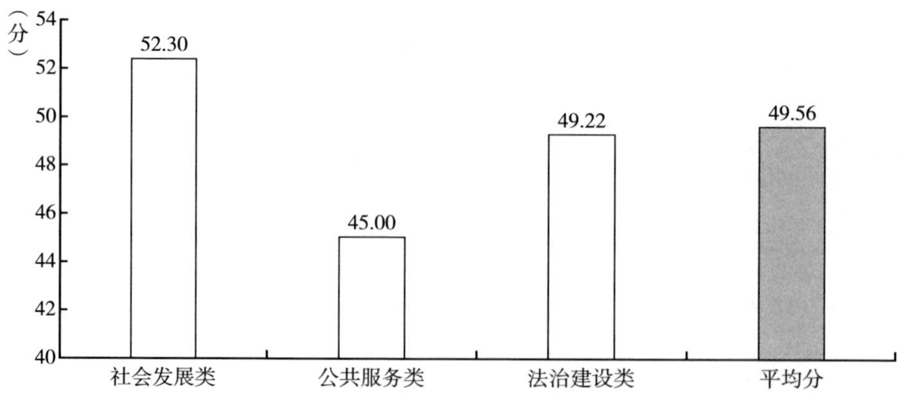

图 6　各类社会政法类皮书媒体影响力平均得分对比（2019）

数据来源：皮书评价系统，数据采集日期为 2020 年 7 月 30 日。

七　优秀社会政法类皮书选题特点及传播推广能力分析

（一）优秀皮书与报告内容细分类型占比分析

2017～2019 年，社会政法类获奖皮书 42 部、报告 38 篇。获奖皮书方面，社会发展类皮书 26 部，占全部获奖皮书的 61.90%；公共服务类皮书 7 部，占比 16.67%；法治建设类皮书 9 部，占比 21.43%（见图 7）。获奖报告方面，社会发展类报告 20 篇，占全部获奖报告的 52.63%；公共服务类报告 9 篇，占比 23.68%；法治建设类报告 9 篇，占比 23.68%（见图 8）。

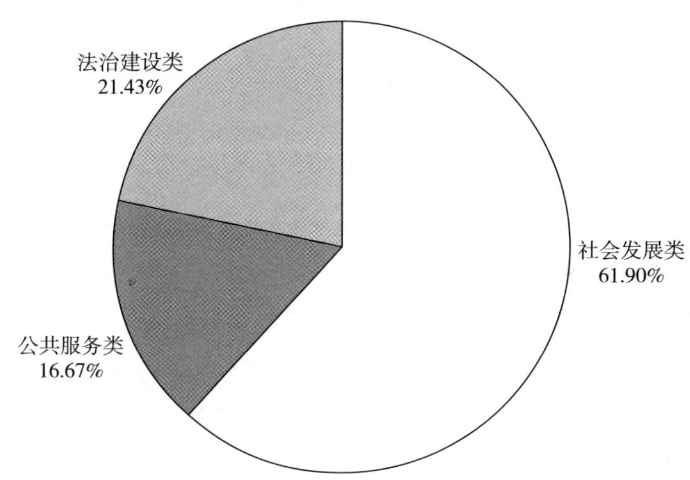

图 7　社会政法类获奖皮书内容细分占比（2017～2019）

（二）获奖皮书与报告研创主题变化趋势（2017～2019）

获奖皮书方面，社会发展类皮书重点关注社会发展、社会心态、社会保障、女性生活、未成年人、华人华侨等主题，公共服务类皮书重点关注公共安全、健康城市、教育发展、体制改革、民族发展、扶贫、地方政府等主题，法治建设类皮书重点关注法治发展、法院信息化、反腐倡廉、司法改

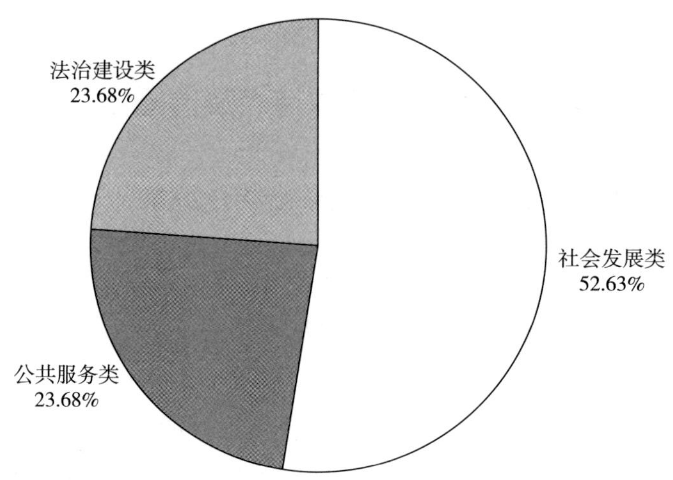

图 8　社会政法类获奖报告内容细分占比（2017～2019）

数据来源：中国皮书网发布的 2017～2019 年获奖皮书与报告情况。

革、从严治党等主题（见表 28）。除研创质量连续多年较高的传统优秀皮书如中国社会科学院法学研究所研创的《中国法治发展报告》和中国社会科学院社会学研究所研创的《中国社会形势分析与预测》等皮书外，中国社会科学院社会学研究所研创的《社会心态研究报告》、广州市社会科学院研创的《广州社会发展报告》、华侨大学华侨华人研究院研创的《华侨华人研究报告》通过连续多年在特定领域的深耕细作与数据积累，逐渐进入优秀皮书行列。另外，吉首大学研创的《中国连片特困区发展报告（2016～2017）》、中国社会科学院新闻与传播研究所研创的《中国未成年人互联网运用和阅读实践报告（2017～2018）》等皮书反映了特定年度内皮书研创团队对社会普遍关注热点问题的回应型选题取得了良好的研创效果。

表 28　社会政法类获奖皮书研创主题变化（2017～2019）

年份	社会发展类				公共服务类			法治建设类		
2019	社会形势	女性生活	华人华侨	未成年人	公共服务	地方政府	公共安全	法治政府	法院信息化	反腐倡廉

续表

年份	社会发展类				公共服务类			法治建设类		
2018	社会形势	社会保障	社会心态	社会发展	健康城市	教育发展	扶贫	法治发展	反腐倡廉	司法改革
2017	社会发展	社会形势	社会心态	华人华侨	教育发展	体制改革	民族发展	法治发展	地方法治	从严治党

获奖报告方面，社会发展类皮书报告除涵盖持续受到社会关注的社会保障、就业问题、社会心态、社会形势等问题外，生育问题、“一带一路”、社会组织等均是回应特定年度社会热点或国家重要政策导向的精细化选题。例如，2015 年，中国共产党第十八届中央委员会第五次全体会议公报宣布全面实施二孩政策，以应对人口红利消失、临近超低生育水平等社会问题，二孩政策成为年度性热点问题。2017 年获奖报告《上海社会发展报告（2016）》中的《提高上海生育水平的配套政策研究》一文，对上海长期保持超低生育水平带来的人口年龄结构严重失衡问题进行了成因分析与对策研究，利用皮书研创团队的数据积累与建模经验对社会热点问题进行深度回应，凸显了皮书报告作为智库产品的时效性与咨政功能。公共服务类皮书方面，研创团队持续关注政府应急能力、健康城市、公共舆情、公共安全等问题。尤其是党的十九大报告指出打好精准脱贫攻坚战对如期全面建成小康社会、实现第一个百年奋斗目标的重要意义以来，公共服务类皮书研创团队加强了对扶贫主题的回应型研创。法治建设类皮书方面，除反腐倡廉、法治发展等传统热点研创主题外，信息时代的互联网人权与民法典编纂背景下的民事司法问题受到研创团队的关注，尤其是以信息公开制度为内核的政府透明度、检务透明度、司法透明度等主题报告连续三年获得优秀皮书报告奖，体现了研创团队对于我国政治开明程度与民主发展程度不断提升下民众参与度与知情权等热点问题的回应型研究水平（见表 29）。

表 29　社会政法类获奖报告研创主题变化（2017～2019）

年份	社会发展类					公共服务类				法治建设类		
2019	女性生活质量	深圳社会组织	未成年人	社会保障	华人华侨	城市公共安全	体制改革	教育资源	城市健康	政府透明度	法治发展	反腐倡廉
2018	阶层心态	就业	社会组织	保障性住房	一带一路	非传统安全	扶贫	创新能力	公共服务	信息公开	民事司法	互联网人权
2017	社会发展	社会救助	残疾人事业	生育	社会形势	国际舆情	应急能力	城市健康	扶贫	检务透明度	反腐倡廉	司法透明度

（三）优秀皮书传播推广能力分析（2017～2019）

2017～2019年，社会政法类获奖皮书在皮书数据库中的浏览量、阅读量与下载量分别为53365次、29456次与31462次。其中社会发展类获奖皮书平均浏览量、阅读量、下载量为12073次、6321次、7654次，为三类皮书中最高；公共服务类获奖皮书平均浏览量、阅读量与下载量为2452次、1334次与1171次，为三类皮书最低；法治建设类获奖皮书平均浏览量、阅读量与下载量为3264次、2164次、1662次（见表30）。

表 30　2017～2019年社会政法类获奖皮书浏览量、阅读量、下载量

单位：次

项目		浏览量	阅读量	下载量
社会发展类	2019年	13193	9705	5215
	2018年	8621	4959	5297
	2017年	14404	4299	12450
	平均值	12073	6321	7654
公共服务类	2019年	368	276	168
	2018年	3255	1716	1419
	2017年	3733	2009	1926
	平均值	2452	1334	1171

续表

项目		浏览量	阅读量	下载量
法治建设类	2019 年	5545	4407	2300
	2018 年	2330	1304	1076
	2017 年	1916	781	1611
	平均值	3264	2164	1662
合计		53365	29456	31462

数据来源：皮书数据库，数据采集日期为 2020 年 6 月 20 日。

2017～2019 年，社会发展类皮书浏览量 TOP3 均来自传统优秀皮书丛书“社会蓝皮书”与“广州蓝皮书”，反映了研创团队在特定领域长期进行的数据积累与模型维护获得了皮书读者市场的认可与关注（见表 31）。公共服务类皮书浏览量 TOP3 分别来自“教育蓝皮书”与“社会体制蓝皮书”，反映了皮书读者群体对公共服务领域内教育事业与社会体制改革主题的关注（见表 32）。法治建设类获奖皮书浏览量 TOP3 分别关注中国法院信息化问题与法治政府评估情况，反映了信息化时代背景下皮书读者群体对法院信息化工作以及法治政府建设情况的持续关注（见表 33）。

表 31　社会发展类获奖皮书浏览量 TOP3（2017～2019）

单位：次

丛书名	书名	获奖时间	主编	研创单位	浏览量	阅读量	下载量
广州蓝皮书	2016 年中国广州社会形势分析与预测	2017	张强、陈怡霓　杨秦	广州大学广州发展研究院	6375	304	8955
社会蓝皮书	2018 年中国社会形势分析与预测	2019	李培林、陈光金、张翼	中国社会科学院社会学研究所	5587	3926	2088
社会蓝皮书	2016 年中国社会形势分析与预测	2017	李培林、陈光金、张翼	中国社会科学院社会学研究所	5094	2383	2098

数据来源：皮书数据库，数据采集日期为 2020 年 6 月 20 日。

表 32 公共服务类获奖皮书浏览量 TOP3（2017～2019）

单位：次

丛书名	书名	获奖时间	主编	研创单位	浏览量	阅读量	下载量
教育蓝皮书	中国教育发展报告（2016）	2017	杨东平	21 世纪教育发展研究院	2392	1330	1082
教育蓝皮书	中国教育发展报告（2017）	2018	杨东平	21 世纪教育发展研究院	2223	1017	936
社会体制蓝皮书	中国社会体制改革报告 No. 4（2016）	2017	龚维斌	国家行政学院社会治理研究中心、北京师范大学中国社会管理研究院	964	456	592

数据来源：皮书数据库，数据采集日期为 2020 年 6 月 20 日。

表 33 法治建设类获奖皮书浏览量 TOP3（2017～2019）

单位：次

丛书名	书名	获奖时间	主编	研创单位	浏览量	阅读量	下载量
法治蓝皮书	中国法院信息化发展报告 No. 2（2018）	2019	李林、田禾	中国社会科学院法学研究所	2127	1692	689
法治蓝皮书	中国法治发展报告（2017）	2018	李林、田禾	中国社会科学院法学研究所	1945	1006	886
法治政府蓝皮书	中国法治政府评估报告（2018）	2019	中国政法大学法治政府研究院	中国政法大学法治政府研究院	1733	1489	917

数据来源：皮书数据库，数据采集日期为 2020 年 6 月 20 日。

八 社会政法类皮书选题热点分析

词频分析能够通过盘点热词来观察某一特定领域研究热点和发展动

向，本报告对 2019 年版社会政法类皮书报告的题目、摘要、关键词、全文进行词频分析，分别观察社会发展类、公共服务类、法治建设类皮书报告的研究热点。使用图悦在线热词分析工具计算热词权重并生成词云图，再根据热词结果进行分析。为更准确地分析核心词，在分析过程中对内容相似的词语进行了合并，如“农村”“乡村”等；同时删除了一般性高频词，如“我国”“中国”“问题”等。热词分析显示，2019 年社会政法类三类皮书的研创热点与 2018 ~2019 年社会普遍关注的热点问题呈现较高的重合性，如社会心态、减税降费、民事法治、知识产权、扫黑除恶等，体现了本类皮书的前沿性、前瞻性与时效性；同时部分热词为多年以来长期受到关注的热点问题，如居民收入、就业、教育改革、医疗改革等，体现了本类皮书关注特定领域热点问题长期发展趋势和规律的研创特点（见表 34）。

表 34　社会政法类各内容细分类型皮书研创热词 TOP10（2019）

类别	热词									
社会发展类	社会形势	居民收入	就业	社会心态	志愿服务	社会保险	社区养老	社会组织	慈善事业	青年发展
公共服务类	减税降费	社区治理	教育改革	电子政务	医疗改革	养老服务	生态文明	公共舆情	互联网服务	垃圾分类
法治建设类	法治中国	民事法治	司法改革	知识产权	人权	机构改革	扫黑除恶	土地承包	营商环境	法院信息化

（一）社会发展类皮书选题热点分析

2019 年社会发展类皮书研创十大热词为：“社会形势”“居民收入”“就业”“社会心态”“志愿服务”“社会保险”“社区养老”“社会组织”“慈善事业”“青年发展”。

（1）社会形势

2018 ~2019 年我国国民经济运行稳中有缓，社会发展各领域继续取得明显进展，发展质量提高；同时也面临若干难题，就业和消费增长形势面临潜在风险；城乡居民收入差距继续缩小的难度加大。2019 年社会治理的核心举措是继续推进高质量的充分就业，深化收入分配制度改革，扭转收入差距反弹趋势；不断健全完善网络社会治理，有效引导社会心态和社会预期，推进社会治理现代化进程。

（2）居民收入

2018 ~2019 年，我国居民收入平稳增长，居民生活质量持续提高。为促进城乡居民收入和消费的持续增长，政府和有关部门采取的主要举措有：积极促进就业，夯实城乡居民收入稳定增长的基础；促进产业结构调整升级，拓宽城乡居民的增收渠道；全面实施乡村振兴战略，促进农民增收；培育消费热点，优化消费结构；优化消费环境，促进消费结构升级。

（3）就业

在外部环境发生变化、不确定性增加的情况下，2018 ~2019 年我国就业结构性矛盾依然突出，“就业难”和“招工难”并存的基本态势没有改变，在经济下行压力影响下，就业形势也出现局部承压，部分指标走势趋弱，下一步不确定性增加的局面需要予以高度重视。

（4）社会心态

近年来，随着我国经济社会持续快速发展、国际地位不断提高和各领域治理成效的显著增强，国民价值观、社会态度、社会情绪也发生了多重转变，社会心态整体上保持健康向上的积极态势，公众社会心态变化呈现新的趋势，如：信息传播多元化下民众心态越来越积极主动，社会自组织活力释放，社会预期趋向乐观和开放多元等。同时，重大突发应急事件下民众心态等问题值得皮书研创团队持续关注。

（5）志愿服务

志愿服务的发展是提高社会治理能力和水平的重要内容，近年来我国志愿服务参与度有所提升，但各类志愿服务的参与率存在高低差异，内部发展不平衡，不同代际、地区的活跃志愿者在各志愿服务领域的参与率差异明显。

（6）社会保险

2018 ~2019 年，我国社会保险事业呈现新特点。国家开启改革开放以来第八次机构改革，成立了国家医疗保障局，对社会保险管理机构进行了整合，社会保险治理现代化取得重要进展。社会保险费改由税务部门统一征收，引起企业和民众的热议，民众对于新成立的医保局充满期待，但也存在着担忧。

（7）社区养老

目前我国有照料需求的高龄老人比例高，各省份之间差异大。东、中、西部以及东北地区有照料需求的高龄老人在养老服务项目的知晓率、利用率、需求率、利用差、需求差上都存在较大差异，西部、中部地区的社区居家养老服务亟待加强。

（8）社会组织

2018～2019 年，登记从严、监管从严、处罚从严已经成为社会组织管理的政策主基调。迈入高质量发展阶段的社会组织，既需要在使命愿景指引下不断提升自身专业能力，也需要政府处理好培育发展和监督管理的辩证关系，在从严管理的同时给予更加积极有力的支持。

（9）慈善事业

以社会组织为主要载体的现代慈善，是国家治理现代化的有机组成部分和内在需求，也是国家治理体系与治理能力现代化建设的重要内容。2016 年《慈善法》颁布以来，依法治善成为新时代慈善的主要特点。未来社会组织特别是社会服务机构和各类公益慈善组织发展过程中必须面对的运营及管理的基本挑战是专业管理人才和专业技能人才的队伍补强。

（10）青年发展

在社会转型的大背景下，青年群体分化加大，类型复杂。随着青年群体的快速分化演变，传统治理能力和治理手段已然很难应对当前复杂多变的青年发展形势，治理体系的现代化水平亟须提升。

（二）公共服务类皮书选题热点分析

2019 年公共服务类皮书研创十大热词为：“减税降费”“社区治理”“教育改革”“电子政务”“医疗改革”“养老服务”“生态文明”“公共舆情”“互联网服务”“垃圾分类”。

（1）减税降费

在经济发展中，企业是市场的主体，企业活力直接决定市场活力和经济发展动能。党的十八大以来，各项制度政策密集出台，其中减税降费为企业增加活力是制度发力的重要一环，这对于企业未来自身发展和经济社会持续健康发展，都具有特殊重要的意义。2018～2019 年，国家继续出台有针对性的税费优惠政策，相关利好政策普惠性突出，小微企业受益明显；宏观效应显著，带动消费、投资、就业有效增加。

（2）社区治理

2018～2019 年，中国社区治理改革取得积极进展，基层群众自治制度不断完善，物业服务管理改革不断深入，社区服务改革增强，社区组织建设加快，社区人才队伍建设提速，党建引领社区治理全面推进。在社区治理改革过程中，面临的主要问题和挑战是，社区治理“三驾马车”运行机制仍不够顺畅，社区居民参与、服务供给、矛盾化解能力仍亟待提升，良好社区治理格局构建遭遇多重不平衡困境。

（3）教育改革

近年来，随着教育普及水平保持在高位，人们的关注焦点转移到教育资源的分配均衡即教育公平的问题上。大量的流动儿童和留守儿童问题所引发的呼唤教育公平的声音越来越强烈。2019 年教育体制改革重点集中在通过教育创新来促进教育公平的实现，通过自下而上的探索寻求破解教育不均衡的路径。

（4）电子政务

2018～2019 年，我国电子政务工作不断取得新突破、新成果，主要体现在发展环境不断优化、统筹协调机制日趋完善、“互联网＋政务服务”深入推进、信息数据资源整合共享效果初显等方面。但是，当前我国电子政务发展过程中还存在一些问题，包括在线服务能力尚需提升、信息孤岛依然存在、标准规范需要形成体系、政民互动需要向纵深发展等。

（5）医疗改革

改革开放以来，中国的医药卫生体制改革经过了以“市场化”和“国家主导”为主要特征的两个重要发展时期，取得了令人瞩目的成就。2018～2019年的改革呈现巩固攻坚、重点突破、联动改革的特点，在现代医院管理制度、医保谈判与支付改革、互联网医疗等多个方面取得重要进展。随着新时代的来临特别是全民医保时代的到来，医药卫生体制改革进入提质增效的新阶段。

（6）养老服务

2018～2019年，面对人口老龄化的挑战，我国持续加强养老服务供给，创新社区居家养老服务模式与服务方式，不断提升养老院服务质量，全面放开养老服务市场。未来将进一步明确政府的核心职能，重点保障兜底性养老服务的供给，建设完善社区居家养老服务设施，促进养老服务业持续健康发展，加强对养老服务市场的监管。

（7）生态文明

党的十八大以来，生态文明建设纳入国家发展总体布局，“进入了快车道”。党的十九大将“坚持人与自然和谐共生”作为新时代坚持和发展中国特色社会主义的基本方略。经过艰苦努力，中国已成为世界上治理大气污染速度最快的国家。多项数据显示，中国在可再生能源领域投资、可再生能源装机容量、新能源汽车保有量、空气质量监测网规模等多个方面都居世界领先地位，这体现了中国构建清洁、低碳、安全、高效能源体系的决心。

（8）公共舆情

2018～2019年，中国公共舆论生态治理在继续加强监管制度建设的基础上，重点转向微观层面的治理，体现在加强网络信息平台监管、清理违法违规网络信息、依法治理网络违法行为等。重大公共舆情事件表现出教育管理领域舆情出现恶化、公共安全与突发事件舆情高发化、未成年人保护问题仍然突出、个人极端事件威胁社会规则底线、公民道德建设问题亟须提上议程等特点。

（9）互联网服务

2018～2019年，我国地方政府互联网服务能力呈现五大特征：地方政府互联网服务能力整体提升明显；地方政府互联网服务能力区域差异缩小；服务供给能力持续优化，政务新媒体发展迅速；服务响应能力提升显著，省级政务平台作用明显；服务智慧能力有较大突破，应用效果需持续优化。

（10）垃圾分类

2019 年，住房和城乡建设部等部门发布《关于在全国地级及以上城市全面开展生活垃圾分类工作的通知》，将全国 46 个城市带上了强制垃圾分类的“快车道”。其后，包括上海、北京、广州、杭州、重庆、深圳在内的多个城市悄然提速，将垃圾分类提到了城市管理的重要位置。46 个垃圾分类重点城市的目标是，在 2020 年底前基本建成生活垃圾分类处理系统。垃圾分类经过多年的试行后，正式迎来一场全面的攻坚战。

（三）法治建设类皮书选题热点分析

2019 年法治建设类皮书研创的十大热词为：“法治中国”“民事法治”“司法改革”“知识产权”“人权”“机构改革”“扫黑除恶”“土地承包”“营商环境”“法院信息化”。

（1）法治中国

2019 年，我国进一步完善了依法治国领导体制，立法、法治政府、司法体制改革、刑事法治、民商经济法治、社会法治等全面推进。2019 年 10 月，党的十九届四中全会通过《关于坚持和完善中国特色社会主义制度推进国家治理体系和治理能力现代化若干重大问题的决定》，提出了国家治理体系和治理能力现代化的重大命题和完善国家制度体系、法治体系的重大任务。这一治国理政的纲领性文件将对我国法治发展方向产生长期、深远的影响。

（2）民事法治

中国民事法治是与中国改革开放同步发展和完善的。1986 年的《民法通则》是中国民事法治的里程碑，对促进市场经济、保护人格权发挥了重要作用。1992 年后，中国市场经济的发展催生了大量民事单行法，为市场经济提供了较为详备的游戏规则。结合中国具体国情和司法实践经验的司法解释和指导性案例，也推动了中国民事法治的发展。2014 年中国启动民法典编纂工程，并于 2017 年通过了《民法总则》。2019 年发布的《民法典（草案）》，是我国民法典编纂工作的又一个标志性进展，对中国法治发展的影响深远而长久。2020 年《民法典》颁布后，民事法治将继续成为皮书研创的热点主题。

（3）司法改革

改革开放以来，国家司法制度的改革始终与法治国家建设同步展开，并且保持着相同的方向。国家司法权的法治化、司法理念与司法权运行的法治化、公民权利保障、司法公正的实现与司法效率的提高是司法制度改革的主线。2019 年《最高人民法院关于深化人民法院司法体制综合配套改革的意见》和《2018～2022 年检察改革工作规划》的发布表明中国司法制度的改革进入了一个新的阶段。

（4）知识产权

知识产权是人类进入工业社会以后形成的新型财产权利，对于推动科技进步和生产力发展起到了至关重要的作用。围绕 2019 年《关于强化知识产权保护的意见》，我国知识产权保护工作将分两个阶段展开。第一阶段力争到 2022 年，有效遏制侵权易发多发现象，权利人维权“举证难、周期长、成本高、赔偿低”的局面明显改观。第二阶段到 2025 年，知识产权保护社会满意度达到并保持较高水平，保护能力有效提升，保护体系更加完善，尊重知识价值的营商环境更加优化，知识产权制度激励创新的基本保障作用得到更加有效发挥。

（5）人权

2018～2020 年是脱贫攻坚战三年行动期，“消除贫困、共同发展”成为人权法治发展的主题。中国的减贫政策和实践蕴含着丰富的人权理念：减贫目标以实现权利为导向；减贫政策注重发挥贫困人口的主体性；通过教育、提供社会保障、发动社会力量，建立消除贫困的保障体系。消除贫困意味着普惠、包容发展。为此，中国政府继续推进对残疾人、妇女、儿童等处境不利群体的人身权、财产权、受教育权、就业权、健康权、社会保障权、获得司法救济权等各项权利保障，促进人人共享发展成果。中国在保障本国人民生存权与发展权的同时，秉持人类命运共同体理念，继续为促进世界各国共同发展贡献智慧和力量。

（6）机构改革

2018 年初中共中央印发《深化党和国家机构改革方案》，启动了党和国家机构改革。2019 年 7 月，深化党和国家机构改革总结会议召开，标志着党和国家组织结构和管理体制的一次系统性、整体性重构。本次改革整体性地推进中央和地方各级各类机构改革，重构性健全党的领导体系、政府治理体系、武装力量体系和群团工作体系，系统性增强党的领导力、政府执行力、武装力量战斗力、群团组织活力，初步建立适应新时代要求的党和国家机构职能体系主体框架。国家组织结构和管理体制的改革必将对国家治理能力和法治建设产生根本性影响。

（7）扫黑除恶

2018 年，我国暴力恐怖犯罪呈下降趋势，总体呈现大局稳定、形势可控、趋势向好的态势；“扫黑除恶”范围广，涉及犯罪数量多，覆盖重点地区、重点行业、重点领域，对黑社会性质组织犯罪组织者、领导者、骨干成员及其“保护伞”依法从严惩处。2019 年，我国从全面推开向纵深推进开展“扫黑除恶”、打击“保护伞”的专项斗争，加强危害公共安全犯罪和恶性暴力犯罪预防工作，重点解决关系人民群众切身利益的实际问题。

（8）土地承包

改革开放以来，我国已经在法律层面上建立起家庭承包经营为基础、统分结合的双层经营体制，并且实施了两轮土地承包，极大地解放了农村劳动生产力，为“三农”问题的解决和国民经济高速发展奠定了基础。在第二轮承包即将到期，农村生产关系正处在发生急剧变革的时点上，党的十九大提出，保持土地承包关系稳定并长久不变，第二轮土地承包到期后再延长 30 年。中共中央、国务院发布《关于保持土地承包关系稳定并长久不变的意见》指出，要准确把握“长久不变”政策内涵，保持土地集体所有、家庭承包经营的基本制度长久不变，保持农户依法承包集体土地的基本权利长久不变，保持农户承包地稳定。

（9）营商环境

营商环境是企业在其整个生命周期中所面临的外部环境。企业之间的相互关系当然是其外部环境的组成部分，但是构成营商环境更为重要的因素，是政府为企业所提供的外部运行条件，包括财产保护、登记许可、维护竞争、税收法定、产业政策、纠纷解决、破产便利等一系列制度性、资源性公共产品的提供。2019 年，国务院公布《优化营商环境条例》，从企业需求的视角出发优化其外部环境，规定政府的相应职责，这是重构政府与企业关系的标志性法治进步。

（10）法院信息化

近年来，人民法院以信息化建设助推审判能力现代化，信息技术与法院工作愈发深度融合：移动电子诉讼服务实现突破性进展，智慧法院科技创新迸发出蓬勃活力，司法领域人工智能铺展开光明前景。今后人民法院信息化建设应在明确定位的基础上，以辅助审判执行工作建立长效机制为目标，突破瓶颈，提升数据准确性和联通性，重视保护司法信息安全，培育复合型人才，注意加强与法学理论界的互动，以期各项工作更进一步，谱写智慧法院新篇章。

九　社会政法类皮书高质量发展的建议

（一）找准研创定位：凸显社会政法类皮书的应用对策性功能

社会科学研究成果的服务目标通常存在知识扩展与回应现实问题的分野，皮书作为一种应用对策性智库产品，其学术使命在于推进社会科学研究的转型、在国家重大决策中发挥智库的专业性咨政作用；为党和政府依法、科学、民主决策提供更加坚实的科学依据、知识基础和思想支持；促进国家治理尽快迈向现代化。社会政法类皮书研究公共政策的特点在于，此类皮书使用社会学、公共学、法学等特定理论、规范、制度和价值，对公共政策问题进行专业解读，相关选题与数据使用从大处着眼，小处着手，更多地使用社会科学方法，开展经验研究与实证研究，避免纯粹抽象的文本研究、宏大叙事，以及政府工作报告的撰写模式等问题，在严谨扎实的基础上提炼治理策略。

（二）优化皮书选题：强化传统经典选题与前沿热点选题的结合

新问题、新思维是智库产品的立论基础，促进社会政法类皮书高质量发展既要以特定学科的专业理论为基础，也要注重提升皮书选题对国家政策导向与社会关注热点的回应性。一方面，传统优秀社会政法类皮书通常拥有获得学界普遍认可、皮书读者群体持续关注的“金牌总报告”，通过纵向的常年积累对传统经典选题的年度特征进行总结并预测发展轨迹。另一方面，近年来优秀皮书与优秀报告的回应性选题变化趋势表明，社会政法类皮书选题除持续关注社会治理、公共服务、法治发展等领域的传统问题外，应加强对特定时期前沿问题与热点话题的解读与回应。通过挖掘具有前沿性、前瞻性、时效性特点的选题，实现皮书产品的咨政性功能。

（三）完善研创方法：提升社会调查方法的使用水平

智库建言献策，必须以充分的事实为基础，而事实的获取有赖于皮书研创团队合理运用长期跟踪、实地调查、实证分析（事实、定量、科学）等社会调查方法。在2020年皮书评价工作推进过程中，评审专家指出，目前社会政法类皮书使用实证方法开展研究的能力呈现整体较高、细分类型间不均衡的特点。其中，社会发展类皮书建立模型、使用数据与进行实证研究的平均水平相对较高；公共服务类与法治建设类皮书，除部分传统优秀皮书外，较少使用社会调查方法，或使用能力有待进一步提升。部分皮书存在实证调研片段化、零碎化，调查样本总量明显不足等问题，有规划、系统性、持续性的闭环式调查较少，研究者对调查内容的分析不够充分。突破学科传统研究方法的掣肘，提升社会调查方法的使用水平，是推动社会政法类皮书研创水平与研创团队学术积累相互支撑融合发展的关键所在。具体而言，在报告内容上，书中引用数据应真实可查，凸显资料来源；社会调查应附规范技术报告，说明调查方法；数据使用应满足样本数量要求；数据分析应进行整理与再加工，深度挖掘数据变化背后的原因，避免简单地罗列数据。

（四）充实对策建议：加强前瞻性与战略性研究

精准对接并服务决策层的智识需求，需要提升智库产品观点的实用性。目前，部分社会政法类皮书存在如下问题：报告内容归纳性描述多，预判前瞻性对策少；问题描述多，可行性建议少；解读政策的阐释性报告多，提出解决问题的策略性报告少等。加强社会政法类皮书的前瞻性与战略性研究可以从两个方面着手：对于理念构建性研究，皮书研创者除基于一般意义上的问题具化与延展，以及介绍域外成熟经验外，应当考虑我国具体国情和各地方实际情况，使相关对策建议植根于现实土壤；除进行政策价值思辨或具体政策解读外，还应当对关键变量、影响因素等进行深入挖掘。对于实践经验性研究，皮书研创者在根据具体案例就情况与成效进行分析时，应透过实践经验的描述，深入探讨其背后的规律、模式和机理，实现“描述性”研究向“解释性”和“预测性”研究转变。

参考文献

谢曙光主编《皮书手册——写作、编辑出版与评价指南》（第三版），社会科学文献出版社，2018。

谢曙光主编《智库成果蓝皮书：中国皮书发展报告（2019）》，社会科学文献出版社，2019。

张莉：《中国特色智库建设与决策科学化》，《决策咨询》2019 年第 2 期。

B.3
国别区域与全球治理类皮书发展报告（2020）

俞孟令*

摘　要： 国别区域研究兼具基础性和应用性，研究范围极为广泛，在分析预测的时效性与准确性等方面也有着较高的要求。因此，深入开展国别区域研究所需的能力是多方面的，研究人员需要具备跨学科、跨领域的学术视野和科研能力，兼具人文社会科学理论分析能力、对象国或区域的外语运用能力、在对象国或区域的实地生活与田野调查经历，这也为该类皮书的研创带来了一定的挑战。报告以49部2019年版国别区域与全球治理类皮书为统计对象，通过分析其出版数量、研创机构及作者、持续出版时间、影响力等多方面的情况，对该类皮书的研创现状做出了较为全面的描述。与此同时，结合国别区域研究的学科特性与当前皮书研创中的实际问题，报告对该类皮书研创的未来发展提出了四条建议：以国家外交需求为导向，进一步突出咨政性与实用性；拓宽选题策划范围，形成各研创机构的比较优势；加强跨学科、跨领域的联合研创；将皮书研创与数据库建设结合起来，加强数据采集与分析能力。

关键词： 皮书　国别区域研究　全球治理

---

* 俞孟令，社会科学文献出版社国别区域分社副社长，研究方向为日语语言文学、国际关系。

国别区域与全球治理类皮书是对世界发展状况和热点进行年度监测与实证研究的智库报告，作为一种基于学术研究的应用对策类学术成果，与国别区域研究的咨政属性高度契合。国别区域与全球治理类皮书历经20余年的发展，出版总量达到400余部，已成为我国国别区域研究重要的成果载体，发挥出为国家外交事务决策提供参考的咨政效用。但与此同时，也应看到该类皮书的发展速度、规模及所占比例相较于其他类别依然偏低，在成果研创方面依然存在较大的提升空间。

《国别区域与全球治理类皮书发展报告》旨在通过统计数据分析该类皮书的综合研创情况，总结梳理该类皮书研创的现存问题并提出研创建议。该报告首发于2019年，对1998～2018年出版的国别区域与全球治理类皮书进行了阶段梳理、数据统计与影响力分析①；本报告将以2019年版国别区域与全球治理类皮书为研究对象，在进行数据分析、描述研创现状的同时，力争将皮书研创与国别区域研究的学科特性进一步结合起来，重点探讨如何根据学科特性开展皮书研创，进而实现学术成果转化、提升学术成果质量。

一　2019年版国别区域与全球治理类皮书出版统计分析

（一）国别区域与全球治理类皮书分类占比分析

2019年版国别区域与全球治理类皮书共出版49种49部，其中国别类皮书15部，占比为30.61%；区域类皮书16部，占比为32.65%；全球治理类皮书18部，占比为36.74%。整体而言，三个分类别所占比例较为均衡（见图1）。

从表1所列的2019年版国别区域与全球治理类皮书三个分类别丛书名

① 该报告在对1998～2018年出版的国别区域与全球治理类皮书进行数据统计时，将该类皮书细分为国别类、区域类和全球治理类三个小类别，本报告在行文中将沿用此分类方式。

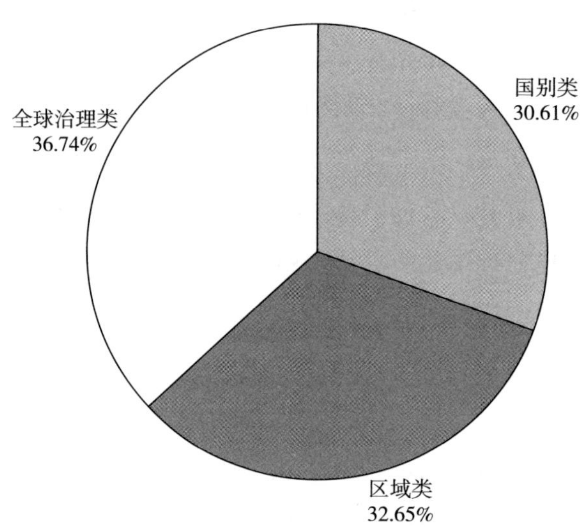

图 1　2019 年版国别区域与全球治理类皮书三个分类别出版数量占比

数据来源：皮书研究院。

可以看出，国别类皮书以全球性大国和我国周边国家为主，这与我国国别区域研究的发展现状密切相关；区域类皮书已基本覆盖全球主要区域，未来可考虑向跨区域、次区域选题发展，将区域研究进一步细化；全球治理类皮书主要集中于“一带一路”倡议、国际形势、世界经济、气候变化等热点议题，以及国际组织、中外合作等相关研究。

表 1　2019 年版国别区域与全球治理类皮书三个分类别丛书名

序号	丛书名	序号	丛书名
国别类			
1	澳大利亚蓝皮书	9	蒙古国蓝皮书
2	巴西黄皮书	10	日本经济蓝皮书
3	德国蓝皮书	11	日本蓝皮书
4	俄罗斯黄皮书	12	叙利亚蓝皮书
5	法国蓝皮书	13	以色列蓝皮书
6	加拿大蓝皮书	14	英国蓝皮书
7	马来西亚蓝皮书	15	越南蓝皮书
8	美国蓝皮书		

续表

序号	丛书名	序号	丛书名
区域类			
1	阿拉伯黄皮书	9	拉美黄皮书
2	北极蓝皮书	10	澜湄合作蓝皮书
3	边疆蓝皮书	11	欧洲蓝皮书
4	大洋洲蓝皮书	12	欧洲移民蓝皮书
5	东盟黄皮书	13	印度洋地区蓝皮书
6	东盟旅游蓝皮书	14	中东黄皮书
7	东盟文化蓝皮书	15	中东欧蓝皮书
8	非洲黄皮书	16	中亚黄皮书
全球治理类			
1	国际城市蓝皮书	10	世界侨情蓝皮书
2	国际共运黄皮书	11	世界经济黄皮书
3	国际禁毒蓝皮书	12	丝绸之路蓝皮书
4	国际形势黄皮书	13	新型南南合作蓝皮书
5	海丝蓝皮书	14	“一带一路”蓝皮书
6	海外公共安全与合作蓝皮书	15	“一带一路”投资安全蓝皮书
7	葡语国家黄皮书	16	“一带一路”文化产业蓝皮书
8	气候变化绿皮书	17	中国印尼人文交流蓝皮书
9	上海合作组织黄皮书	18	中葡经贸合作蓝皮书

（二）国别区域与全球治理类皮书新增品种分析

在49种2019年版国别区域与全球治理类皮书中，连续出版的皮书共计42种，新增皮书共计7种。新增的7种皮书中，国别类2种，即“马来西亚蓝皮书”“蒙古国蓝皮书”；区域类1种，即“边疆蓝皮书”；全球治理类4种，即“‘一带一路’文化产业蓝皮书”“国际禁毒蓝皮书”“世界侨情蓝皮书”“新型南南合作蓝皮书”。

新增的国别类、区域类皮书“马来西亚蓝皮书”“蒙古国蓝皮书”

“边疆蓝皮书”体现出对中小国家、中国周边国家的关注，有利于丰富中小国家研究成果、夯实中小国家研究基础，并在一定程度上满足开展周边外交的需要；新增的全球治理类皮书“‘一带一路’文化产业蓝皮书”“国际禁毒蓝皮书”“世界侨情蓝皮书”“新型南南合作蓝皮书”分别围绕我国与“一带一路”沿线国家文化产业合作、国际禁毒与国家安全、世界侨情动态、南南合作背景下的金砖国家合作开展研究，它们的研创与持续出版，将为这些国际合作与全球治理中的重要议题提供理论指引与咨政参考。

（三）国别区域与全球治理类皮书报告数量及皮书出版字数分析

1. 皮书报告数量分析

49 部 2019 年版国别区域与全球治理类皮书涵盖报告 902 篇，平均每部皮书含报告数量 18 篇。在 902 篇皮书报告中，国别类皮书的报告共计 275 篇，数量占比 30.49%，平均每部皮书含报告数量 18 篇；区域类皮书的报告共计 279 篇，数量占比 30.93%，平均每部皮书含报告数量 17 篇；全球治理类皮书的报告共计 348 篇，数量占比 38.58%，平均每部皮书含报告数量 19 篇（见图 2）。

2. 皮书出版字数分析

按照皮书版权页字数进行统计，2019 年版国别区域与全球治理类皮书字数共计 16790 千字，平均每部皮书字数为 335.8 千字①。其中，国别类皮书共计 4894 千字，占比 29.15%，平均每部皮书 326.27 千字；区域类皮书共计 5453 千字，占比 32.48%，平均每部皮书 340.81 千字；全球治理类皮书共计 6443 千字，占比 38.37%，平均每部皮书 339.11 千字②（见图 3）。

1998～2018 年出版的国别区域与全球治理类皮书平均每部字数为

① 《中国与葡语国家经贸合作发展报告（2018～2019）》分为中外文两册出版，此处按 50 部计算平均字数。

② 《中国与葡语国家经贸合作发展报告（2018～2019）》分为中外文两册出版，此处按 19 部计算平均字数。

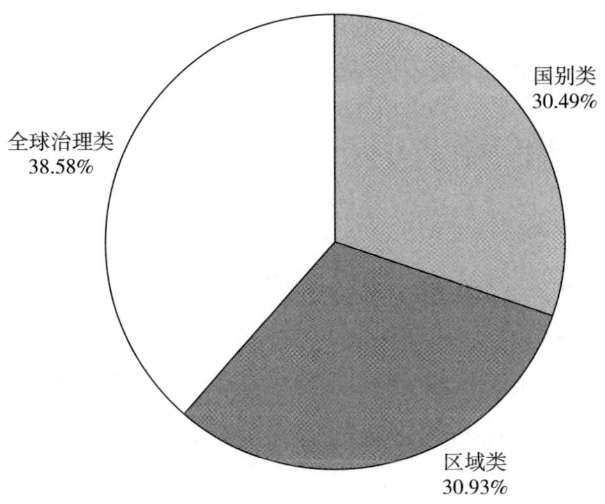

图 2　2019 年版国别区域与全球治理类皮书三个分类别报告数量占比

数据来源：皮书研究院。

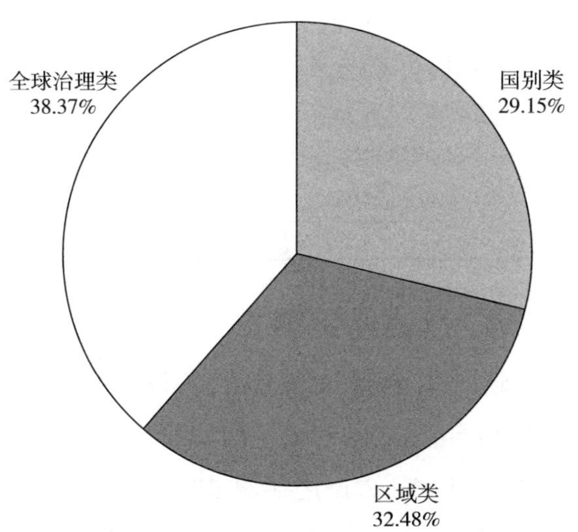

图 3　2019 年版国别区域与全球治理类皮书三个分类别出版字数占比

数据来源：皮书研究院。

359. 96 千字，与之相比，2019 年该类皮书的平均每部字数下降了 24. 16 千字，这与《皮书手册——写作、编辑出版与评价指南》（第三版）中的管理规定相符，反映出皮书逐渐走向精简化的发展趋势。未来应继续将该类皮书的单书字数控制在30万字以内，提升皮书作为智库报告的信息传递效率。

（四）研创机构及作者分析

1. 研创机构分析

按照研创机构数量统计，2019年版国别区域与全球治理类皮书的研创机构共计62家，各类研创机构的数量及占比如表2所示。与1998～2018年的统计数据相比，中国社会科学院和党政部门及其智库的占比均有不同程度的上升，这与国别区域研究咨政性、应用性强的学科特性相符合。

表2　2019年版国别区域与全球治理类皮书研创机构性质统计

序号	单位性质	数量(家)	占比(%)
1	高校和高校智库	30	48.39
2	中国社会科学院智库	21	33.87
3	党政部门及其智库	5	8.06
4	地方社会科学院智库	5	8.06
5	企业和企业智库	1	1.62
合计		62	100

数据来源：皮书研究院。

值得注意的是，越来越多的教育部备案国别和区域研究中心开始参与到皮书研创中来。在2019年版国别区域与全球治理类皮书的研创机构中，国别和区域研究中心共计15家，占比达到24.19%。然而，与共计437家的教育部备案国别和区域研究中心总量相比，参与研创的15家机构占比仅为3.43%，提升空间依然较大。当前，437家备案中心在机构设置上已基本实现了对主要国家和区域的“全覆盖”，但相关智库成果依然集中在少数重点国家和区域，覆盖面还不够广。积极参与皮书研创，可以成为各研究中心加强学术能力、深化学术交流、丰富学术成果的重要抓手之一。

从研创形式看，2019 年版国别区域与全球治理类皮书有独立研创和联合研创两种形式，其中独立研创的有 31 部，占比为 63.27%，联合研创的有 18 部，占比为 36.73%。在联合研创的 18 部皮书中，15 部皮书的联合研创机构的研究领域较为接近，仅有 3 部皮书的联合研创机构在研究领域上存在显著差异，实现了真正意义上的跨学科合作。

2. 作者数量、职称、学历分析

2019 年版国别区域与全球治理类皮书报告作者共计 1080 人，其中具有副高及以上职称的作者 509 人，占比为 47.13%；具有博士及以上学历的作者 452 人，占比为 41.85%。由此可见，具有较高职称与学历的作者占比还不够高，未能超过半数，存在一定的提升空间；吸纳具备更高学术资质的作者参与研创，是提升该类皮书报告学术质量的重要途径之一。

此外，在 2019 年版国别区域与全球治理类皮书报告中，共有 57 位外籍学者参与研创，占比达到 5.28%。外籍学者参与该类皮书研创始于 2008 年，从 2008 年到 2018 年，共有 188 位外籍作者参与该类皮书研创，占比为 2.14%。与之相比，2019 年外籍学者的参与程度有所上升。这些外籍学者主要参与的皮书品种包括“蒙古国蓝皮书”（外籍学者参与完成报告 7 篇，占比 33.33%）、“巴西黄皮书”（外籍学者参与完成报告 5 篇，占比 27.78%）、“中国印尼人文交流蓝皮书”（外籍学者参与完成报告 7 篇，占比 41.18%）等。多方吸纳优秀外籍学者参与皮书研创，有利于扩展国别区域研究的国际视野、兼收并蓄更多的学术观点、加强与国外智库的学术交流与合作，从而推动国别区域研究向深入发展、逐步强化学术国际话语权。

（五）出版时间分析

1. 持续出版次数分析

皮书是一种连续性出版物，持续出版次数是衡量皮书研创质量的重要参考指标。此外，国别区域研究作为一种“在全面熟悉对象国家和地区的社会环境、历史背景的基础上，就具体问题要求原原本本反映当地情况，提出切实可行的对策建议”① 的学科，也需要长年跟踪研究对象的发展变化，形成持续性的研究分析成果，以便强化事实描述与分析预测的准确性与可靠性。

统计2019年版国别区域与全球治理类皮书持续出版情况，结果如表3所示。持续出版10次（也就是10年）以上的共计11部（见表4），占比为22.4%；持续出版5～9次（也就是5～9年）的共计15部，占比为30.6%；持续出版不到5次（未满5年）的共计23部，占比为47.0%，这部分皮书绝大多数是近5年内新增的品种（见表3）。由此可见，持续出版10次以上、能够形成长期稳定学术分析的皮书品种数量还不够多，占比还不够高。在今后的皮书研创中，应对全球性大国中持续出版次数较少的国家（如《法国发展报告》因起步较晚，目前持续出版次数仅有2次），加大科研力量投入，以便对此类重点国家形成长期稳定的皮书科研成果。另外，持续出版不到5次的皮书中绝大部分是近年新增的品种，体现出国别区域研究日益受到关注与重视，投身该学科领域的研创机构与研创力量进一步增加，一些国家和区域的皮书研创空白得到了填补，使得国别区域与全球治理类皮书整体的覆盖面有所扩大；但与此同时，对于持续出版不到5次的皮书中出版停滞的个别品种，也应分析后继乏力的原因并提出改进措施，保障这些品种可以坚持出版下去，形成一定的规模和数量。

表3　2019年版国别区域与全球治理类皮书持续出版情况

持续出版次数(次)	皮书数量(部)	占比(%)
1	7	14.3
2	11	22.5
3	3	6.1
4	2	4.1

① 罗林、邵玉琢：《“一带一路”视域下国别和区域研究的大国学科体系建构》，《新疆师范大学学报（哲学社会科学版）》2018年第6期，第79页。

续表

持续出版次数(次)	皮书数量(部)	占比(%)
5	2	4.1
6	5	10.2
7	1	2.0
8	2	4.1
9	5	10.2
11	1	2.0
13	4	8.3
15	1	2.0
16	1	2.0
18	1	2.0
20	2	4.1
22	1	2.0
合计	49	100

数据来源：皮书研究院。

表4　持续出版10次以上的2019年版国别区域与全球治理类皮书统计

持续出版次数(次)	丛书名	研创机构
22	世界经济黄皮书	中国社会科学院世界经济与政治研究所
20	国际形势黄皮书	中国社会科学院世界经济与政治研究所
20	中东黄皮书	中国社会科学院西亚非洲研究所
18	拉美黄皮书	中国社会科学院拉丁美洲研究所
16	欧洲蓝皮书	中国社会科学院欧洲研究所、中国欧洲学会
15	俄罗斯黄皮书	中国社会科学院俄罗斯东欧中亚研究所、中国社会科学院俄罗斯研究中心
13	日本蓝皮书	中华日本学会、中国社会科学院日本研究所
13	日本经济蓝皮书	全国日本经济学会、中国社会科学院日本研究所

续表

持续出版次数(次)	丛书名	研创机构
13	上海合作组织黄皮书	中国社会科学院俄罗斯东欧中亚研究所、中国社会科学院上海合作组织研究中心
13	越南蓝皮书	广西社会科学院、广西东南亚研究会
11	气候变化绿皮书	中国社会科学院 - 中国气象局气候变化经济学模拟联合实验室

数据来源：皮书研究院。

2. 出版月份分析

对2019年版国别区域与全球治理类皮书按照出版月份进行统计，结果如表5所示。可以看出，出版数量比较集中的月份为1月、4月、5月、9月、11月、12月，占比分别为12.2%、12.2%、10.2%、10.2%、12.2%、10.2%。

表5　2019年版国别区域与全球治理类皮书出版月份统计

出版月份	数量(部)	占比(%)
1	6	12.2
2	2	4.1
3	4	8.3
4	6	12.2
5	5	10.2
6	2	4.1
7	3	6.1
8	2	4.1
9	5	10.2
10	3	6.1
11	6	12.2
12	5	10.2
合计	49	100

数据来源：皮书研究院。

（六）关注热点分析

对 2019 年版国别区域与全球治理类皮书 902 篇报告的标题进行热点词频分析，排名前 20 位的高频热词为：合作、形势、关系、政策、日本、丝绸之路、挑战、文化、政治、俄罗斯、趋势、战略、社会、经济带、风险、投资、非洲、金砖、美国、英国（见图 4）。

文化、政治、社会等热词，一定程度上展示出国别区域研究的跨学科特性。为形成有关研究对象的综合知识体系，该学科需要围绕对象国或区域的历史、文化、宗教、社会、语言、政治、经济、外交等领域开展全方位、综合性、交叉性研究。日本、俄罗斯、美国、英国、金砖（国家）等与国家相关的热词，表明全球性大国依然是我国国别区域研究在当前阶段最主要的研究对象。合作、形势、关系、政策、丝绸之路、挑战、趋势、战略、经济带、风险、投资等热词，非常直观地体现出了国别区域研究的决策咨询属性。在对以“一带一路”沿线各国为代表的研究对象开展深入分析的基础上，准确把握研究对象的当前形势、发展趋势，应对国际事务中的挑战、规避国际合作中的风险，为国家外交战略和外交政策提供专业可靠的知识服务，是国别区域研究最为重要的实用价值之一。

图 4　2019 年版国别区域与全球治理类皮书报告热词云图

资料来源：该图由微词云软件生成。

二　国别区域与全球治理类皮书影响力分析

（一）皮书评价分析

从2008年起，为了对皮书质量进行严格把关，社会科学文献出版社构建了包括内容评价指标体系和社会影响力评价指标体系在内的皮书综合评价指标体系，对皮书进行专业化、标准化的评价分析。本报告将根据2019年版皮书的评价数据，对国别区域与全球治理类皮书的评价情况进行分析。

1. 2019年版国别区域与全球治理类皮书评价整体情况分析

在此次皮书评价中，49部2019年版国别区域与全球治理类皮书的平均综合得分为72.64分，基本持平于全部2019年版皮书的平均综合得分72.39分。其中，《应对气候变化报告（2019）》《2019年世界经济形势分析与预测》《“一带一路”建设发展报告（2019）》3部皮书进入了全部2019年版皮书综合得分排名的前20位，这3部皮书均为全球治理类皮书，这与国别区域研究的对策应用属性存在一定关联。相较于国别类与区域类皮书，全球治理类皮书直接聚焦于具体国际问题，具有更强的前沿性与时效性，以及更广泛的媒体影响力与社会影响力，在整体性综合得分方面具备一定优势。

2. 2019年版国别区域与全球治理类皮书评价 TOP10情况分析

在49部2019年版国别区域与全球治理类皮书中，综合得分、内容评价得分、社会影响力得分位居前10的皮书如表6所示。

从类别方面看，综合得分前10位的皮书中，国别类4部，区域类2部，全球治理类4部；内容评价得分前10位的皮书中，国别类5部，区域类2部，全球治理类3部；社会影响力得分前10位的皮书中，国别类3部，区域类1部，全球治理类7部。由此可见，全球治理类皮书的研创质量最高，尤其是在社会影响力方面优势非常明显，如前所述，这与全球治理类皮书的前沿性和时效性，以及更受媒体与社会关注的议题设置有关；国别类皮书的研创质量居中，在内容评价得分方面较为突出；区域类皮书的研创质量相对偏低，在内容评价及社会影响力评价方面均有待加强。

从内容主题方面看，进入 TOP10 的国别类皮书主要研究美国、德国、日本、俄罗斯等世界大国，全球治理类皮书主要探讨“一带一路”倡议、气候变化、世界经济形势、全球政治安全形势等较为宏观的国际议题，分析中小国家与微观具体国际议题的皮书较为罕见。为促进国别区域与全球治理类皮书研创的全面发展，需要面向这些研究对象策划出版更多的皮书成果，并从当前以填补空白为主要目标的发展阶段逐步过渡到以提升内容质量和社会影响力为主要目标的发展阶段，实现皮书研创质量的稳步提升。

表 6　2019 年版国别区域与全球治理类皮书综合得分、内容评价得分、社会影响力得分 TOP10

单位：分

排名	丛书名	书名	类别	得分
综合得分				
1	气候变化绿皮书	应对气候变化报告(2019)	全球治理类	91.55
2	世界经济黄皮书	2019 年世界经济形势分析与预测	全球治理类	90.30
3	“一带一路”蓝皮书	“一带一路”建设发展报告(2019)	全球治理类	89.95
4	德国蓝皮书	德国发展报告(2019)	国别类	88.80
5	日本经济蓝皮书	日本经济与中日经贸关系研究报告(2019)	国别类	88.15
6	国际形势黄皮书	全球政治与安全报告(2019)	全球治理类	86.80
7	日本蓝皮书	日本研究报告(2019)	国别类	86.35
8	俄罗斯黄皮书	俄罗斯发展报告(2019)	国别类	85.95
9	中亚黄皮书	中亚国家发展报告(2019)	区域类	85.60
10	欧洲蓝皮书	欧洲发展报告(2018 ~ 2019)	区域类	83.80

续表

排名	丛书名	书名	类别	得分
内容评价得分				
1	气候变化绿皮书	应对气候变化报告(2019)	全球治理类	66.85
2	日本蓝皮书	日本研究报告(2019)	国别类	66.85
3	日本经济蓝皮书	日本经济与中日经贸关系研究报告(2019)	国别类	66.15
4	俄罗斯黄皮书	俄罗斯发展报告(2019)	国别类	65.45
5	美国蓝皮书	美国研究报告(2019)	国别类	65.10
6	“一带一路”蓝皮书	“一带一路”建设发展报告(2019)	全球治理类	64.05
7	世界经济黄皮书	2019 年世界经济形势分析与预测	全球治理类	63.70
8	德国蓝皮书	德国发展报告(2019)	国别类	63.70
9	欧洲蓝皮书	欧洲发展报告(2018 ~ 2019)	区域类	63.70
10	中亚黄皮书	中亚国家发展报告(2019)	区域类	63.00
社会影响力得分				
1	世界经济黄皮书	2019 年世界经济形势分析与预测	全球治理类	26.60
2	国际形势黄皮书	全球政治与安全报告(2019)	全球治理类	26.60
3	“一带一路”蓝皮书	“一带一路”建设发展报告(2019)	全球治理类	25.90
4	德国蓝皮书	德国发展报告(2019)	国别类	25.10
5	气候变化绿皮书	应对气候变化报告(2019)	全球治理类	24.70
6	丝绸之路蓝皮书	丝绸之路经济带发展报告(2019)	全球治理类	23.80
7	澳大利亚蓝皮书	澳大利亚发展报告(2018 ~2019)	国别类	23.20
8	中亚黄皮书	中亚国家发展报告(2019)	区域类	22.60

续表

排名	丛书名	书名	类别	得分
9	国际禁毒蓝皮书	国际禁毒研究报告（2019）	全球治理类	22.30
10	日本经济蓝皮书	日本经济与中日经贸关系研究报告（2019）	国别类	22.00
10	海丝蓝皮书	21世纪海上丝绸之路研究报告（2018～2019）	全球治理类	22.00

数据来源：皮书研究院。

（二）皮书报告使用量情况分析

902篇2019年版国别区域与全球治理类皮书报告在皮书数据库中的使用量（报告的浏览量、阅读量、下载量之和）共计47428次，其中国别类皮书报告的使用量为13039次，占27.49%；区域类皮书报告的使用量为10674次，占22.51%；全球治理类皮书报告的使用量为23715次，占50.00%。如前文所述，国别类皮书报告、区域类皮书报告、全球治理类皮书报告的数量占比分别为30.49%、30.93%、38.58%，其中国别类皮书报告和区域类皮书报告的使用量占比分别低于数量占比3.00个、8.42个百分点，反映出这两类皮书在关注度和影响力方面还不够理想。与此同时，全球治理类皮书报告的使用量占比超出数量占比11.42个百分点，远高于国别类皮书报告与区域类皮书报告，这再次体现出国别区域研究的对策应用属性，全球治理类皮书报告的议题设置以具体国际问题为主，因此在决策参考与实际应用方面受到了更多关注。

根据单篇皮书报告的使用量进行排名，各细分类别皮书前5名报告的情况如表7所示。排名前5的国别类皮书报告涉及英国、美国、日本这样的全球性大国，以及因自身局势而持续引发域外大国展开多方博弈的叙利亚；所涉及的议题为较具时效性的英国脱欧问题、至今依然是中东地区焦点的叙利亚问题，以及中国主要邻国日本的经济发展概况。排名前5的区域类皮书报告有3篇涉及欧洲，所关注的议题是近年来引发广泛关注并持续发酵的民粹主义问题、难民危机问题以及欧盟经济。在排名前5的全球治理类皮书报告中，“一带一路”相关主题的报告达到3篇，且排名也较为靠前（分居第1、2、5位）。这一情况与国别区域研究的决策咨询属性相吻合，具有鲜明咨政性和对策性的研究成果受关注程度最高。

表7　2019年版国别区域与全球治理类皮书报告三个分类别使用量TOP5

排名	丛书名	书名	报告名	使用量(次)
国别类				
1	英国蓝皮书	英国发展报告（2018～2019）	脱欧僵局下的2018～2019年英国总体形势报告	253
2	美国蓝皮书	美国研究报告(2019)	“美国优先”论及其国际影响	235
3	叙利亚蓝皮书	叙利亚发展报告(2019)	中国对叙利亚外交政策和叙战后重建分析	187
4	日本经济蓝皮书	日本经济与中日经贸关系研究报告(2019)	2018～2019年日本经济回顾与展望	185
5	叙利亚蓝皮书	叙利亚发展报告(2019)	2018年叙利亚大事记	174
区域类				
1	欧洲蓝皮书	欧洲发展报告（2018～2019）	民粹主义挑战与欧洲一体化的未来	219
2	东盟文化蓝皮书	东盟文化发展报告(2019)	当前中国与马来西亚人文交流报告	181
3	欧洲移民蓝皮书	欧洲移民发展报告(2019)	后难民危机时代下欧洲移民治理与融入(2018)	178
4	非洲黄皮书	非洲发展报告 No. 21(2018～2019)	2018年国内非洲研究述评	166

续表

排名	丛书名	书名	报告名	使用量(次)
5	欧洲蓝皮书	欧洲发展报告(2018 ~ 2019)	欧盟经济:失去的十年	156
全球治理类				
1	国际城市蓝皮书	国际城市发展报告(2019)	丝路节点城市2.0:“一带一路”建设的重心与前沿	1104
2	“一带一路”蓝皮书	“一带一路”建设发展报告(2019)	中国与“一带一路”沿线国家贸易合作	514
3	世界经济黄皮书	2019年世界经济形势分析与预测	2018 ~ 2019年世界经济形势分析与展望	409
4	海外公共安全与合作蓝皮书	海外公共安全与合作评估报告(2019)	利比亚撤侨事件与海外公共安全危机管理	378
5	“一带一路”蓝皮书	“一带一路”建设发展报告(2019)	中国与“一带一路”沿线国家投资合作	373

数据来源：皮书数据库。

三　国别区域与全球治理类皮书研创建议

（一）以国家外交需求为导向，进一步突出咨政性与实用性

国别区域研究兼具基础性和应用性，但由于皮书研创是一种具有应用对策类属性的专业写作，需要更多地体现出咨政价值与应用价值。为实现这一目的，首先应在选题策划和议题设置上加强咨政属性。当前，“一带一路”上不少沿线国家和区域的相关研究还处在真空状态，亟须学术研究机构提供专业可靠的知识服务，应围绕这类尚处于学术真空状态的国家和

区域开展皮书研创，并在研究议题设置上更多地与国家外交实际需求结合起来。其次，研创单位可更多地吸纳具备外交实务经验、党政部门业务经验的科研人员，使之参与皮书研创的整体流程。如前文所述，在 2019 年版国别区域与全球治理类皮书的研创机构中，党政部门及其智库所占的比重已经有所上升；此外，教育部也在研究建立国别和区域研究人才“旋转门”机制，“遴选高校中优秀的国别和区域研究学者到驻外机构任职，更直接地参与政策研究、采纳、执行全过程，同时将退休外交官、外事干部聘入高校国别和区域研究机构，打通研究和需求之间的通道”①，这一机制也值得各皮书研创单位借鉴。

（二）拓宽选题策划范围，形成各研创机构的比较优势

在国别研究方面，选题策划可多向中小国家倾斜，推出更多成果。长期以来，我国国别区域研究的力量主要集中在全球性大国及中国周边国家，有关其他中小国家的研究成果则较为匮乏。然而，“国别和区域研究的首要现实任务是填补对海外国家和区域实体对象知识的‘绝对缺乏’”②，夯实对中小国家研究的薄弱基础。可以说，填补对中小国家研究的学术成果真空，符合国别区域研究学术科研及我国外交事务决策咨询的双重需要。

在区域研究方面，选题策划可多向次区域、跨区域倾斜，深化区域研究。伴随国际形势的变化，区域内部、各区域之间的互动频率日益增多，互动方式日益复杂，仅针对单一区域的研究越来越难以满足时代需要。在欧洲研究、非洲研究、拉美研究这些传统区域研究之外，应根据国际形势及各区域影响力的最新变化，多方聚焦针对次区域、跨区域的研究，使区域研究的学术成果更加细化、深化。

在全球治理研究方面，选题策划可多向符合国家及社会需求的热点议

---

① 罗林、邵玉琢：《“一带一路”视域下国别和区域研究的大国学科体系建构》，《新疆师范大学学报》（哲学社会科学版）2018 年第 6 期，第 85 页。

② 罗林、邵玉琢：《国别和区域研究须打破学科壁垒的束缚——论人文向度下的整体观》，《国别和区域研究》2019 年第 1 期，第 148 页。

题倾斜。例如在新冠肺炎疫情背景下，如何提升全球公共卫生治理水平、建立全球医疗卫生合作机制；在逆全球化形势下，如何推动全球经济发展、充分防范逆全球化风险、推动人类命运共同体构建等。开展具有较高实用价值的热点议题研究，将有助于进一步提升该类皮书的关注度与决策参考价值。

通过拓宽选题策划范围，一方面可避免选题同质化和低水平重复的不良学术生态，另一方面可填补部分学术空白，扩大我国国别区域研究成果的覆盖面，也便于各研创机构形成具有自身研究特色的比较优势。

（三）加强跨学科、跨领域的联合研创

国别区域研究具有显著的跨学科特性，需要深入分析研究对象的语言、历史、文化、宗教等多个领域，单个学者、单个机构的研究领域和研究专长几乎不可能覆盖国别区域研究的各个方面，“这意味着区域国别研究必然是多学科的研究，必然要求开展来自不同学科人员的协力研究”①。此外，国别区域研究需要多方面的能力与素质，学者要“以精通对象国家和地区语言为基础，以当地语言书写的一手文献为源头，以长期深入实地的调查研究为核心”②，由于兼具这几项能力的科研人才尚不多见，联合研创不失为一种优势互补的良好机制。

如前文所述，2019 年版国别区域与全球治理类皮书中，实现了真正意义上的、较为深入的跨学科联合研创的皮书尚不多见，可见联合研创还未成为较通行的研创方式。进一步普及和加强跨学科联合研创，可以在较大程度上契合国别区域研究的跨学科特性与多维度的科研能力要求，这或许是推动相关皮书成果质量提升的一种可行方式。

---

① 任晓、孙志强：《区域国别研究的发展历程、趋势和方向——任晓教授访谈》，《国际政治研究》2020 年第 1 期，第 153 页。

② 罗林、邵玉琢：《“一带一路”视域下国别和区域研究的大国学科体系建构》，《新疆师范大学学报》（哲学社会科学版）2018 年第 6 期，第 80 页。

（四）将皮书研创与数据库建设结合起来，加强数据采集与分析能力

国别区域研究的自身特性，决定了该学科的深入发展需要依靠数字技术与数据分析能力。一方面，国别区域研究涉及的学科领域较多，要求在全面研究某一国家或区域的语言、历史、文化、宗教的基础上构建起与其相关的知识体系，这就需要建立较为可靠的文献资料收集渠道，构建全面、完备的国别区域研究资料数据库；另一方面，国别区域研究的对策应用属性要求快速准确地描述对象国或区域的实际情况，跟踪其最新动态，并对近期发展趋势做出较为可靠的预测，这种具有极高时效性和准确性要求的学术分析，势必需要建立在大数据技术之上。加之，国别区域研究对于外语能力的要求较高，针对小语种国家和区域的研究长期受限于相关外语人才的缺乏，进展较为缓慢，而这一现状又很难在短时间内通过外语人才培养来改变。借助语义分析、机器翻译等技术手段，在一定程度上解决外文文献阅读困难的问题，不失为一种弥补外语能力短板的有效举措。

中文学术数据库中虽有一些涉及国别区域研究的产品，但仅局限于特定研究对象（如美国研究数据库、南亚研究数据库等），面向整体性的国别区域研究、能提供全面系统知识服务的数据库尚不多见。因此，国别区域与全球治理类皮书研创机构和学者在不同程度上面临着研究资料难获取、外文文献难阅读、统计数据难分析等诸多困难。

为推动该类皮书研创的数字化发展，社会科学文献出版社在皮书数据库之外，又新建设了学术型数据库——“国别区域与全球治理数据平台”。该数据库以助力国别区域新型智库建设为核心定位，将逐渐建设成为该类皮书研创的数字化支撑平台。在皮书研创方面，“国别区域与全球治理数据平台”可发挥的数字化支撑作用主要体现在四个方面。第一，提供海量规模的国别区域基础资料及科研成果数据资料，为相关研究提供文献支撑。该数据库覆盖国别研究、区域研究、国际组织研究、全球智库研究等重点研究领域，同时以专题子库的形式聚焦热点学术议题，整合梳理基础资料、科研成

果、历史档案、统计数据、学术资讯等实用内容资源。当前，该数据库内各类型内容资源已覆盖全球 196 个国家和重点区域、5000 余个国际组织、4800 余个全球智库，文献量达 30 余万篇。第二，搭建数字技术科研服务平台。该数据库通过数据采集服务，可定向采集抓取所需的科研资料，保证数据获取的时效性与准确性；通过数据分析功能，支持数据可视化、用户行为统计等多维度的数据管理与分析处理模式，为更高效地应用统计数据、掌握皮书成果传播情况、促进皮书成果研创提供助力。第三，提供良好的皮书学术传播平台。通过平台内的“报告速递”栏目，及时收录最新出版的皮书，以最快的速度完成新出版皮书的上线发布与展示，彰显皮书的时效价值和应用价值，促进皮书的学术传播。第四，搭建皮书研创机构的学术交流平台。该数据库可以通过定制页面的形式为各相关机构建设机构信息展示窗口，便于外界了解该机构的研究领域、研究成果、最新动态等信息，从而推动国别区域研究学界的信息公开，促进各研创机构间的相互了解与学术交流，为联合研创等学术合作做好铺垫。

在互联网时代，数字化发展已经成为皮书研创的必由之路。在国别区域研究学界，已有不少学者提倡借助数据库建设和数字技术来促进学术科研[①]。对于皮书研创单位而言，在新的时代背景下树立技术意识，加强数据库建设，借助大数据等辅助性技术手段来促进学术科研工作，是今后改善研究方法、提升成果质量的重要方向之一。

参考文献

谢曙光主编《皮书手册——写作、编辑出版与评价指南》（第三版），社会科学文献出版社，2018。

谢曙光主编《智库成果蓝皮书：中国皮书发展报告（2019）》，社会科学文献出版

① 如李晨阳在《关于新时代中国特色国别与区域研究范式的思考》一文中提出国别区域研究机构需要加强数据库建设，研究人员需要学会运用大数据进行综合研究。

社，2019。

李晨阳：《关于新时代中国特色国别与区域研究范式的思考》，《世界经济与政治》2019 年第 10 期。

罗林、邵玉琢：《“一带一路”视域下国别和区域研究的大国学科体系建构》，《新疆师范大学学报》（哲学社会科学版）2018 年第 6 期。

罗林、邵玉琢：《国别和区域研究须打破学科壁垒的束缚——论人文向度下的整体观》，《国别和区域研究》2019 年第 1 期。

任晓：《再论区域国别研究》，《世界经济与政治》2019 年第 1 期。

任晓、孙志强：《区域国别研究的发展历程、趋势和方向——任晓教授访谈》，《国际政治研究》2020 年第 1 期。

B.4

文化传媒及地方文化类皮书发展报告（2020）

张　琛*

摘　要： 报告首次尝试将地方文化类皮书的研创引入广义的文化类皮书研究范畴，分别对文化传媒及地方文化类皮书的研创背景、出版情况、研究主题特征、研究趋势展开分析。结合现代文化产业和文化事业改革的新形势，针对2019年出版的61部文化传媒及地方文化类皮书展开分析。2019年，文化传媒类皮书有40部，其中有9部是新皮书系列。地方文化类皮书在2019年共出版21部，2006～2019年已累计出版185部。2019年版皮书聚焦传媒产业、地方文化发展中新技术应用与新文化市场建设的机遇与挑战，在研创上充分发挥党政机构及其智库、社会智库、行业智库的创作力量。通过定量的方法，借助知识计量学的工具，以文化传媒及地方文化类皮书的系列名、目录、总摘要、关键词文本为基础数据，发现2019年文化传媒类皮书聚焦于产业、网络、媒体、全球、经济、互联网、公共、创意八大类，“人工智能”“媒体融合”成为年度研究热点；而2019年版的地方文化类皮书覆盖了中国主要区域文化带，“文化产业”“文化贸易”成为重要研究对象。据此，针对下一阶段文化传媒及地方文化类皮书研创提出三点建议：第一，应注重在学术共同体内

* 张琛，北京服装学院广告学系讲师，社会科学文献出版社皮书研究院特约研究员，研究方向为文化产业与媒介经济。

实现逻辑性与思辨性的平衡；第二，在新技术环境下实现议题设置和议题引领的平衡；第三，在新历史转折期实现乡村经济发展与文化振兴的平衡。

关键词： 皮书　文化产业　公共文化服务　文化旅游　议题设置

从2002年首次区分“公益性文化事业”和“经营性文化产业”到2003年中国新闻出版产业体制改革，从2010年“加快文化产业振兴的重要性、紧迫性”的《文化产业振兴规划》出台到2019年供给侧结构调整中对现代文化产业和文化事业体系构建的要求，近些年重质、重量的文化及相关产业发展迅速。在近18年的文化事业和文化产业变革进程中，皮书作为时代亲历者留下了宝贵的研究成果。从2002年“文化蓝皮书”《2001～2002年：中国文化产业发展报告》开始，文化传媒及地方文化类皮书成为对文化产业、传媒发展、文化事业改革等领域研究非常重要的参考资料，其具有时效性、实证性、前沿性等特点，在政策制定、企业转型、市场改革等方面做出了重要贡献。

从出版数量来看，2019年版文化传媒及地方文化类皮书共有61部。既有文化传媒类皮书的鼻祖“文化蓝皮书”系列的《中国文化产业发展报告》（时隔4年在2019年重新组织课题组再次出版），也有坚持连续出版15年的“传媒蓝皮书”；既有侧重于新媒体领域研究的“新媒体蓝皮书”“媒体融合蓝皮书”“移动互联网蓝皮书”，也有对互联网与社会发展进行细分主题的“互联网治理蓝皮书”“互联网与国家治理蓝皮书”；既有“少数民族非遗蓝皮书”“中国大运河蓝皮书”这种关注国内文化传承领域的皮书，也有关注世界文化的“文化遗产蓝皮书”“世界太极拳蓝皮书”等皮书。

通过回顾2019年版文化类皮书发现一个显著特征，那就是在总报告定位和分报告篇章选择上都体现出与旅游业、制造业、农业、体育、教育、社会治理等领域相结合的广度以及与科技、数字经济相融合的深度。本报告将重点就这两个维度分析61部文化类皮书从出版情况到研究主题所体现出的融合创新特征。

一　2019年版文化传媒及地方文化类皮书出版现状

（一）文化传媒类皮书出版数量分析

1. 文化传媒类皮书系列总量

2001年“文化产业”正式纳入全国“十五”计划纲要后，第二年第一本文化类皮书——《2001～2002年：中国文化产业发展报告》问世，属于国内最早一批对文化产业从概念到内涵、从文化产业行业细分到主要市场特征进行深入研究的文化类成果。到2019年已经有40种系列，其中连续出版的有31种皮书系列（见表1），连续出版5年及以上的占总文化传媒类皮书的41.9%，还有一半以上的皮书是近5年新策划的。由清华大学新闻与传播学院研创的“传媒蓝皮书”已经连续出版15年，是最早对传媒产业结构、产品形态、市场竞争性展开分析的研究报告。由中国社会科学院新闻与传播研究所组织专家撰写的“新媒体蓝皮书”连续出版10年，见证新媒体在中国的技术变革和发展历史。连续出版长达9年的有三个皮书品种，“文化蓝皮书－文化消费需求景气评价报告”“纪录片蓝皮书”“移动互联网蓝皮书”，从横向对比来看，以“文化蓝皮书”为基础，开始更注重挖掘文化体制改革进程中的细分问题，尤其是文化服务和消费方面。在传媒领域，更多细分行业也独立策划选题出版。

表1　2019年版文化传媒类皮书出版统计

单位：种

序号	皮书系列名	研创单位	连续出版数量
1	传媒蓝皮书	清华大学新闻与传播学院	15
2	新媒体蓝皮书	中国社会科学院新闻与传播研究所	10

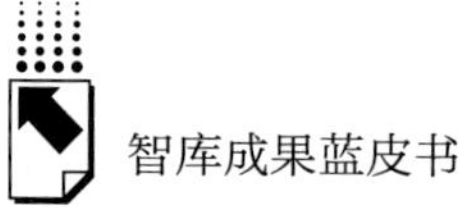

续表

序号	皮书系列名	研创单位	连续出版数量
3	文化蓝皮书－文化消费需求景气评价报告	云南省社会科学院文化开发研究中心	9
4	纪录片蓝皮书	中国传媒大学中国纪录片研究中心	9
5	移动互联网蓝皮书	人民网研究院	9
6	文化科技蓝皮书	深圳大学文化产业研究院等	7
7	两岸创意经济蓝皮书	厦门理工学院文化产业学院等	6
8	新媒体社会责任蓝皮书	华中科技大学新闻与信息传播学院及中国网络传播学会	6
9	文化品牌蓝皮书－中国文化品牌	中南大学中国文化品牌研究中心	6
10	文化蓝皮书－文化产业供需协调检测报告	云南省社会科学院文化发展研究中心	6
11	文化建设蓝皮书	湖北大学高等人文研究院等	6
12	文化蓝皮书－中国公共文化投入增长测评报告	云南省社会科学院文化发展研究中心	5
13	少数民族非遗蓝皮书	贵州民族大学南方少数民族非物质文化遗产研究基地	5
14	影视蓝皮书	CC－Smart 新传智库	4
15	视听新媒体蓝皮书	国家新闻出版广电总局广播影视发展研究中心	4
16	媒体融合蓝皮书	北京市新闻工作者协会	4
17	文化贸易蓝皮书	北京第二外国语学院国家文化发展国际战略研究院	3
18	互联网治理蓝皮书	暨南大学新闻与传播学院、广州市舆情与社会治理研究基地	3
19	国家形象蓝皮书	华中科技大学国家传播战略研究院	3
20	“三农”舆情蓝皮书	农业农村部信息中心	3
21	中国大运河蓝皮书	聊城大学运河学研究院、世界运河历史文化城市合作组织	2
22	文化金融蓝皮书	国家金融与发展实验室（NIFD）、中国文化金融 50 人论坛（CCF50）	2
23	未来媒体蓝皮书	厦门理工学院　国家广播电视总局发展研究中心	2
24	网络评论蓝皮书	“网络评论蓝皮书”编委会	2
25	数字娱乐产业蓝皮书－游戏产业	北京电影学院中国动画研究院	2
26	全球传播生态蓝皮书	中国社会科学院新闻与传播研究所等	2
27	互联网与国家治理蓝皮书	中山大学国家治理研究院—互联网与治理研究中心	2
28	电影蓝皮书	北京电影学院现代创意媒体学院	2
29	传媒经济蓝皮书	中国传媒大学传媒经济研究所	2

续表

序号	皮书系列名	研创单位	连续出版数量
30	传播创新蓝皮书	武汉大学媒体发展研究中心	2
31	文化蓝皮书－中国文化产业发展报告	中国社会科学院文化研究中心	1

数据来源：根据皮书研究院数据整理所得。

在2019年出版的文化传媒类皮书中有9部是新出版皮书（见表2），既有文化地理学层面的海洋蓝皮书，也有文化与其他领域融合的文旅蓝皮书，还有从全球视野中考察文化问题的皮书，如世界太极拳蓝皮书、文化遗产蓝皮书等。社会科学文献出版社作为皮书品牌的拥有者，也参与到皮书研创中。智库成果蓝皮书在皮书专业化20年之际推出，以皮书这一重要的智库成果形式作为研究对象，从现有皮书品种、数字化现状、影响力评价、国际化传播等方面进行深入分析。

表2　2019年文化传媒类皮书新出版系列

皮书系列名	研创单位	皮书系列名	研创单位
海洋蓝皮书	自然资源部宣传教育中心、福州大学、福建省海洋文化研究中心	文旅蓝皮书	清华大学文化创意发展研究院、CC－Smart新传智库
数字创意产业蓝皮书	中经数字经济研究中心	智库成果蓝皮书	社会科学文献出版社
数字娱乐产业蓝皮书－虚拟现实产业	北京电影学院	世界太极拳蓝皮书	中国社会科学院世界社会主义研究中心
网络文艺蓝皮书	中国文联网络文艺传播中心	文化遗产蓝皮书	中山大学中国非物质文化遗产研究中心
文化蓝皮书－中国公共文化服务发展指数	武汉大学国家文化发展研究院“公共文化服务绩效评价”课题组		

数据来源：皮书研究院。

2. 文化传媒类皮书出版数量分析

2019年出版皮书总数量427部，文化类皮书61部，其中文化传媒类皮书

40 部，占比 66%，共出版丛书 36 种，其中 2 种丛书名下有 2 部或 2 部以上的皮书，如“文化蓝皮书”在 2019 年共出版 4 部皮书，“数字娱乐产业蓝皮书”共出版 2 部皮书（见表 3）。4 部“文化蓝皮书”由云南省社科院文化发展研究中心课题组负责，以实证研究方法关注公共文化和文化供需的重要问题。2 部“数字娱乐产业蓝皮书”关注虚拟现实产业和游戏产业两大主题。

表 3　共用丛书名的文化传媒类皮书

丛书名	书名
文化蓝皮书	中国公共文化服务发展指数报告(2019)、中国文化产业供需协调检测报告(2019) 中国公共文化投入增长测评报告(2019) 中国文化消费需求景气评价报告(2019)
数字娱乐产业蓝皮书	中国虚拟现实产业发展报告(2019) 中国游戏产业发展报告(2019)

数据来源：皮书研究院。

从文化传媒类皮书每年新增量这个指标看（见图 1），2018 年出版量是 33 种，2019 年是 40 种，参考上文统计数据，过去一年有 9 种新增系列，由此能够看出有两种皮书系列无法连续出版，或者说截止到本研究发布还未完成出版。从 2019 年文化传媒类皮书发展来看，出版量保持稳定且迅速增长，在新增量方面虽有皮书退出，但是这种退出有助于皮书形成良性出版机制，成熟且稳定的研创团队也随着每年皮书的出版逐渐完善。

在出台了《社会科学文献出版社关于皮书准入与退出的若干规定（试行)》之后，社会科学文献出版社分别于 2014 年、2016 年、2019 年公布了四批淘汰名单，共有 279 种。经过统计，文化传媒类皮书在这四个批次名单中累计淘汰 22 种皮书（见表 4），2014 年第一批淘汰 5 种，同年第二批淘汰 2 种，2016 年第三批淘汰了 2 种，2019 年公布的淘汰名单共包含 20 种文化传媒及地方文化类皮书，其中文化传媒类 13 种，包括“文化蓝皮书”系列、“科学传播蓝皮书”系列、“视听新媒体蓝皮书”系列等。从文化传媒类皮书淘汰量占比来看，在第一批名单中所占比例较高，达到 11.36%，另一个占比高峰出现在 2019 年。

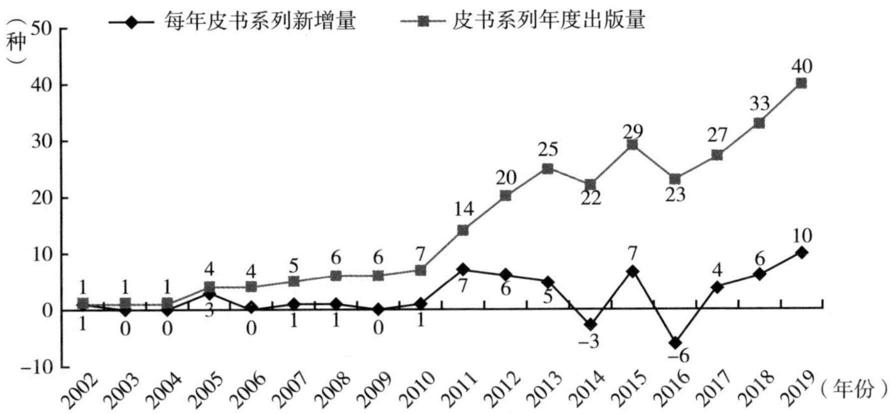

图1　文化传媒类皮书系列新增量和年度出版量统计（2002～2019）

数据来源：根据皮书研究院数据整理所得。

表4　文化传媒类皮书淘汰量统计（2014～2019）

淘汰批次	淘汰总量(种)	文化传媒类皮书淘汰量(种)	文化传媒类皮书淘汰量占比(%)
第一批(2014年)	44	5	11.36
第二批(2014年)	27	2	7.41
第三批(2016年)	46	2	4.34
第四批(2019年)	162	13	8.02
合计	279	22	7.89

数据来源：皮书评价系统。

3. 文化传媒类皮书报告总量分析

2015～2019年，共出版3496篇文化传媒类皮书报告，平均每年699.2篇。通过图2可以看到，2018年报告的数量还是588篇，而2019年增长了1.7倍，达到1598篇，通过这样一个数值可以看到文化传媒类皮书虽然在皮书中所占比重并不高，但就其本身来说，近些年分报告数量进入飞跃式增长阶段，反映了更多文化传媒重点和热点的创新成果问世。

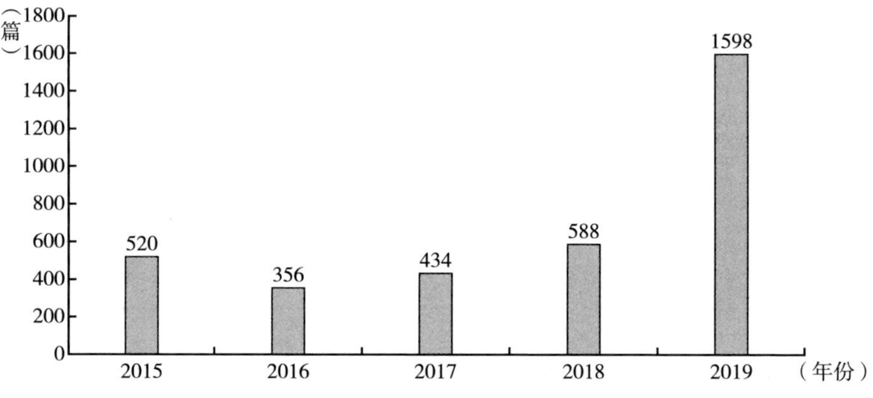

图 2　2015～2019 年文化传媒类皮书报告数量

数据来源：根据皮书研究院数据整理所得。

（二）地方文化类皮书出版数量分析

1. 地方文化类皮书系列出版概况

地方文化类皮书从 2006 年始至今已经出版 14 年，2006 年四川省社会科学院和上海社会科学院组织皮书课题组，经过专业的皮书准入、选题审核再到组织专家撰写，推出了“四川文化蓝皮书”和“上海文化发展蓝皮书”。在整个社会经济发展中，文化根植于经济发展，对经济发展的影响日益明显，尤其是对区域经济发展产生重要影响。对区域文化的研究体现出，它受区域内多因素影响较大，具备鲜明的地方文化特色，也是连接社会和民众生活的纽带。从具体的皮书研究中发现，广义的文化专题研究或者说单篇的研究报告，不足以完成对某个区域文化发展变化或兴起衰落的研究，迫切需要该主题皮书独立出版，对某个区域的文化可以追溯至古代历朝历代的辗转变迁，可以发掘当前新的文化现象和问题，由此做出系统性的研究和归纳。

地方文化发展脉络体现出阶段性特征。2006 年，2 种地方文化类皮书出版，开地方类文化研究先河，到 2019 年累计出版 185 部皮书。如果按照阶段划分，可分为 2006～2011 年初创起步期；2012～2015 年成熟波动期，增速为 15 部，但在 2015 年出现数量下降，有 3 种皮书系列没有实现连续出版，这是皮书出版成熟的表现；2016～2019 年稳定发展期，近 4 年的地方文化类皮书发展速度一直保持两位数增长，这与各地方近年加大文化建设有着密切的关系。

2. 地方文化类皮书出版数量总量

从已经出版的丛书目录来看，截至 2019 年底，地方文化类的 185 部皮书分布在 34 种丛书中。出版地方文化类皮书数量最多的丛书是“创意城市蓝皮书”（24 部）和“上海蓝皮书”（24 部）两种，均占总出版数量的 13%，其中创意城市蓝皮书分为 8 个系列，分别对北京、青岛、武汉、无锡、重庆、台北、天津、成都这些城市进行研究，作者也是来自不同研究团队。“上海蓝皮书”与“创意城市蓝皮书”不同，是上海社会科学院研创，这个丛书分为文化（12 部）、文学（5 部）、传媒（7 部）三个子系列，对于上海这个历史文化名城进行分专题研究，构建了“海纳百川，兼容并蓄”的上海文化景观。

排名其次的是占比 12% 的“广州蓝皮书”（22 部），由广州大学、广州市社会科学院等组成的研创团队，对广州的文化产业、创意产业、公共文化服务等方面进行研究。作为岭南文化的主体部分，广州文化身处改革发展的时代背景中，广州的文化产业园建设成为近些年文化旅游的名片，而各种高新产业园区也让广州文化研究添加不少新科技色彩。

2010～2019 年出版的地方文化类皮书，已经涵盖中国六个主要区域文化带，北方文化区域带和江南文化区域带所产出的皮书较多，其次是岭南文化区域带（见表 5）。

表 5　2010～2019 年不同区域文化带的地方文化类皮书出版统计

区域文化带	地区	皮书出版数量(部)
北方文化区域	秦岭淮河以北的中国所有地区	17
江南文化区域	长江中下游一带，包括江苏、安徽的南部、上海、浙江、江西、湖北、湖南	14

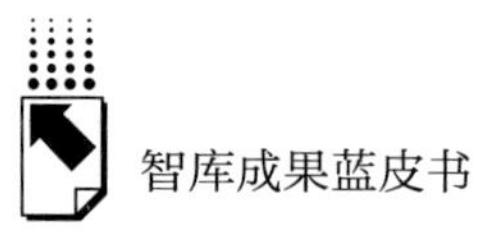

续表

区域文化带	地区	皮书出版数量(部)
四川文化区域	四川、重庆	3
岭南文化区域	广东、广西、香港、澳门、海南	6
闽台文化区域	福建、台湾	1
西南文化区域	云南、贵州	2

数据来源：根据皮书研究院数据整理所得。

（三）研创单位及作者整体分析

1. 研创单位数量分析及性质占比分析

根据皮书研创单位的性质，可将其分为 9 大类，即中国社会科学院智库、高校和高校智库、地方社会科学院智库、党政部门及其智库、行业智库、社会智库、企业和企业智库、媒体和媒体智库及其他。对 2019 年版文化传媒及地方文化类皮书的研创单位进行统计，结果如图 3 所示，中国社会科学院智库 4 部，高校和高校智库 29 部，占比最大（43%），地方社会科学院智库 14 部（占比 21%），党政部门及其智库 9 部，行业智库 4 部，社会智库 4 部，媒体智库 1 部，企业和企业智库 1 部，其他类 1 部（见图 3）。[①]

2019 年版文化传媒及地方文化类皮书在研创单位方面有着明显的特征，即各种性质研创单位合作的趋势愈加明显。如中国社会科学院和社会智库、企业智库的合作，高校和党政智库、行业智库的合作，社会智库、地方社会科学院与党政部门智库的、行业智库的合作。在 2019 年现有数据中，经统计有 62 个研创单位参与到文化类皮书的研创当中，且合作趋势明显，这样更能保证细分专业的研究水平。

2. 作者数量、学位分析

2019 年版文化传媒及地方文化类皮书中共有 2319 篇报告，其中有 1911 篇为署名报告，占 82.41%，有 408 篇为未署名报告，发表 2 篇以上报告的作者

① 由于部分皮书有 2 个以上研创单位，因此此处统计总数多于 61 部。

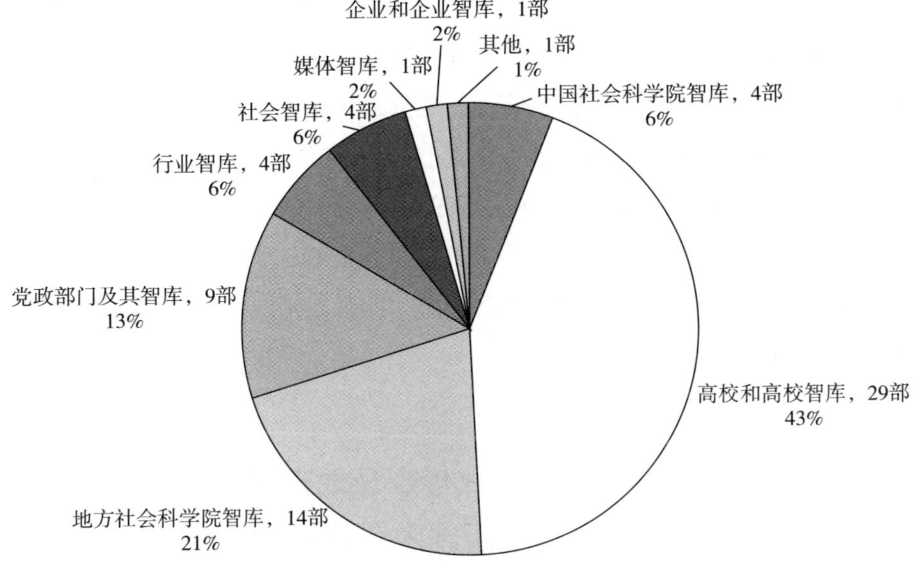

图3　2019年版文化传媒及地文化类皮书研创单位数量占比

数据来源：根据皮书研究院数据整理所得。

有234位，占12.24%。对研创单位参与撰写报告的作者数量进行统计发现，排名前10位的既有社科院系统、高校系统，也有党政部门的智库（见表6）。

表6　2019年版文化类皮书研创单位参与报告撰写的作者数量TOP10

研创单位	作者数量(人)
中国社会科学院新闻与传播研究所	26
中国文联网络文艺传播中心	26
北京市新闻出版研究中心	23
中国传媒大学传媒经济研究所	23
厦门理工学院、福建省社会科学研究基地文化产业研究中心、福建省高校新型特色智库两岸文创研究院、福建省教育厅人文社科研究基地两岸创意经济研究中心	20
北京市新闻工作者协会	19
上海社会科学院	19
北京市社会科学院	18
聊城大学运河学研究院、世界运河历史文化城市合作组织	18
中山大学互联网与治理研究中心	18

数据来源：根据皮书研究院数据整理所得。

从作者学历、学位来看，有509位作者拥有博士学位，占25%左右，整体比例并不高，未来文化传媒及地方文化类皮书作者的学历层次仍有提升空间。同时，需辩证看待作者的学历、学位，文化传媒及地方文化类皮书大量的分报告是针对某类媒体形态、某个文化行业展开的研究。党政部门智库、社会智库以及行业智库加入皮书研创中，他们的研究优势是能以更专业的视角来分析研究对象，从社会科学研究角度来看，长期的“参与式观察”带来的是更详实的调查和数据，所以这样一批研创团队的水平，便不能仅考虑学历这一要素。

二　2019年版文化传媒及地方文化类皮书研创内容分析

（一）研创主题分布

1. 文化传媒类皮书主题的“文化 +”特征明显

从文化传媒类的皮书名称来看，已经出版的文化传媒类皮书，研究对象主要聚焦于产业、网络、媒体、全球、经济、互联网、公共、创意八大类。2019年版文化传媒类皮书，在关注原有文化产业和文化事业研究之外，在选题上更加注重挖掘新的文化现象和文化问题，伴随5G时代到来，“未来媒体蓝皮书”“移动互联网蓝皮书”在原有的传媒产业、媒体融合、新媒体研究之外，开始更加注重对互联网环境下垂直选题的研究。

关于“文化 +”的更多选题出现在皮书研创中，反映了文化正融合到社会、经济发展中。其中“文化 + 旅游”“文化 + 科技”“文化 + 金融”等衍生出来的新业态成为重要选题，产生了《中国文旅产业发展报告（2019）》《文化科技创新发展报告（2019）》《中国文化金融发展报告（2019）》等皮书，这些皮书正是抓住了文化发展新态势应运而生。

2. 地方文化类皮书的“文化扶贫”主题突出

从主题分布上看，2019年版的地方文化类皮书仍以沿用地方名称的文化研究居多，其中更加注重对于地方特色文化的研究，以此为基础加入“文化创意”“文化贸易”等其他主题，让地方文化类皮书的研创更贴近社会和市场所需。

在这些地方文化特色研究中，2019 年最为关注的主题是“文化扶贫”，文化扶贫指从文化和精神层面上对贫困地区给予帮助。有别于传统的经济扶贫，文化扶贫重点是完成地方文化普及，以及加大对地方文化资源的开发，如“农家书屋”“电视扶贫工程”等等。从 2019 年版地方文化类皮书中，可以看出对于农村文化产业和文化事业的关注，如重点推出针对文化扶贫地区的“非物质文化遗产”专题报告。国务院公布的四批 1372 项国家级非物质文化遗产名录中，西部的八省份就占了 425 项。①相应的，在西部地区出版的文化类皮书中，可以看到大量的报告关注当地得天独厚的非物质文化遗产的保护和开发，形成一批重要的文化扶贫研究成果。在文化扶贫中另一个主题也成为 2019 年的新特色，即乡村旅游。文化与旅游相结合，既可以激活当地的独特旅游资源，同样也能将文化融入现代乡村旅游中。这是这些年新型乡村旅游模式研究的热点，也是对文化扶贫主题的深入挖掘。

2019 年地方文化类皮书的研究更加注重文化发展的新现象和新问题，更有指向性地组建课题组。另外，在这些地方文化类皮书中，围绕“首都文化建设”产出了大量皮书报告，这与《北京城市总体规划（2016 年—2035 年）》和首都的“政治中心、文化中心、国际交往中心、科技创新中心”的功能建设的现实需求密不可分。

（二）2019年版皮书研创热点

1. 文化传媒类皮书的年度热词

为了更好了解文化传媒类皮书的研究热点，基于热点词频的统计能够对

① 陈默：《文化扶贫：“输血”重要，“造血”更迫切》，光明网（理论版），http：//theory.gmw.cn/2019 -02/20/content_ 32532565. html。

该领域的主题结构和研究热点有更清晰的把握。以 2019 年版 61 部文化传媒类皮书的目录和关键词为数据来源，提取出该类别皮书研究的主要关键词（见图 4），以研究内容为角度分析该领域皮书的研究特征。从形成结果来看，如表 7 所示，网络（720 次）成为全年文化传媒类皮书的研究热点。这个“网络”一词可以理解为两大类。一类是 Internet，即互联网，大数据、云计算、人工智能等新技术深刻改变了互联网环境，代表着新的传播过程。因此，在文化传媒领域的皮书无论是对传媒产业进行整体研究，还是就媒体融合、新媒体、移动互联网等具体领域展开分析，都不约而同地关注到了网络环境的新变化。在“两微一端”（微博、微信、客户端）成为新媒体的重要代表时，尤其是对于传统媒体机构转型来说，这三个平台成为最快进入互联网传播环境的捷径。文化传媒类皮书关注到这种以移动互联网为基础构成的网络，打破时间和空间限制产生的新的市场竞争环境、内容生产方式、用户接收方式等问题成为新研究热点。另一类是 Network，即连接网络。由于 5G 技术的高传输、低延迟使大量数据流动更高效，由此将物联网、智慧城市的概念由理论带入社会生活当中，形成一个人与社会间数据流通的网络，这也是多部文化传媒类皮书研究的热点。

图 4　2019 年版文化传媒类皮书热点词云图

注：该图由微词云软件生成，皮书研究院数据。

表7　2019年版文化传媒类皮书热词TOP10词频

热词(词频)	热词(词频)
网络(720次)	平台(355次)
内容(502次)	数据(351次)
市场(445次)	视频(328次)
技术(435次)	行业(324次)
互联网(425次)	经济(196次)

数据来源：皮书研究院。

热词“内容”（502次）代表着文化传媒类皮书回归到媒体属性中最重要的部分，即“内容”永远是新媒体时代最重要的焦点。“市场”（445次）体现出文化商品在流通时所具有的市场特征，文化企业、传统媒体的市场化策略依然是关注的热点。“平台”（355次）源自互联网行业，时间可以追溯至20世纪70年代，对于基础通信设施的搭建称为信息平台（Information Platform），后来逐渐被学界所接受并使用，对应新闻传播学中的“媒介”一词比较恰当。与其相对应出现频次较高的是“技术”（435次），代表着有更多的报告从技术角度展开研究。值得注意的是“视频”（328次）成为新的热点，这些年移动短视频作为新的研究对象，呈现出独特的信息消费方式，也构建了新的社交价值圈层。

2. 地方文化类皮书的年度热词

在对地方文化类皮书的目录和总摘要进行词频分析时发现，“文化产业”（79次）是研究地方文化发展最高频的一个词。其次是“版权”（59次），关于版权的研究更多是文化法治层面的，尤其是文化产业衍生品开发涉及的版权问题是2018～2019年文化市场的重要问题，现在大数据和互联网知识共享成为新的网络现象，但在共享中版权产品和版权使用形式又需要各地政府提出新的解决方案，对于这方面的研究反映出地方文化在版权制度建设上的重视。北京（49次）、城市（41次）、公共（30次），这些关键词体现出尽管地方文化类皮书主要以本地的文化研究来确立主题，但是更多关注城市发展尤其是城市文化空间及智慧城市的打造（见表8、图5）。

表 8　地方文化类皮书 TOP10 词频

热词(词频)	热词(词频)
文化产业(79 次)	公共(30 次)
版权(59 次)	甘肃(28 次)
北京(49 次)	时代(23 次)
城市(41 次)	建议(20 次)
融合(30 次)	品牌(16 次)

数据来源：皮书研究院。

图 5　2019 年版地方文化类皮书热点词云图

注：该图由微词云软件生成、皮书研究院数据。

具体到城市文化研究方面，有大量分报告是针对公共文化服务研究展开，尤其是结合公共文化中的资源供给、体系建设、服务保障、社会福利等研究热点，对文化服务体系建设进行深入研究。结合国内外和地方特色经验，无论是自上而下的任务主导机制还是自下而上的利益反馈机制，公共文化体系建设中暴露出的问题都在不同报告中予以体现，这些使 2019 年版地方文化类皮书成为各地政府因地制宜制定文化政策的重要智库成果。

（三）2019年版文化传媒及地方文化类皮书共词网络的可视化分析

1. 文化传媒类皮书的共词网络分析

从广义概念来说，词语与词语之间在限定的文献语境下总是在发生联系。通过对大量关键词的解释，可以了解到更多内部关系，由此来解释某些联系背后的功能。本报告通过定量的方法，借助知识计量学的工具，通过对于文化传媒类皮书的研究热点进行分析，得出 2019 年文化传媒类皮书研究的特点。

对 2019 年版文化传媒类皮书各个报告中的关键词的共现现象进行研究，就关键词出现的次数做统计并进行聚类分析，得出这些词之间的亲疏关系，也就能进一步看出这些词代表的皮书研究主题的变化。使用 COOC6. 5 软件进行关键词词频的统计并生成共词矩阵，使用 Ucinet 完成共词矩阵的使用和转化，并利用 Netdraw 对这些共词进行可视化输出完成关键词的网络关系图（见图 6）。

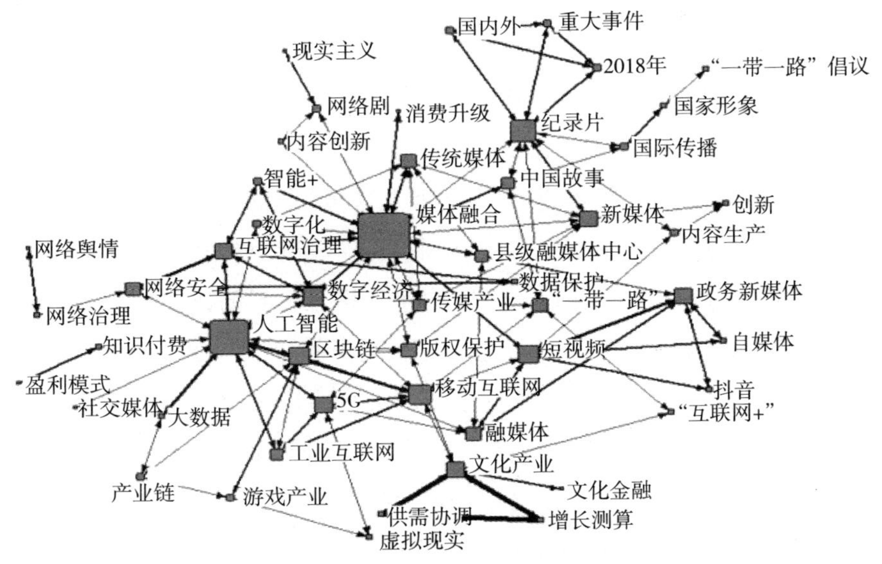

图 6　2019 年版文化传媒类皮书共词网络

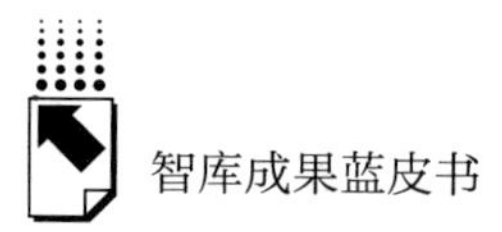

从点度中心度这个角度来看，某个关键词的点度中心度越高，反映其在整个网络关系中的地位越高，越可能是文化传媒类皮书研究中的热点。在图6中，“媒体融合”以及“人工智能”形成两个主要群落，其群内相关度较高。由此看出“媒体融合”“人工智能”在2019年版文化传媒类皮书中的重要性程度。围绕着“媒体融合”形成其他有直接联系的节点“传统媒体”“互联网治理”“传媒产业”“数字经济”等，“人工智能”与“互联网治理”“区块链”“5G”形成紧密的研究关系。

从接近中心性来看，如果一个词语通过比较短的路径与其他点相连，那可以判断该词具有较高的接近中心性。如从“人工智能”与“5G”“工业互联网”“知识付费”“网络安全”“互联网治理”的路径角度，可以认为“人工智能”在研究中多是围绕这些主题展开，彼此联系更为密切。

从节点连接密度来看，“文化产业”与“供需协调”“增长测算”之间的连线粗表明文化传媒类皮书在就“文化产业”这一主题展开研究时，多聚焦在“供需协调”和“增长测算”这两个方面。“移动互联网”与“区块链”间的连线同样较粗，说明在2019年就“移动互联网”这一研究领域更多讨论“区块链”的问题。从“短视频”节点连接情况可看出，“政务新媒体”“自媒体”“抖音”等都是“短视频”主题的研究热点。

2. 地方文化类皮书的共词网络分析

对2019年版地方文化类皮书报告的关键词的共现现象进行研究，对关键词出现的次数做统计并进行聚类分析，由此得出这些词之间的亲疏关系（见图7）。

从点度中心度这个角度来看，“文化产业”“北京”成为两个点度中心度高的节点。围绕“文化产业”研究构建其聚态关系的研究领域有“公共文化”“非物质文化遗产”“产业融合”“文化创意”等研究热点。因为在地方文化类皮书中“北京蓝皮书”出版的细分主题最多，且围绕建设首都文化功能区的探讨为近期研究趋势，因此“北京”作为一个较大的节点，反映出在2019年地方文化类皮书中较重要的主题地位。

从接近中心性来看，根据节点之间的长短路径可判断是否具有较高的接近中心性。如“文化贸易”这个节点与“一带一路”连线长度短，二者具有

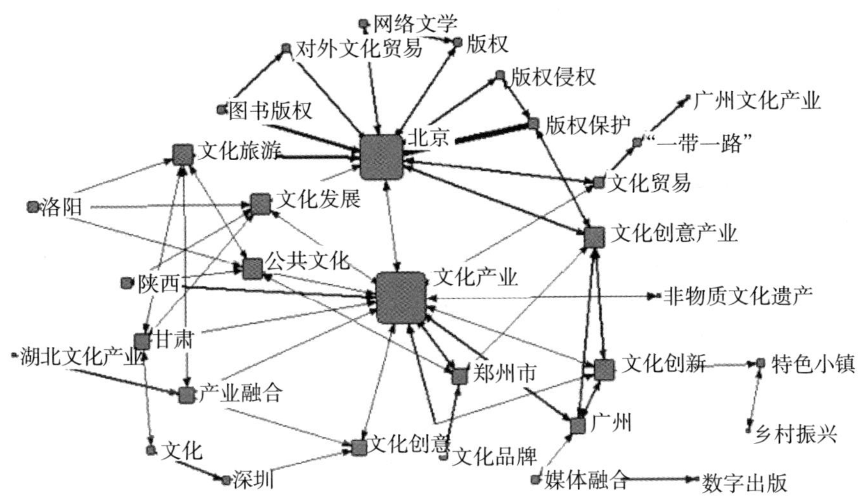

图 7　2019 年版地方文化类皮书共词网络

较高的接近性。当前对文化贸易的研究更多聚焦在“一带一路”倡议下其沿线国家的文化交流、文化创新。又如“文化创新”和“广州”这两个词节点较近，反映出在对“广州”的研究中“文化创新”是一个很重要的主题。

从节点连接密度来看，以“北京”为主要研究对象的更多是就北京“版权保护”“图书版权”进行分析，可以看出近些年有关建立健全版权保护制度的呼声在皮书研究中有所体现。另外“文化旅游”与“公共文化”的密度较强，可以看出 2019 年版地方文化类皮书就“文化旅游”这一主题和“公共文化”服务问题展开研究成为一个新的热点。

三　文化传媒及地方文化类皮书评价分析

（一）文化传媒类皮书综合评价：平均分“不增反降”

2019 年共计出版皮书 427 种，40 种文化传媒类皮书参与了 2019 年皮书评价，TOP10 如表 9 所示。

表 9　2019 年版文化传媒类皮书综合评价 TOP10

排名	丛书名	书名	研创单位
1	新媒体蓝皮书	中国新媒体发展报告 No. 10（2019）	中国社会科学院新闻与传播研究所
2	移动互联网蓝皮书	中国移动互联网发展报告（2019）	人民网研究院
3	文化建设蓝皮书	中国文化发展报告（2019）	湖北大学高等人文研究院、中华文化发展湖北省协同创新中心、湖北文化建设研究院
4	传媒蓝皮书	中国传媒产业发展报告（2019）	清华大学传媒经济与管理研究中心
5	电影蓝皮书	全球电影产业发展报告（2019）	北京电影学院现代创意媒体学院
6	智库成果蓝皮书	中国皮书发展报告（2019）	社会科学文献出版社
7	文化蓝皮书	中国文化消费需求景气评价报告（2019）	云南省社会科学院文化发展研究中心
8	媒体融合蓝皮书	中国媒体融合发展报告（2019）	北京市新闻工作者协会
9	文化蓝皮书	中国公共文化投入增长测评报告（2019）	云南省社会科学院文化发展研究中心
10	传媒经济蓝皮书	中国传媒经济发展报告（2019）	中国传媒大学传媒经济研究所

数据来源：皮书评价系统。

为了整体把握文化传媒类皮书的发展质量，对文化传媒类皮书评价结果与全部皮书平均分相对比，在图 8 中可看出 2019 年、2018 年、2016 年、2014 年这四年的文化传媒类皮书评价平均分均高于全部皮书平均分，反映出文化传媒类皮书的整体研创水平达到标准。但是从 2019 年版与 2018 年版的文化传媒类皮书评价得分对比看，得分略有下降，“不增反降”值得所有文化传媒类皮书研创者思考如何提高质量，可考虑从选题设计、学术规范、数据使用等各方面改进目前的皮书成果。

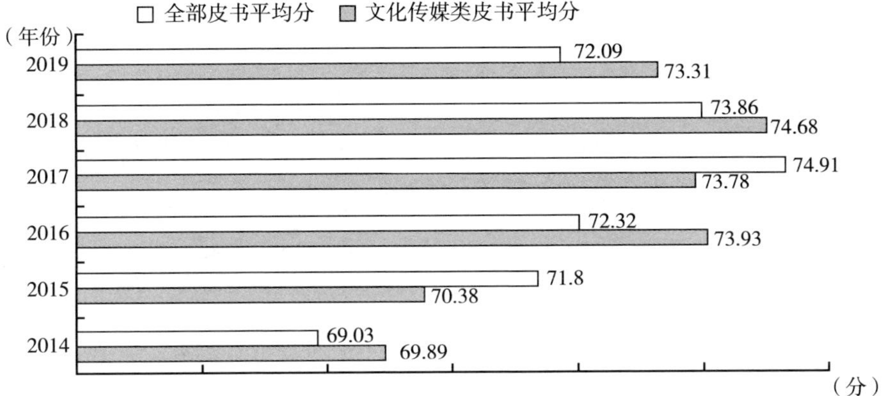

图 8　文化传媒类皮书评价得分与全部皮书平均分比较（2014～2019）

数据来源：皮书评价系统。

（二）地方文化类皮书综合评价：近三年平均分明显下降

2019 年，共计出版皮书 427 种，21 种地方文化类皮书参与了 2019 年的皮书评价。本报告重点考察 2015～2019 年的地方文化类皮书的历时性特点。

从地方文化类皮书评价结果来看，地方文化类皮书质量基本维持较为稳定的水准。这 5 年的得分峰值出现在 2017 年，整体呈正态分布。2018 年和 2019 年地方文化类皮书的评价又有所回落。令人担忧的是，在 2019 年评价中，该类皮书的综合评价平均得分竟然达到 5 年来的最低点（见图 9）。一方面，这与评价指标体系的动态调整有关，另一方面，也说明单从评价这一“质”的指标看，地方文化类皮书提质增效的空间仍很大。

从图 9 中看，2016 年地方文化类皮书平均得分与全部皮书平均得分差距最小，但显然没有乘胜追击，在随后三年又拉开了差距。2016、2017、2018 年是地方文化类皮书参与评价最多的几年，2017 年地方文化类皮书综合得分平均值最高，在分母（参评数量）最大的情况下，打分较高才获得较好的整体水平。

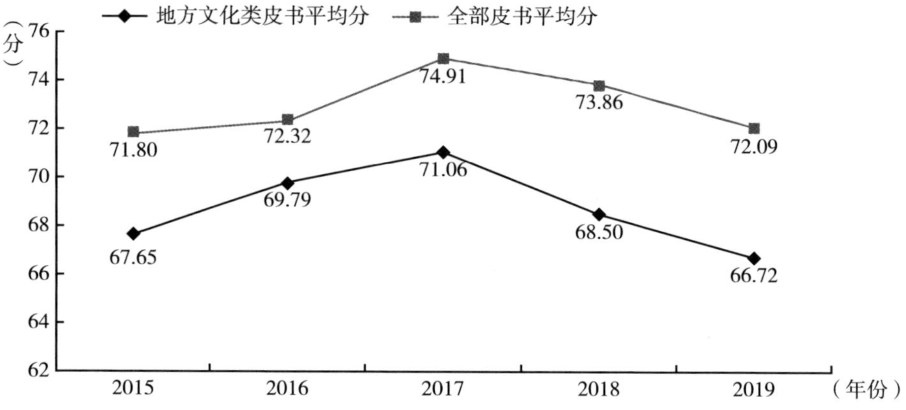

图 9　地方文化类皮书评价得分与全部皮书平均分比较（2015～2019）

数据来源：皮书评价系统。

五　文化传媒及地方文化类皮书研创趋势

（一）在学术共同体中实现逻辑性和学术思辨的平衡

无论是文化传媒类皮书还是地方文化类皮书都属于大文化类皮书范畴，因此无论是皮书选题还是研创团队首先体现出的是一种广度的融合。2019 年皮书年会上，各个课题组就“学术共同体如何建设”展开研讨。从 2019 年文化传媒及地方文化类皮书来看，研究领域、选题分布以及出版规范上已经相对成熟，但这些研创团队之间还未形成学术共同体。在学术共同体中强调自律性（Autonomy），“Autonomy”的原意就是“自我立法”，对于学术共同体来说，“自我立法”包括制定学术规范、建立学术标准、形成学术伦理准则。而文化传媒及地方文化类皮书虽已经过长期积累，形成较为固定的皮书撰写规范，但是如何制定学术标准、促进学术交流、加强学术合作，形成一个科学合理的评议机制才是关键。

2019 年版文化传媒及地方文化类皮书在研究方法规范、数据采集使用两方面暴露出实证研究使用不规范、大量二手数据存在误差等问题。如果有一个成熟的学术共同体，他们内部可以实现学科交融，有利于在传统的人文社会科学中运用更多科学研究方法，将计量、统计学方法等融入皮书研创中，由此达到逻辑性和学术思辨的平衡。

在就热点问题进行分析时，更多报告只是选用政策分析来代替复杂的产生背景，单薄且缺乏说服力。文化传媒及地方文化类皮书的研创能紧扣热点选题，关注新媒介环境中传播者、传播过程以及传播受众角色的转换，具有较强的实际意义，今后的研究中可更加突出学术意义，将皮书的研究价值推向更高层次。

（二）新技术环境下实现议题设置和议题引领的平衡

5G、AI、VR/AR 等新技术给文化传媒领域带来直接影响，尤其是对文化产业内部，扶持政策利好但监管政策趋严、行业竞争有序但资本热度不减、媒体融合深入但面广且不精，这些暴露出的问题成为皮书研创的热点和重点。在词频分析中可以看出，2019 年版文化传媒类皮书愈加重视对人工智能、数字经济等方面的研究，例如探讨未来 5G 对传媒产业的影响，短视频面临的生产效率和用户口碑难题等方面的问题都让整个文化传媒皮书担当起智库成果的重任。

“人工智能”方面的研究成为新的亮点，人工智能被认为可以驱动人类历史变革的基础功能。全球文化传媒领域也在与人工智能发生紧密联系，从已经出版的文化传媒类皮书中可以看到，关于人工智能如何影响传媒业的基础层、技术层与应用层的研究已经展开，并引入大量国内主流媒体在媒体智能化方面的应用，结合新浪、百度、今日头条、阿里巴巴等互联网企业的技术经验进行综合分析，大量的皮书报告构建了 2019 年研究的新亮点“智能传播”，这是热点事件也是学界、业界的新动态。

2019 年，互联网治理的研究成果集中出现，这与移动互联网广泛应用产生新的社群环境有着密切的关系。这些课题组将互联网治理研究引向中国的机制构建，并提供大量国际案例，可以发现皮书已成为重要学术观点首次发表的平台，学界、业界和政府的力量都加入到皮书的研创中。

但是从现有的文化传媒及地方文化的研究成果看，研究议题引领性还不足。关注热点议题显然并不是皮书作用的全部，对于皮书来说，作为智库成果最重要的贡献便是对未来研究方向的指引性，尤其是对于新议题、新问题的提出，对于研究成果的影响力起到很重要的促进作用。国家治理现代化的议题需要对文化传媒或者地方文化发展提出新的研究主题，并提出可供借鉴的战略方向。

（三）在新历史转折期实现乡村经济发展与文化振兴的平衡

地方文化类皮书虽然仍是以城市文化产业研究为主，但是已经有大量皮书报告将研究目光投向三农问题。在农业农村经济发展中，乡村振兴、乡风文明是乡村社会文明的基础。尤其是对于建立健全乡村文化体系、改善乡村公共文化服务这类研究主题，其产出的研究报告将为各地方乡村特色文化的创新发展提供智力支撑。

客观来看，地方文化类现有皮书对于新时代的“乡村振兴”议题的关注还远远少于城市文化研究，建议在全面建成小康社会的新历史时期，更多的皮书成果可以向特色乡村文化市场研究倾斜，以地方传统文化为重要载体，发展特色文化旅游。虽然从学界看，“乡村特色文化资源开发”并非新研究领域，但是基于当前乡村振兴的背景，该主题的研究价值和社会价值都达到空前的高度。具体分析来看，文化是乡村旅游得以发展的内核，而乡村旅游是农村经济的重要基石，除了就业增收以外，在乡村旅游市场中，过去传统的民间艺术、传统建筑、传统手工技艺等得以保留和开发。这类主题的选择将会成为地方文化类皮书研究的新标签，也能将“乡村振兴”文化研究主题落到实处。

经济与文化同行，很多文化研究议题都是对社会重要转折期的观照，这些皮书研究成果从文化的角度试图去回答社会可持续发展的问题。一个国家综合国力的提升、经济振兴、社会治理有序，都离不开大量的文化类智库成果。文化与科技、经济、旅游等领域横向融合，文化产业和文化事业中的县级融媒体、智能媒体传播、5G 新技术应用、网络舆情治理等纵向主题挖掘，都将文化类皮书研究引向新的广度和深度。

参考文献

谢曙光主编《智库成果蓝皮书：中国皮书发展报告（2019）》，社会科学文献出版社，2019。

郭蕾：《文化因素对区域发展的影响作用概析——以岭南文化对广东省经济发展的影响为例》，《兰州学刊》2007 年第 11 期。

夏国锋、吴理财：《公共文化服务体系研究述评》，《理论研究》2011 年第 1 期。

李剑鸣：《自律的学术共同体与合理的学术评价》，《清华大学学报》（哲社版）2014 年第 4 期。

B.5
汽车类皮书研创的专业化与行业价值分析

张艳丽*

摘　要： 汽车类皮书作为汽车行业的智库报告，运用实证研究的分析方法，采集行业发展的基本数据，对汽车行业各领域的发展起到了积极的推动作用。报告对自2006年出版第1种汽车类皮书至今，共计22种81部汽车类皮书的数据进行统计分析。统计结果表明，汽车类皮书呈现出版系列总量、品种数、报告总量等逐年递增，但研创质量、规范性参差不齐的特点，综合评价相对于其他类别皮书排名较靠后，内容的专业性、实证性方面也有待提高。通过词频以及知识图谱分析发现，近年来汽车类皮书关注的热点主要集中在新能源汽车的动力源以及汽车的智能化领域。最后，报告对汽车类皮书的行业价值进行了阐述——汽车类皮书是汽车行业发展轨迹的记录仪、推动汽车行业发展的智力源，并提出了按照细分产业方向确定皮书的核心内容与定位，通过数据资源共享、成果有效整合形成协同效应，关注产业发展前沿和热点、不断扩大社会与国际影响力的对策建议。报告旨在为更多行业加入皮书研创、推出本行业更具价值的智库成果提供借鉴和方向性指导。

关键词： 皮书　汽车产业　汽车市场　学术规范

---

* 张艳丽，北华航天工业学院讲师，社会科学文献出版社皮书研究院特约研究员，研究方向为人力资本与战略人力资源管理。

在社会科学文献出版社出版的行业类皮书中，汽车行业出版皮书数量较多。汽车类皮书多年持续关注、观察本行业的发展态势，成为了记录汽车行业基本数据、描述汽车行业发展状况的重要智库成果。截至2019年，汽车类皮书共计出版22种81部。各汽车类皮书研创单位通过持续深入调研，聚焦汽车行业发展热点、重点问题，从宏观层面对汽车行业各领域的发展进行全面、深入的分析与预测，把握行业发展动向，对中国汽车行业的发展起到了积极的推动作用。

为进一步提升行业类皮书的研创质量和影响力，社会科学文献出版社于2009年10月邀请行业类皮书课题组的主编及其他主创人员就如何进一步提升行业类皮书研创质量展开深入交流，并在2018年11月举办的第四期皮书研创高级研修班上以“行业类皮书与行业智库建设”为主题，围绕行业类皮书的出版情况、评价指标体系解读和行业类皮书如何发挥智库作用等议题进行了学术研讨。随着行业类皮书出版数量和社会影响力不断提升，对细分行业的皮书进行更加精细化的管理和指导意义凸显。2019年3月，社会科学文献出版社召开了汽车类皮书主编会议，探讨了汽车类皮书研创的专业化以及如何更有效地发挥其行业价值。

基于此，本报告对自2006年出版第1种汽车类皮书至今，共计22种81部汽车类皮书进行数据统计分析，对汽车类皮书出版概况及特点进行总结，对其研创质量、规范性进行分析，对近年来汽车类皮书关注热点与研究趋势进行探究，最后对汽车类皮书的行业价值进行阐述，并提出汽车类皮书专业化发展的建议，旨在为更多行业加入皮书研创、推出本行业更具价值的智库成果提供借鉴和方向性指导。

一 2019年行业类皮书出版概况

行业类皮书通过采集本行业发展的基本数据，对行业规模、就业人数、盈利水平、年度特点等进行分析，为行业发展提供了持续性的有效信息。自2001年第1种行业类皮书出版以来，行业类皮书在出版的品种数、单篇报告数量等方面增长迅速，呈逐年递增的趋势，涉及《国民经济行业分类

(GB/T 4754－2017)》中近250个行业。2019年，行业类皮书共计出版109部。在新立项的皮书中，有越来越多不同行业的研创团队加入了皮书的研创。新立项皮书共计179种，其中行业类53种，占比29.61%。行业类皮书中汽车类皮书5种，占新立项行业类皮书的9.43%。随着行业类皮书出版规模不断扩大，目前以“皮书”为载体，全面的行业资讯智库平台已经形成。行业类皮书在解释行业本身所处的发展阶段及其在国民经济中的地位、分析行业发展的各种影响因素以及影响力度、预测并引导行业的未来发展趋势中发挥着越来越重要的作用。行业类皮书关注的不仅是一个行业发展的问题，更从宏观层面对该行业进行全面、系统、深入的分析及预测，精细、扎实、全面地把握行业的发展动向。

二 2019年汽车类智库报告出版概况

按照出版形式统计，汽车类智库报告可分为皮书和非皮书两种，如图1和表1所示。从图1和表1可以看出，2019年汽车类智库报告共出版28部，其中以皮书形式出版15部，占比53.57%，非皮书形式13部，占比46.43%。目前汽车类智库报告主要是以皮书的形式对外公开出版。

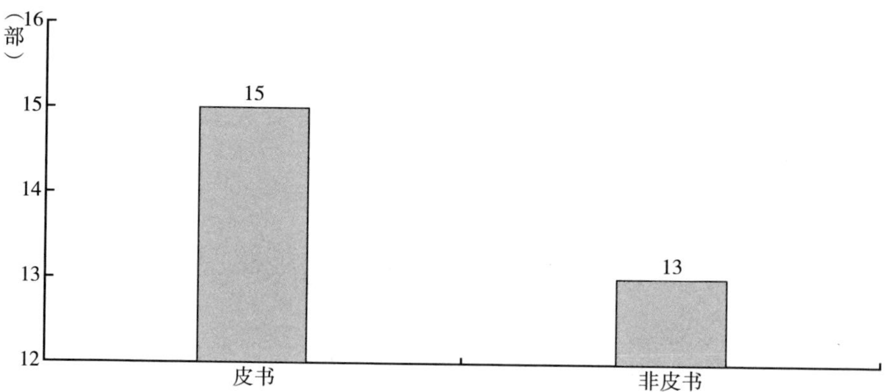

图1 2019年汽车类智库报告出版形式对比

数据来源：《中国智库成果名录No.1》以及京东、当当官方网站搜集的版权页为2019年的正式出版物。

表 1　2019 年汽车类智库报告出版情况统计

序号	书名	研创单位或作者	出版单位	出版形式
1	中国节能汽车发展报告（2019）	中国汽车工程研究院股份有限公司	社会科学文献出版社	皮书
2	中国智能网联汽车产业发展报告（2019）	中国汽车工程学会、国汽（北京）智能网联汽车研究院有限公司	社会科学文献出版社	皮书
3	中国新能源汽车产业发展报告（2019）	中国汽车技术研究中心、日产（中国）投资有限公司、东风汽车有限公司	社会科学文献出版社	皮书
4	中国新能源汽车大数据研究报告（2019）	新能源汽车国家大数据联盟、中国汽车技术研究中心有限公司、重庆长安新能源汽车科技有限公司	社会科学文献出版社	皮书
5	中国车用氢能产业发展报告（2019）	中国汽车技术研究中心有限公司、荷兰皇家壳牌集团	社会科学文献出版社	皮书
6	中国汽车与保险大数据发展报告（2019）	中国汽车技术研究中心有限公司、中国保险信息技术管理有限责任公司	社会科学文献出版社	皮书
7	中国新能源汽车电驱动产业发展报告（2019）	中国汽车技术研究中心有限公司、电动汽车电驱动系统全产业链技术创新战略联盟	社会科学文献出版社	皮书
8	中国汽车品牌发展报告（2019）	中国汽车报社有限公司、博世（中国）投资有限公司、中国汽车技术研究中心有限公司数据资源中心	社会科学文献出版社	皮书
9	中国客车产业发展报告（2019～2020）	方得网	社会科学文献出版社	皮书
10	中国商用车悬架产业发展报告（2019）	中国汽车技术研究中心有限公司、东风商用车有限公司、扬州东升汽车零部件股份有限公司	社会科学文献出版社	皮书
11	中国汽车产业发展报告（2019）	国务院发展研究中心产业经济研究部、中国汽车工程学会、大众汽车集团（中国）	社会科学文献出版社	皮书

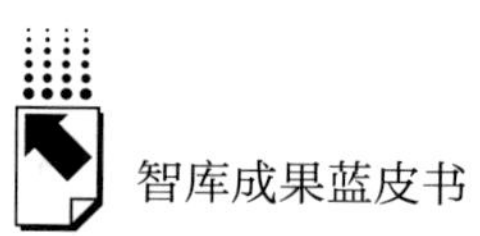

续表

序号	书名	研创单位或作者	出版单位	出版形式
12	中国汽车零部件产业发展报告（2018～2019）	中国汽车工业协会、中国汽车工程研究院股份有限公司	社会科学文献出版社	皮书
13	中国汽车工业发展报告（2019）	中国汽车工业协会、中国汽车技术研究中心有限公司、丰田汽车公司	社会科学文献出版社	皮书
14	广州汽车产业发展报告（2019）	广州市社会科学院	社会科学文献出版社	皮书
15	中国新能源汽车动力电池产业发展报告（2019）	中国汽车技术研究中心有限公司、大连松下汽车能源有限公司	社会科学文献出版社	皮书
16	中国汽车流通行业发展报告（2018～2019）	中国汽车流通协会	中国商业出版社	非皮书
17	创新绿皮书：中国汽车企业创新报告（2018）	汽车评价研究院	经济管理出版社	非皮书
18	汽车产品安全与召回技术研究报告（2017）	王琰等	中国标准出版社	非皮书
19	汽车行业绿色发展报告（2018）	中国汽车技术研究中心有限公司	人民邮电出版社	非皮书
20	汽车强国之路（2019）	瞭望智库	新华出版社	非皮书
21	四川省汽车产业发展报告（2019）	四川省汽车产业技术研究院，成都汽车产业研究院	四川科学技术出版社	非皮书
22	中国儿童道路交通安全蓝皮书（2019）	中国汽车技术研究中心有限公司	中国标准出版社	非皮书
23	中国皮卡产业发展报告（1986～2018）	中欧协会自主汽车行业分会	人民交通出版社股份有限公司	非皮书
24	节能与新能源汽车技术路线图年度评估报告（2019）	中国汽车工程学会	机械工业出版社	非皮书
25	2019 节能与新能源汽车发展报告	中国汽车技术研究中心有限公司	人民邮电出版社	非皮书
26	中国新能源汽车动力蓄电池回收利用产业发展报告（2019）	中国汽车技术研究中心有限公司	电子工业出版社	非皮书
27	中国新能源物流车发展报告（2019）	物流信息互通共享技术及应用国家工程实验室	复旦大学出版社	非皮书
28	中国汽车物流发展报告（2019）	中国物流与采购联合会汽车物流分会	中国财富出版社	非皮书

数据来源：《中国智库成果名录 No. 1》以及京东、当当官方网站搜集的版权页为 2019 年的正式出版物。

三 2006 ~2019年汽车类皮书出版概况

1. 汽车类皮书出版系列和数量分析

（1）汽车类皮书出版系列分析

随着大众对汽车的需求越来越强烈、行业相关者对汽车类皮书的关注不断增加以及皮书作为权威出版平台地位得以凸显，汽车行业各个分支领域研创团队不断加入皮书研创与编撰中。2006 年，第 1 种汽车类皮书《2005 年：中国广州汽车发展报告》出版，其成为最初出版的汽车类皮书。2006 ~2019 年，按照皮书系列统计，汽车类皮书共出版 22 种，如表 2 所示。从表 2 可以看出，在出版的 22 种汽车类皮书中，分别于 2006 年、2008 年首次出版的“广州蓝皮书 - 汽车产业”和“汽车蓝皮书 - 汽车产业”两个系列皮书的出版状态比较稳定，各连续出版了 14 年和 12 年。自 2013 年以来，“新能源汽车蓝皮书”“汽车工业蓝皮书 - 汽车工业”“汽车工业蓝皮书 - 汽车零部件”“中国节能汽车蓝皮书”等汽车类皮书也保持了稳定的出版状态。2016 ~2019 年，皮书系列的种类增长迅速，共计增加了 14 种，占全部汽车类皮书的 63.64%。

表 2 汽车类皮书出版系列统计（2006 ~2019 年）

单位：种

序号	皮书系列名称	首次出版年份	出版年份	出版数量
1	广州蓝皮书 - 汽车产业	2006	2006 ~2019	14
2	汽车蓝皮书 - 汽车产业	2008	2008 ~2019	12
3	汽车社会蓝皮书	2011	2011、2013	2
4	汽车蓝皮书 - 中国客车产业	2013	2013、2015 ~2019	6
5	新能源汽车蓝皮书	2013	2013 ~2019	7
6	汽车安全蓝皮书	2014	2014 ~2018	5
7	汽车工业蓝皮书 - 汽车工业	2015	2015 ~2019	5
8	汽车电子商务蓝皮书	2015	2015 ~2017	3

续表

序号	皮书系列名称	首次出版年份	出版年份	出版数量
9	汽车知识产权蓝皮书	2016	2016	1
10	汽车工业蓝皮书－汽车零部件	2016	2016～2019	4
11	中国节能汽车蓝皮书	2016	2016～2019	4
12	SUV 蓝皮书	2016	2016	1
13	动力电池蓝皮书	2017	2017～2019	3
14	汽车蓝皮书－中国汽车品牌	2017	2017、2019	2
15	氢能与燃料电池汽车蓝皮书	2018	2018	1
16	新能源汽车大数据蓝皮书	2018	2018、2019	2
17	汽车与保险蓝皮书	2018	2018、2019	2
18	智能汽车蓝皮书	2018	2018	1
19	智能网联汽车蓝皮书	2018	2018、2019	2
20	氢能汽车蓝皮书	2018	2018、2019	2
21	汽车蓝皮书－中国新能源汽车电驱动产业	2019	2019	1
22	汽车蓝皮书－商用车悬架产业	2019	2019	1
合计				81

注：1. 本表格数据含已淘汰品种（“汽车社会蓝皮书”“SUV 蓝皮书”2019 年已淘汰），下同。
2. 为了统一不同皮书系列出版种数的时间口径，出版数据均截至 2019 年版（未含 2020 年）。
数据来源：皮书研究院。

为了避免某一行业的研究内容交叉、重复，保证行业类皮书所涉及行业领域更加精细化、深度化，社会科学文献出版社对皮书进行了严格管理，并建立了淘汰机制，出台了《社会科学文献出版社关于皮书准入与退出的若干规定（试行）》。分别于 2014 年、2016 年、2019 年公布了四批共计 279 种淘汰的皮书名单，如表 3 所示。行业类皮书在四个批次中共计淘汰 74 种，其中，2014 年第一批淘汰 4 种，2014 年第二批淘汰 10 种，2016 年第三批淘汰 16 种，2019 年第四批淘汰 44 种。2019 年，“SUV 蓝皮书”“汽车社会蓝皮书”两个系列退出皮书出版。

表 3　行业类皮书淘汰总量统计（2006～2019 年）

单位：种，%

序号	淘汰批次	淘汰总量	行业类皮书淘汰总量	行业类皮书淘汰总量占比	汽车类皮书淘汰总量
1	第一批(2014 年)	44	4	9.09	—
2	第二批(2014 年)	27	10	37.04	—
3	第三批(2016 年)	46	16	34.78	—
4	第四批(2019 年)	162	44	27.16	2
合计		279	74	26.52	2

数据来源：皮书评价系统。

（2）汽车类皮书出版数量分析

2006～2019 年出版的汽车类皮书数量，共计 81 部，如图 2 所示。从图 2 可以看出，2006～2019 年，汽车类皮书的出版数量整体呈递增趋势。分阶段看，2006～2015 年，汽车类皮书呈波动性增长，2016～2019 年，增长的数量逐年增多。

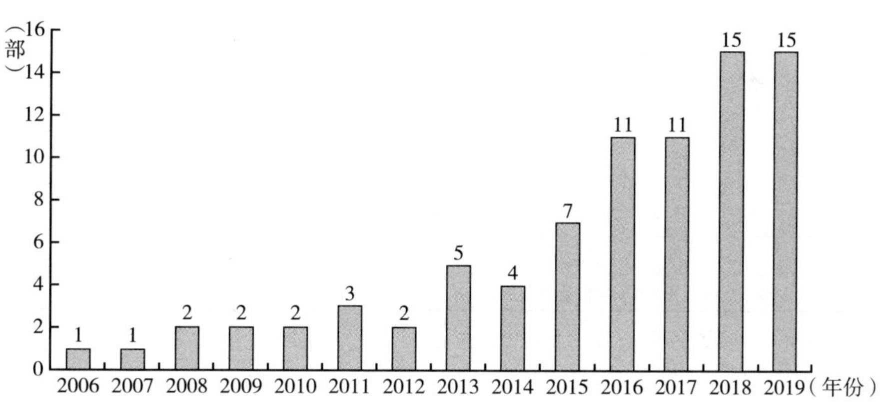

图 2　汽车类皮书出版数量统计（2006～2019 年）

数据来源：皮书研究院。

（3）汽车类皮书报告出版总量分析

2006～2019 年，汽车类皮书按照报告出版总量进行统计，共出版 1262

篇，平均每种皮书含报告数量 15.58 篇，如表 4 所示。从表 4 可以看出，2006～2015 年，汽车类皮书共出版报告 498 篇，2016～2019 年，共出版报告 764 篇。可见 2016～2019 年汽车类皮书的报告篇数有了迅速的增长。

表 4　汽车类皮书报告出版总量统计（2006～2019 年）

单位：篇

序号	版本年份	报告数量
1	2006	27
2	2007	28
3	2008	43
4	2009	39
5	2010	34
6	2011	60
7	2012	37
8	2013	75
9	2014	54
10	2015	101
11	2016	135
12	2017	166
13	2018	222
14	2019	241
合计		1262
平均每种含报告数量		15.58

数据来源：皮书数据库。

2. 汽车类皮书研创主体分析

（1）汽车类皮书研创单位分析

汽车类皮书研创团队一般是由本行业内知名企业，行业协会、学会或商会，汽车企业智库，连同高等院校、科研院所等机构组成。2006～2019 年出版的 22 种汽车类皮书的研创单位情况如表 5 所示。

表 5　汽车类皮书研创单位信息（2006～2019 年）

序号	皮书系列名称	书名	研创单位	单位性质
1	广州蓝皮书－汽车产业	广州汽车产业发展报告	广州市社会科学院	地方社会科学院
2	汽车蓝皮书－汽车产业	中国汽车产业发展报告	国务院发展研究中心产业经济研究部、中国汽车工程学会、大众汽车集团（中国）	党政部门智库、行业学会、企业
3	汽车社会蓝皮书	中国汽车社会发展报告	中国社会科学院社会学研究所	中国社会科学院
4	汽车蓝皮书－中国客车产业	中国客车产业发展报告	方得网	企业
5	新能源汽车蓝皮书	中国新能源汽车产业发展报告	中国汽车技术研究中心、日产（中国）投资有限公司、东风汽车有限公司	企业
6	汽车安全蓝皮书	中国汽车安全发展报告	中国汽车技术研究中心有限公司	企业
7	汽车工业蓝皮书－汽车工业	中国汽车工业发展报告	中国汽车工业协会、中国汽车技术研究中心有限公司、丰田汽车公司	行业协会、企业
8	汽车电子商务蓝皮书	中国汽车电子商务发展报告	中华全国工商业联合会汽车经销商商会、北方工业大学、北京易观智库网络科技有限公司	商会、高校、企业
9	汽车知识产权蓝皮书	中国汽车产业知识产权发展报告	中国汽车工程研究院股份有限公司、中国汽车工程学会、重庆长安汽车股份有限公司	企业、行业学会
10	汽车工业蓝皮书－汽车零部件	中国汽车零部件产业发展报告	中国汽车工业协会、中国汽车工程研究院股份有限公司	行业协会、企业
11	中国节能汽车蓝皮书	中国节能汽车发展报告	中国汽车工程研究院股份有限公司	企业
12	SUV 蓝皮书	中国 SUV 市场发展报告	汽车评价网、深圳市航盛电子股份有限公司	企业
13	动力电池蓝皮书	中国新能源汽车动力电池产业发展报告	中国汽车技术研究中心有限公司、大连松下汽车能源有限公司	企业

续表

序号	皮书系列名称	书名	研创单位	单位性质
14	汽车蓝皮书－中国汽车品牌	中国汽车品牌发展报告	中国汽车报社有限公司、博世（中国）投资有限公司、中国汽车技术研究中心有限公司数据资源中心	企业
15	氢能与燃料电池汽车蓝皮书	世界氢能与燃料电池汽车产业发展报告	中国汽车工程学会	行业学会
16	新能源汽车大数据蓝皮书	中国新能源汽车大数据研究报告	新能源汽车国家大数据联盟、中国汽车技术研究中心有限公司、重庆长安新能源汽车科技有限公司	企业、企业智库
17	汽车与保险蓝皮书	中国汽车与保险大数据发展报告	中国汽车技术研究中心有限公司、中国保险信息技术管理有限责任公司	企业
18	智能汽车蓝皮书	中国智能汽车产业发展报告	中国汽车技术研究中心	企业
19	智能网联汽车蓝皮书	中国智能网联汽车产业发展报告	中国汽车工程学会、国汽（北京）智能网联汽车研究院有限公司	行业学会、企业
20	氢能汽车蓝皮书	中国车用氢能产业发展报告	中国汽车技术研究中心有限公司、荷兰皇家壳牌集团	企业
21	汽车蓝皮书－中国新能源汽车电驱动产业	中国新能源汽车电驱动产业发展报告	中国汽车技术研究中心有限公司、电动汽车电驱动系统全产业链技术创新战略联盟	企业、企业智库
22	汽车蓝皮书－商用车悬架产业	中国商用车悬架产业发展报告	中国汽车技术研究中心有限公司、东风商用车有限公司、扬州东升汽车零部件股份有限公司	企业

注："书名"和"研创单位"以该系列皮书最新年份出版的皮书为准。
数据来源：皮书研究院。

如图3所示，部分研创单位参与了多种系列汽车类皮书的研创工作。从统计数据来看，"中国汽车技术研究中心有限公司"参与了11种皮书的研创工作，数量最多；其次是"中国汽车工程学会"，参与了4种；"中国汽车工程研究院股份有限公司"参与了3种；"中国汽车工业协会"参与了两种。

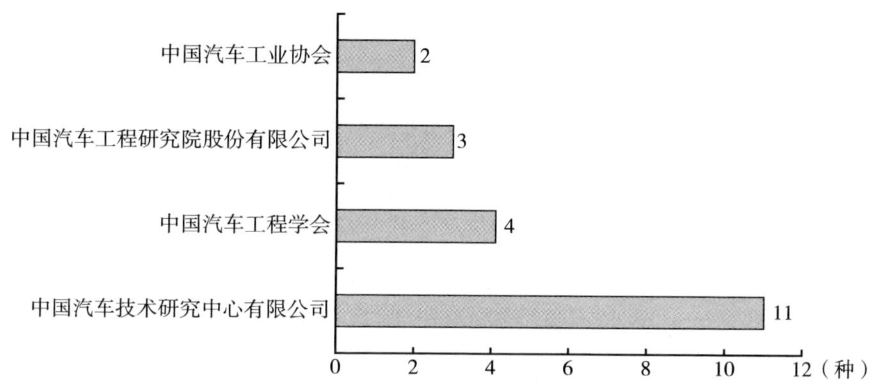

图 3　汽车类皮书研创单位参与量统计

数据来源：皮书研究院。

对汽车类皮书的研创单位性质进行分析，结果如图 4 所示。从图 4 可以看出，企业参与研创的皮书数量较多，占比为 70.0%，这也与汽车类皮书的自身特性相符。

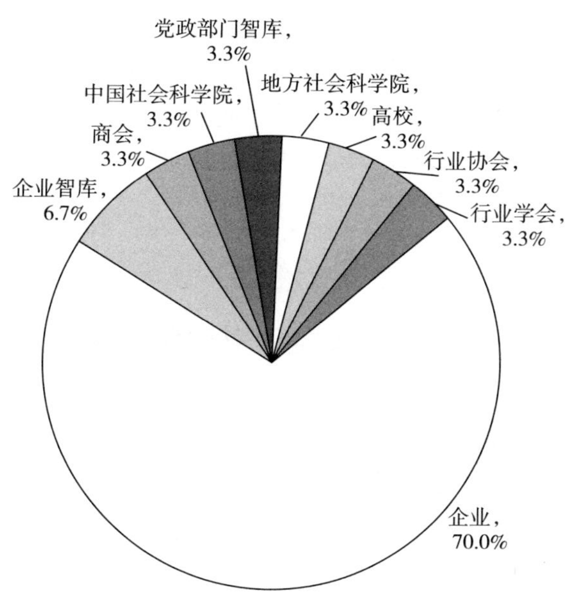

图 4　汽车类皮书研创单位性质统计（2006～2019 年）

注：计算研创单位数量时，参与多次的单位按“1”计算。
数据来源：皮书研究院。

（2）汽车类皮书研创形式分析

从研创形式来看，2006～2019 年出版的 22 种汽车类皮书的研创形式有自主独立研创和联合其他单位共同研创两种形式。如图 5 所示，7 种皮书为独立研创，15 种为共同研创。其中，独立研创汽车类皮书研创单位多为企业，共计 4 种。共同研创的 15 种中，形式比较多样，从数量上看，有两家或者多家单位共同进行编撰。从性质上看，有行业协会与企业联合、行业学会与企业联合以及党政部门智库或高校、商会与企业联合等。

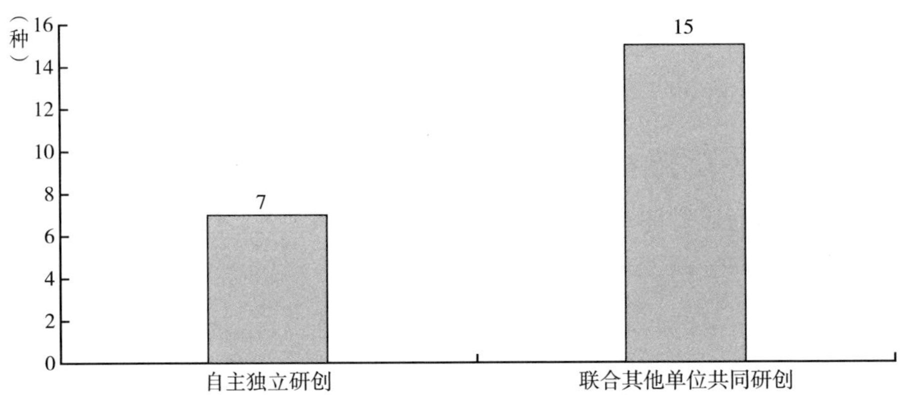

图 5　汽车类皮书研创形式统计

数据来源：皮书研究院。

四　2015～2019年汽车类皮书研创质量、规范性分析

1. 汽车类皮书研创质量分析

（1）汽车类皮书评价结果分析

2015～2019 年版汽车类皮书与行业类皮书以及当年度全部皮书的综合评价得分对比如表 6 所示。从表 6 可以看出，2015 年和 2018 年，汽车类皮书的综合评价得分低于行业类皮书综合评价得分，2016 年、2017 年和 2019 年，汽车类皮书的综合评价得分高于行业类皮书综合评价得分。但从整体来

看，2015～2019年，汽车类皮书综合评价得分均低于当年度全部皮书综合评价得分，在全部类别皮书中综合评价排名相对靠后，总体质量较皮书系列其他类别偏低。

表6　汽车类皮书与其他类皮书综合评价结果对比（2015～2019年）

单位：部，分

年份	出版数量	参评数量	汽车类皮书综合评价得分	行业类皮书综合评价得分	当年度全部皮书综合评价得分
2015	7	7	71.23	72.14	71.80
2016	11	11	68.48	65.80	72.32
2017	11	11	72.26	71.78	74.91
2018	15	14	72.10	73.86	73.86
2019	15	15	71.51	69.80	72.10

注：2018年版的参评数量小于出版数量，这是由于《世界氢能与燃料电池汽车产业发展报告（2018）》为2019年3月出版，未能参加当年度评价。

数据来源：皮书评价系统。

（2）汽车类皮书获奖情况分析

皮书评价自2008年开始，皮书评奖自2009年开始，并分别在第九次全国皮书工作研讨会上讨论、第十次全国皮书工作研讨会上公布结果，第一届、第二届、第四届评选的是优秀皮书，第三届评选的是优秀皮书报告，从第五届开始，同时评选优秀皮书和优秀皮书报告。皮书评奖采用同行评议的方式，对候选皮书和候选皮书报告的政治与学术导向、主题价值与意义、科学性、实证性、前沿性、规范性、时效性、创新性、媒体影响力等评奖指标进行讨论，经过初评、专家复评、皮书学术评审委员会终评等环节遴选出当年度的优秀皮书。如表7所示，每年获奖比例约15%。自第七届开始，汽车类皮书中，《中国新能源汽车产业发展报告》连续四年获得优秀皮书奖。其中，在“第十届优秀皮书奖”的评选中，该书获得了一等奖。

表 7　汽车类皮书获奖情况统计

版次	届次	参评数量(部)	优秀皮书奖数量(个)	获奖比例(%)	获奖情况
2009 年版	第一届	—	12	—	—
2010 年版	第二届	—	10	—	—
2011 年版	第三届	—	—	—	—
2012 年版	第四届	225	36	16.00	—
2013 年版	第五届	249	39	15.66	—
2014 年版	第六届	277	38	13.72	—
2015 年版	第七届	308	38	12.34	《中国新能源汽车产业发展报告(2015)》(三等奖)
2016 年版	第八届	332	42	12.65	《中国新能源汽车产业发展报告(2016)》(三等奖)
2017 年版	第九届	374	49	13.10	《中国新能源汽车产业发展报告(2017)》(三等奖)
2018 年版	第十届	426	63	14.79	《中国新能源汽车产业发展报告(2018)》(一等奖)

注：第三届对“皮书报告”进行了评选，未对皮书进行评选。
数据来源：皮书研究院。

2. 汽车类皮书规范性分析

(1) 汽车类皮书出版时间规范性分析

作为年度智库报告，汽车类皮书的出版规范性体现在连续性和按期性两个方面。连续性是指每种汽车类皮书出版时要以年度为周期，中间不应中断或者间隔出版。按期是指每种汽车类皮书出版时要保证时效性，即保证当年度出版。如图 6 所示，2006 ~ 2019 年，对出版的 20 种汽车类皮书进行统计，结果显示，按期且连续出版的皮书包括 8 种，占比 40%，其中《广州汽车产业发展报告》按期连续出版了 14 年，《中国汽车产业发展报告》按期连续出版了 12 年，其他 6 种皮书均为近年准入出版的皮书。而其他 12 种存在按期但不连续出版、连续但滞后出版、滞后且不连续出版等问题。如果出版的时效性无法保证，皮书的社会影响力将大打折扣。

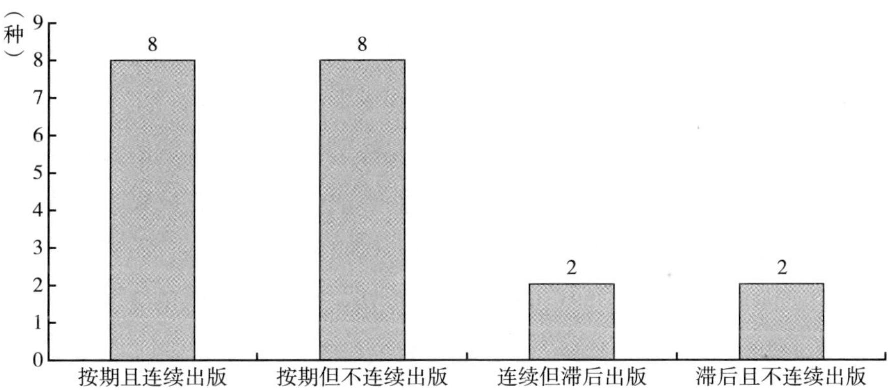

图 6　汽车类皮书出版时间规范性统计（2006～2019 年）

注：由于“汽车蓝皮书－商用车悬架产业”“汽车蓝皮书－中国新能源汽车电驱动产业”为 2019 年第一次出版，在统计连续性时未统计在内。

数据来源：皮书研究院。

（2）汽车类皮书出版要件规范性分析

对 2015～2019 年版汽车类皮书出版要件的规范性进行分析，统计结果如表 8 所示。从表 8 可以看出，汽车类皮书出版要件规范性得满分的皮书占比比较低，近 5 年均未超过 30%，得分率也有下降的趋势，2015 年为 84.29%，2019 年为 84.00%。

表 8　汽车类皮书出版要件规范性统计（2015～2019 年）

单位：部，%

年份	出版数量	参评数量	规范性平均得分率	满分数量	占比
2015	7	7	84.29	1	14.29
2016	11	11	80.00	1	9.09
2017	11	11	77.27	3	27.27
2018	15	14	79.29	3	21.43
2019	15	15	84.00	3	20.00

数据来源：皮书评价系统。

3. 提升汽车类皮书研创质量的关键问题

（1）逐步制定写作标准，多方加强出版规范

从2006～2019年汽车类皮书出版时间的规范性统计结果来看，按期但不连续出版、连续但滞后出版、滞后且不连续出版的皮书占比较多，达60%。作为年度智库报告，汽车类皮书同其他类别皮书类似，首先要注重出版时间的规范性。汽车类皮书是以年度为时间单元持续关注汽车领域的重点、热点问题，并进行科学的理论与实践研究，进而形成持续的研究成果。连续性是汽车类皮书作为智库成果对行业发展提供参考资料的首要条件。同时，汽车类皮书出版时间选择一定要从市场的角度特别是从使用者的角度考虑，如出版的具体时间可结合行业年会、全行业重要论坛的召开进行调整和发布。

汽车类皮书的体例形式也要具有规范性，皮书出版要件要规范。从对2006～2019年汽车类皮书出版要件的规范性统计结果来看，规范性平均得分率在80%左右，有待提高。皮书要件包括丛书名和书名（丛书名由研究主题和颜色构成、书名由研究主题和年份构成）、编委会（课题组、研究组）名单、主要编撰者简介、全书中英文摘要和关键词、中英文目录、内容结构（总分报告形式）、单篇报告中英文摘要和关键词、资料来源（图表下方标注数据来源）、参考文献等。皮书出版要件规范是指以上要件不缺失、符合皮书体例规范。

（2）构建汽车行业发展指数，不断完善研究方法与数据

各汽车类皮书是汽车行业各领域的智库成果，其研创单位通过深入调研，提出了很多有价值、有针对性的建议。但汽车类皮书研创单位分属不同部门，研创人员专业背景、研创数据来源等差异较大，导致汽车类皮书质量参差不齐。从汽车类皮书的历年评价结果、获奖情况可以看出，2015～2019年，汽车类皮书的综合评价得分均低于当年度全部皮书综合评价得分，每年约15%的皮书获奖，获奖的汽车类皮书也并不多。对2015～2019年版汽车类皮书研究方法以及数据的时效性进行统计（如表9所示），可以看出，在实证性方面，汽车类皮书使用“社会调查”“评价评级”“模型预测”的研究方法比较多，实证性得分率也比较高。但从实证性得分率的最大值和最小值来

看，分数相差较大，多数相差 10 分左右。在数据的时效性方面，2015 ~ 2019 年，汽车类皮书的时效性得分率均在 80% 以下。从整体数据统计结果来看，汽车类皮书在实证性和时效性方面均有待提高，整体质量参差不齐。

表 9　汽车类皮书研究方法以及数据时效性统计（2015 ~ 2019 年）

年份	参评数量（种）	数据时效性（所用数据资料的年份是否最新）(7 分)			实证性(25 分)			研究方法使用情况(种)		
		得分率（%）	最大值（分）	最小值（分）	得分率（%）	最大值（分）	最小值（分）	社会调查	评价评级	模型预测
2015	7	78. 57	7	5	86. 23	25	15. 80	0	3	2
2016	11	73. 38	6	3	86. 55	25	13. 80	2	2	2
2017	11	74. 68	7	4	90. 36	25	18. 60	4	2	2
2018	14	79. 59	7	4	84. 00	25	14. 90	3	3	2
2019	15	70. 24	6. 25	4	73. 83	25	14. 60	—	—	—

注：1. 统计“社会调查”“评价评级”“模型预测”时，若某年度一种皮书同时采用两种或两种以上，均分别计入，若一种皮书多篇报告采用同一种方法，仅计 1 次。例如 2016 年，“中国汽车安全发展报告（2016）”含“社会调查”“评价评级”“模型预测”，各计 1 次。2. 2019 年版评价时，“社会调查”“评价评级”“模型预测”与实证性指标合并，由此 2019 年版研究方法使用情况未单独列出。

数据来源：皮书评价系统。

实证性和数据的时效性是汽车类皮书发挥智库报告作用的重要因素。各汽车类皮书课题组要通过汽车类皮书数据的持续性积累，为深入研究本行业问题提供有价值的数据资源。建议如下：第一，要强调汽车类皮书数据的原创性，注重数据的研发，条件具备的课题组可自主研发，也可多个课题组联合研发。第二，增强数据的时效性。汽车类皮书报告使用的数据资料应是最新的，所用数据资料的时间能够反映本研究领域的最新动态，具备时效性对智库报告的价值体现具有重要影响。第三，设置评价指标，构建行业发展指数。通过对研究对象进行大量调查获取客观数据，除采用社会调查、评价评级、模型预测等实证研究方法进行研究外，可依据评价指标构建行业发展指数，对年度性关注领域进一步评价，得出客观的结论或对策建议。

五 2015～2019年汽车类皮书关注热点与研究趋势分析

1. 2015～2019年汽车类皮书关注热点分析

本报告对2015～2019年汽车类皮书历年单篇报告关键词进行分析，梳理近5年研究热点的发展变化，并对其未来可能重点关注领域进行探讨。具体操作过程包括：使用COOC6.5软件进行关键词词频统计并生成共现矩阵，使用社会网络分析工具UCINET保存成专用文件，使用Net Draw导入生成共现矩阵的知识图谱。为更加准确分析核心词，在分析过程中对内容相似的关键词进行了合并，例如“混合动力”“混合动力汽车”合并为“混合动力汽车”，对一般性词语进行了删除，例如“问题”“对策建议”。

（1）2015年汽车类皮书关注热点分析

对2015年汽车类皮书单篇报告关键词进行词频和知识图谱分析，结果如图7所示。从图7可以看出，“中国”“汽车产业”“新能源汽车产业”“新能源客车”出现频率较高。“中国”出现的频率占所有词语的5.87%、“汽车产业”占5.36%、“新能源汽车产业”占3.83%、“新能源客车”占2.55%。就共现关系看，“中国”“汽车产业”“新能源汽车产业”“推广应用”四者表现出较强的共现关系，“汽车产业”与“管理体制”“管理”之间也表现出较强的共现关系。据此可知，汽车产业中的新能源汽车以及相应的推广应用、管理体制、管理是2015年汽车类皮书分析核心。

（2）2016年汽车类皮书关注热点分析

对2016年汽车类皮书单篇报告关键词进行词频和知识图谱分析，结果如图8所示。从图8可以看出，“中国”“智能化”“新能源汽车”“汽车产业”“商业模式”出现频率较高。“中国”出现频率占所有词语的4.80%、“智能化”占4.1%、“新能源汽车”占3.93%、“汽车产业”占1.31%、“商业模式”占1.09%。就共现关系看，“汽车产业”与“智能化”“智能

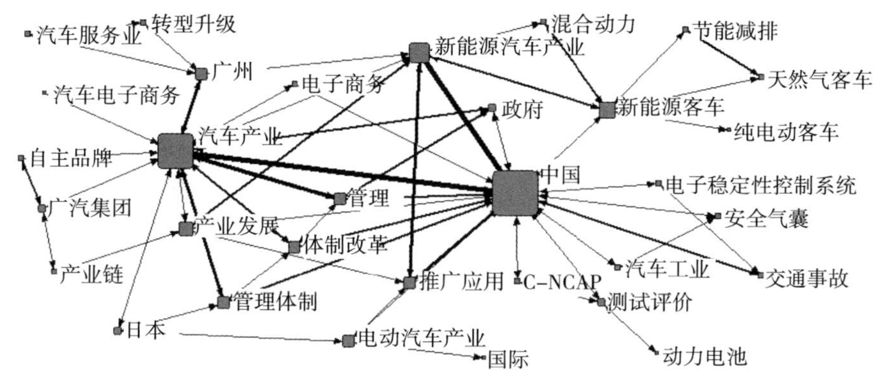

图7　2015 年汽车类皮书单篇报告关键词知识图谱

网联汽车”表现出较强的共现关系。据此可知，新能源汽车以及汽车产业的智能化、商业模式是2016 年汽车类皮书分析核心。

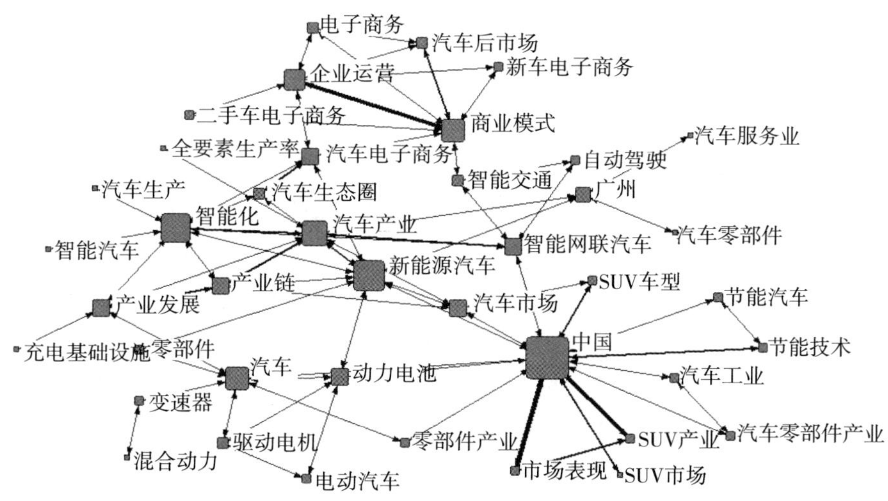

图8　2016 年汽车类皮书单篇报告关键词知识图谱

（3）2017 年汽车类皮书关注热点分析

对2017 年汽车类皮书单篇报告的关键词进行词频和知识图谱分析，结果如图9 所示。从图9 可以看出，“汽车产业”“新能源汽车”“中国”“动力电池”出现频率较高。“汽车产业”出现频率占所有词语的3. 87%、“新能源汽车”占3.17%、“中国”占2.46%、“动力电池”占1.58%。就共现关系看，“新能源汽车”与“动力电池”表现出较强的共现关系。据此可知，新能源汽车的数字化、动力电池是2017年汽车类皮书分析核心。

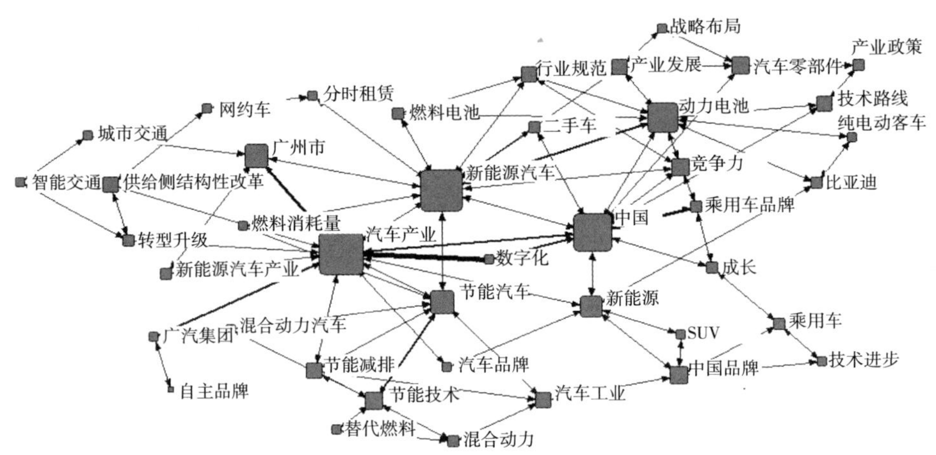

图9 2017年汽车类皮书单篇报告关键词知识图谱

（4）2018年汽车类皮书关注热点分析

对2018年汽车类皮书单篇报告关键词进行词频和知识图谱分析，结果如图10所示。从图10可以看出，“智能网联汽车”“新能源汽车”“中国”“燃料电池”“动力电池”“车用氢能”出现频率较高。“智能网联汽车”出现频率占所有词语的6.48%、“新能源汽车”占5.56%、“中国”占1.85%、“燃料电池”占1.85%、“动力电池”占1.34%、“车用氢能”占1.03%。就共现关系看，“新能源汽车”与“燃料电池”表现出较强的共现关系，“燃料电池”与“车用氢能”表现出较强的共现关系，“智能网联汽车”与“政策法规”、“测试示范区”表现出较强的共现关系。据此可知，新能源汽车的动力源以及智能网联汽车的政策法规、测试示范等是2018年汽车类皮书分析的重点。

（5）2019年汽车类皮书关注热点分析

对2019年汽车类皮书单篇报告关键词知识图谱进行分析，结果如图11

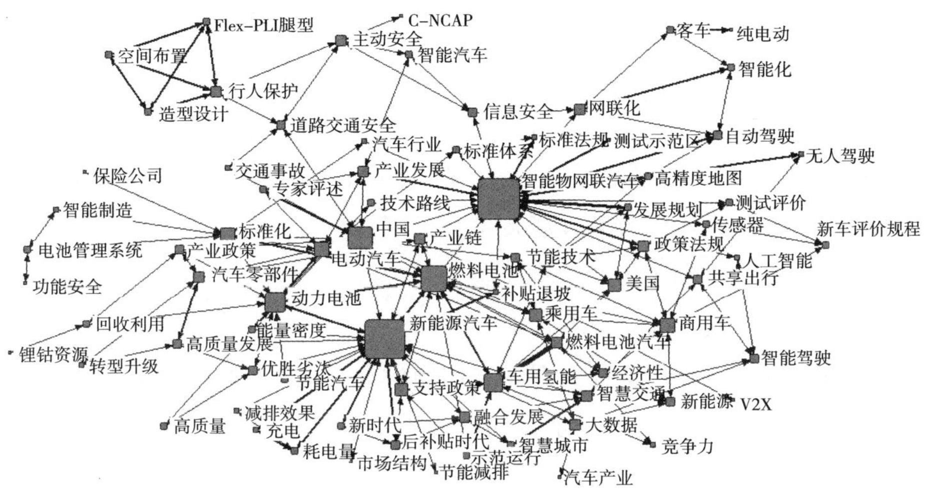

图 10　2018 年汽车类皮书单篇报告关键词知识图谱

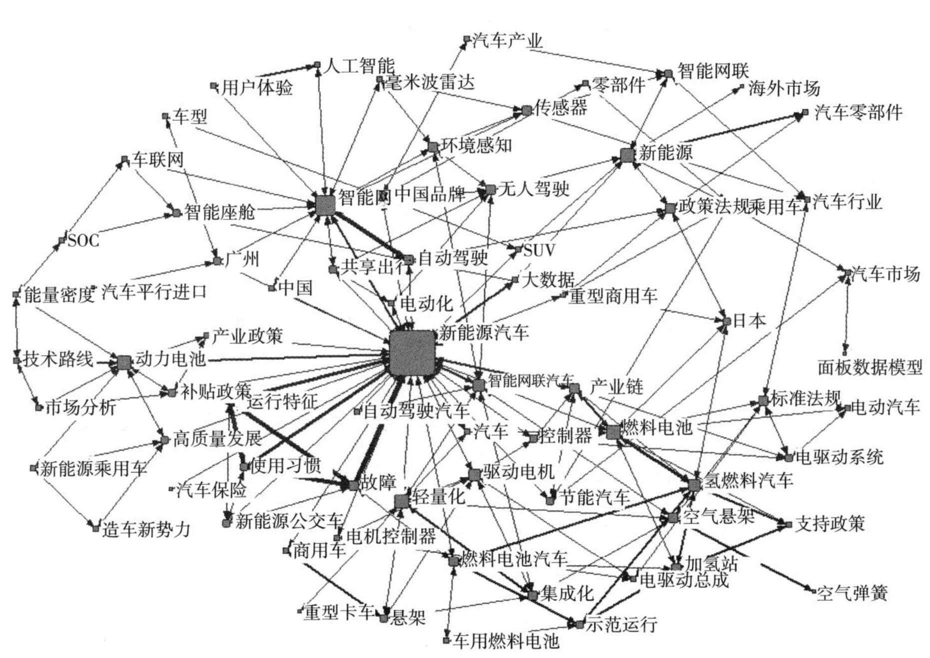

图 11　2018 年汽车类皮书单篇报告关键词知识图谱

所示。从图 11 可以看出，“新能源汽车”“智能网”“新能源”“轻量化”“氢燃料汽车”“自动驾驶”“动力电池”等出现频率较高。其中，“新能源汽车”出现频率占所有词语的7.34%、“智能网”占3.85%。就共现关系看，“智能网”与“自动驾驶”，“新能源汽车”与“动力电池”“轻量化”“智能网联汽车”表现出较强的共现关系，“氢燃料汽车”与“加氢站”“支持政策”表现出较强的共现关系。据此可知，新能源汽车的动力源及数字化和智能化等是2019年汽车类皮书分析核心。

2. 未来汽车类皮书的研究方向趋势

（1）新能源汽车的动力源研究

2015～2019年汽车类皮书高频词词频排名如表10所示。从表10可以看出，“新能源”一词在5年的词频统计中均进入前10位。我们以“新能源”一词为中心，围绕“新能源客车”“新能源汽车”以及“新能源汽车产业”进行了研究。从2015～2019年汽车类皮书高频词前10名的排名情况来看，2015～2016年，汽车类皮书重点关注的方向为新能源汽车的产业发展、推广应用、管理体制、市场表现、商业模式等。2017～2019年，汽车类皮书重点关注的方向一方面为对新能源汽车动力源的研究，主要包括节能技术、车用氢能、燃料电池、动力电池等；另一方面为汽车的数字化、智能化以及智能物联网。

“十三五”期间，国家提出全面提升中国新能源汽车的研发能力和产业化水平，相继出台了关于新能源汽车准入、汽车动力电池产业发展、补贴、推荐车型、生产资质等政策，并从财政补贴、税收优惠、汽车使用等方面对新能源汽车给予了支持。为加快培育和发展新能源汽车产业，应对能源环境问题，提升汽车制造业整体竞争力和可持续发展能力，2019年3月，财政部等四部委发布了《关于进一步完善新能源汽车推广应用财政补贴政策的通知》。各种利好政策和外部环境以及国家对新能源汽车的新定位和新要求，为中国品牌发展新能源汽车提供了有力的环境优势。未来“十四五”期间，随着能源与环境问题日益突出，节能减排、降低能源依赖将成为国际汽车工业和环保工业的发展趋势，新能源汽车的产品性能、动力源、整车服务等领域将成为各企业的争夺点。

表 10　2015～2019 年汽车类皮书高频词词频排名

排名	1	2	3	4	5	6	7	8	9	10
2015 年	中国	汽车产业	新能源汽车产业	新能源客车	电动汽车产业	管理体制	推广应用	产业发展	纯电动客车	自主品牌
2016 年	中国	新能源汽车	汽车产业	商业模式	智能化	市场表现	产业发展	汽车电子商务	SUV 产业	零部件产业
2017 年	汽车产业	新能源汽车	中国	数字化	动力电池	节能汽车	节能技术	汽车零部件	新能源客车	乘用车品牌
2018 年	智能物联网汽车	新能源汽车	车用氢能	中国	燃料电池汽车	动力电池	燃料电池	智能汽车	电动汽车	商用车
2019 年	新能源汽车	智能物联网汽车	自动驾驶	氢燃料汽车	动力电池	故障	燃料电池	商用车	乘用车	加氢站

（2）汽车的数字化、智能化研究

云计算、大数据、人工智能等现代信息技术正深刻改变着人类思维，汽车行业也正处在一个从量变到质变的关键节点，全新造车理念和全新生态模式正在形成。从 2017～2019 年汽车类皮书重点关注的方向可以看出，未来汽车行业的关注热点会集中在汽车数字化与智能化方向。智能化、信息网、自动化将改变人类生活生产的未来，同样也会渗透到汽车行业的发展中，为汽车行业带来变革。

六　汽车类皮书的行业价值分析

1. 汽车行业发展轨迹的记录仪

由汽车行业内知名企业，行业协会、学会或商会，汽车企业智库，连同高等院校、科研院所等组成的权威研创团队所研创的汽车类皮书，多年来以年度为时间单元，通过采集本行业发展的基本数据，积累了丰富的、权威的行业数据和资料资源，形成了宝贵的汽车行业发展基础资料库。通过多年的

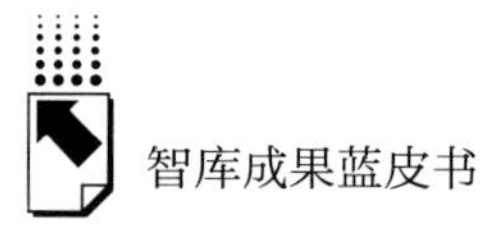

研创积累以及对行业发展趋势的科学分析和预测，汽车类皮书以原创性内容以及数据的持续性积累作为基础资料库，能够为行业发展提供有价值的基础数据和历史资料，成为汽车行业发展轨迹的记录仪，为人们了解汽车行业的历史以及分析汽车行业的未来发展趋势提供资料和指导，让同行与政府更全面、更深入地了解和认识汽车行业的现状和问题，作为连续性出版物的价值将越来越高。

2. 推动汽车行业发展的智力源

行业类皮书不同于其他类成果，是以年度为时间单元，运用实证研究的分析方法，采集行业发展的基本数据，对行业的发展状况、运行的特征以及趋势进行分析、预测或评价的一种公开出版物。在已有资料的基础上，行业类皮书运用科学、实证的方法进行梳理和筛选，并通过调查研究得到第一手资料作为分析的基础，提供给受众群体一种具有原创性的真实信息。其由一系列权威研究报告组成，具备原创性、实证性、专业性、连续性、前沿性、时效性等特点，通过关注国民经济发展中的国家重点行业、新兴行业和前沿问题，为本行业的发展以及政府决策提供重要的参考资料。汽车类皮书作为汽车行业发展的重要智库成果，成为本行业发展的“晴雨表”和“风向标”，具有独特的专业优势和市场价值。因此，汽车类皮书所获得的数据以及提出的对策建议可以为政府决策提供智力支持和资讯参考，也为企业决策提供指南，有利于企业准确把握市场脉搏，最大限度降低决策风险，是推动汽车行业发展的智力源。

3. 优秀案例——新能源汽车蓝皮书的行业价值呈现

“新能源汽车蓝皮书”充分发挥了汽车行业发展的智力源和记录仪的作用。“新能源汽车蓝皮书”对产业情况持续多年追踪，根据产业发展情况、政策实施情况，在研究报告中提出产业发展建议、政策建议及由此延伸出的政策研究成果被相关主管部门采纳，最终在政策中应用。部分政策应用成果如表 11 所示。

表 11 “新能源汽车蓝皮书”政策应用成果

新能源汽车产业系列年度报告		国家相关政策内容	
题目	内容	文件名	内容
B10《国家新能源汽车政策动态及展望》(2015 年)	p. 189：建议尽快出台全国统一的基础设施建设规划，明确各地充换电基础设施建设主体。	《关于“十三五”新能源汽车充电基础设施奖励政策及加强新能源汽车推广应用的通知》	(1)“六、监督管理(二)各省(区、市)要加大充电基础设施支持力度，结合本地区新能源汽车产业发展情况研究制定具体支持措施”
B11《国家新能源汽车政策动态及展望》(2016 年)	p. 197：调整优化补贴政策。调整部分车型补贴标准，与车辆成本和使用情况挂钩。	《关于调整新能源汽车推广应用财政补贴政策的通知》	(1)“一(一)提高推荐车型目录门槛并动态调整” (2)“一(二)调整新能源汽车补贴标准”
B13《国家新能源汽车政策动态及未来展望》(2017 年)	p. 238：2018 年仍有较大的可能性对新能源汽车实施优惠政策。	《关于免征新能源汽车车辆购置税的公告》	“一、自 2018 年 1 月 1 日至 2020 年 12 月 31 日，对购置的新能源汽车免征车辆购置税”
B13《国家新能源汽车政策动态及未来展望》(2017 年)	p. 238：继续完善补贴政策……继续研究提高门槛）……3 万公里等过严的政策也将调整完善	《关于调整完善新能源汽车推广应用财政补贴政策的通知》	(1)“一(一)提高技术门槛要求” (2)“一(二)完善新能源汽车补贴标准” (3)“一(三)其他类型新能源汽车申请财政补贴的运营里程要求调整为 2 万公里”

数据来源：由“新能源汽车”课题组提供。

“新能源汽车蓝皮书”也得到了相关主管部门、行业机构及企业的高度评价。国家发展和改革委员会培训中心将“新能源汽车蓝皮书”作为行业培训的材料，其成为汽车产业新政策与企业发展战略研讨班的指定培训材料，并取得了良好的培训效果。北京市新能源汽车发展促进中心、上海市新能源汽车公共数据采集与监测研究中心等将“新能源汽车蓝皮书”作为其研究全国和当地新能源汽车产业、市场、政策等重要的研究工具书。中国电动汽车百人会、赛迪等将“新能源汽车蓝皮书”作为主办会议的指定会议资料，供参会嘉宾学习参考并得到一致好评。上汽、比亚迪、日产中国、宇通、瑞驰、宁德时代、上海电驱动、星星充电等乘用车、电池、电机和充电桩等全产业链企业均将“新能源汽车蓝皮书”作为企业发展战略、技术规划等重要资料。在“2016 国际节能与新能源汽车发展高层峰会”以及 2017 年在德国伍珀塔尔市举办的“首届中德汽车论坛”上，相关政府部门引用了近年出版的“新能源汽车蓝皮书”的相关数据。

七　汽车类皮书专业化发展的建议

1. 按照细分产业方向确定皮书的核心内容与定位

自 2006 年第 1 种汽车类皮书《2005 年：中国广州汽车发展报告》出版以来，除去淘汰的两种，目前在版的汽车类皮书共计 20 种。汽车产业是一个大的领域，涉及的研究范围也很宽泛。《国民经济行业分类（GB/T 4754 - 2017)》（2019 年 3 月 29 日起按照第 1 号修改单执行）对行业的分类包括“门类”“大类”“中类”“小类”。按照汽车类皮书涉及行业进行统计，有的汽车类皮书可以划分到同一大类，例如“汽车蓝皮书 - 汽车产业”“汽车工业蓝皮书 - 汽车工业”，可划分到 C - 36 汽车制造业（C 为制造业）；有的可细化划到同一大类下属的小类，例如“汽车工业蓝皮书 - 汽车零部件”，可划分到 C - 36 - 367 - 3670 汽车零部件及配件制造。有的汽车类皮书涉及两个大类，例如“汽车与保险蓝皮书”“新能源汽车大数据蓝皮书”“汽车知识产权蓝皮书”。从《国民经济行业分类》对“汽车制造业”的细化分类来看，部分重点细分行业还未进入皮书系列。

从在版的汽车类皮书来看，目前现有汽车类皮书名称和研究内容之间存在交叉的问题，这也是汽车类皮书要重点关注的问题。自 2019 年起，社会科学文献出版社将汽车类蓝皮书丛书名统一规范为“汽车蓝皮书”，书脊标识统一规范为“汽车蓝皮书·（分类主题)”，是对汽车类皮书研究内容精准定位进行的初步探索。对于研创单位，一方面，要对现有每种皮书按照细分行业和代表性研究方向来确定皮书的核心内容和定位，专注于本领域的核心内容并展开研究。在主题设置方面，关于汽车类皮书的撰写要有一个准确的定位，即确定研究领域，突出主题，避免成为汽车行业工作报告或资料汇编，也避免和其他皮书主题重复。在专题报告、主题报告的撰写方面，避免报告内容的交叉重复，提升研究框架的协同性、加强行业的关联性。另一方面，也可对《国民经济行业分类》中未进入皮书系列的研究领域进行探索和拓展。

2. 通过数据资源共享、成果有效整合形成协同效应

皮书数据库作为连续性出版物的数据平台，其所发挥的价值越来越大，已成为研究当代中国行业发展最重要的基础数据库之一。皮书数据库的内容涵盖范围较广，汽车类皮书的数据采集过程相对复杂，尤其是行业大数据和一手原始数据使用率较低，各研创团队可利用社会科学文献出版社强大的数据库建设能力，联合建立汽车行业专题数据库，还可以通过合作把现有的数据资源整合到数据库中，提升汽车行业数据的使用效率。未来可以形成交易行为或交易共享机制。通过数据的有效使用，对汽车行业发展趋势进行科学的解析和预测，将为行业发展提供有价值的基础数据和历史资料，也为学术研究了解行业的发展提供数据支撑，为政府决策提供指导。随着计算机技术及互联网的发展，大数据挖掘与分析已经逐步成为社会科学研究的一种新的方法和手段。未来汽车类皮书的研创可不断探索大数据分析的新方法，应用到本领域的研究实践中，成为汽车类皮书专题数据库重要的组成部分。

同时，汽车类皮书的研发、创作是一个集体智慧的结晶，一部优秀的汽车类皮书往往集结了该行业完整的、权威的学术网络。在社会科学文献出版社这个大的皮书出版和传播知识服务平台的支撑下，可通过皮书搭建汽车行业学术共同体之间的互动交流平台，推动研究成果的有效整合。例如，可构建汽车类皮书的研究网络与建立科学的智库报告投约稿机制，利用出版社正在建立的皮书投约稿平台实现汽车类皮书单篇报告的在线投约稿，促进不同研创团队、学术同行研究成果的有效整合与高效传播；也可联合汽车类皮书共同召开发布会，出版社牵头成立汽车蓝皮书主编工作委员会，对每本皮书加强统一管理，每年召开 1 ~2 次交流会，分享皮书研创经验。

3. 关注产业发展前沿和热点、不断扩大社会与国际影响力

汽车类皮书的研创主题要对汽车产业发展的前沿和热点问题进行关注，集聚汽车产业发展的大量信息，不断扩大社会影响力和国际影响力。在扩大社会影响力方面，汽车类皮书要形成一套连续性的、形成时间节点的发布机制，固定出版、发布时间。可根据汽车行业特点选择与汽车行业大会、汽车行业展会以及知名车展联合发布，或在相关展会设立汽车类蓝皮书销售展位进行发布。媒体通过皮书这一内容载体从发布会中获取大量的新闻素材和内容，再传播出去，为汽车行业的发展以及政府决策提供重要的参考资料。目前，汽车类皮书的发布、宣传、推广尚有较大的提升空间。在扩大国际影响力方面，汽车类皮书是国际社会了解中国汽车行业的重要窗口。汽车类皮书可采用多语种出版的方式走出去，参与世界的展会去亮相发布，扩大中国汽车行业的国际影响力。

参考文献

谢曙光主编《皮书手册——写作、编辑出版与评价指南》（第三版），社会科学文献出版社，2018。

谢曙光：《提升行业皮书研创出版质量、助推行业高质量发展》，载谢曙光主编《新时代的皮书：未来与趋势》，社会科学文献出版社，2019。

谢曙光主编《智库成果蓝皮书：中国皮书发展报告（2019）》，社会科学文献出版社，2019。

B.6

体育类皮书发展报告（2020）

范松梅　白宇飞*

摘　要： 体育类皮书是对体育发展状况和热点问题进行分析、评估及展望的年度性智库报告。报告基于2010～2019年社会科学文献出版社体育类皮书的全样本数据，分析了体育类皮书的发展情况和出版特征。研究发现：体育类皮书的发展历程分为初步探索期（2010～2013年）、成长培育期（2014～2018年）及管理创新期（2019年至今）三个阶段；体育类皮书共有7个系列，包含了16个品种，累计出版了35部皮书593篇报告7563.26千字；2019年参与研创体育类皮书的研创机构共有38家，以体育院校为主；自2010年起，持续出版至2019年版的皮书数量占总数的比重为31.25%，只有1个品种连续且按期出版。长期来看，体育类皮书数量扩张的空间较大。体育类皮书研创要在实现数量扩张的同时保证质量提升，稳定研创团队的同时提升跨学科属性，并解决体育数据采集难题以确保权威性，从而真正成为社会各界迅速全面了解体育发展的权威窗口。

关键词： 皮书　体育产业　公共体育服务

---

* 范松梅，北京体育大学体育商学院讲师，研究方向为体育经济；白宇飞，北京体育大学体育商学院教授，研究方向为体育经济。感谢北京体育大学体育商学院硕士研究生董春玉为本报告数据采集等工作提供的帮助。

体育类皮书属于行业类皮书，是体育发展的“晴雨表”和“风向标”，在社会上有广泛的需求，是社会各界了解体育发展的一个重要载体。体育类皮书是对体育发展状况和热点问题进行分析、评估及展望的年度性智库报告，是新时代中国体育哲学社会科学发展过程中不可或缺的智力支持资源。本报告对自 2010 年出版第一部体育类皮书以来的 35 部体育类皮书 593 篇报告进行梳理和数据分析，查找问题，发现规律，促进体育类皮书质量的提升，推动体育类皮书成为社会各界迅速全面了解体育发展的权威窗口。

一　体育类皮书出版起源

2008 年金融危机对世界范围内的多数产业造成了重创，体育产业虽然也受到了冲击，但整体上发展比较稳定，某些细分行业甚至出现了逆势上扬的局面。当时国内有人提到体育产业是危机之中的信心经济，尽管各界对此说法评价不一，但体育产业正以一种前所未有的态势影响着中国人的生活。与此同时，2008 年北京奥运会圆满闭幕以后，中国体育将走向何处？作为与“全民健身”和“奥运争光”并列为中国体育三大任务之一的中国体育产业又会呈现怎样的发展趋向？这些都成为人们关注的焦点。

在此背景下，2010 年初，中国第一部体育类皮书《中国体育产业发展报告（2008 ~2010）》公开出版。该书是一次史无前例的体育产业市场调查，立足于中国体育产业基础理论，盘点产业现状，客观展现经济危机下体育产业发挥的信心效应，以体育产业实践者的角度，积极预测中国体育产业发展趋势，奠定了《中国体育产业发展报告》的研创基础。此后，《中国体育产业发展报告》持续出版至 2019 年版，成为体育类皮书出版数量最多的一个品种。

二　体育类皮书发展历程

（一）第一个阶段（2010 ~2013年）：初步探索期

这个阶段，虽然全国仅有 1 种体育类皮书——体育蓝皮书，下有 2 个品种——《中国体育产业发展报告》和《中国公共体育服务发展报告》，总计出版了3部，但是此后“体育蓝皮书”是出版时间最久、品种数量最多的皮书。研创机构主要是上海体育学院、北京体育大学、天津体育学院、北京师范大学等高校，研创机构的总体数量在10家以内。

这一阶段出版的《中国体育产业发展报告（2008～2010）》和《中国公共体育服务发展报告（2013）》分别是国内首次全面反映中国体育产业现状和中国公共体育服务发展现状的年度学术报告。前者敏锐洞察时代热点，积极预测中国体育产业发展趋势，为中国体育产业开启了腾飞之门；后者深刻揭示了中国公共体育服务体系建设内在规律，系统梳理和借鉴了西方发达国家公共体育服务理论与实践。两者都获得了较高的社会关注度，为体育类皮书的研创创造了良好的开端。

（二）第二个阶段（2014～2018年）：成长培育期

这一阶段，体育类皮书由1种增加至7种，研创品种由2个增加至16个，总计出版了27部皮书，其中“体育蓝皮书”的品种由2个增加至5个，占品种总数的比例为31.25%。除了多所高校的科研团队参与体育类皮书研创以外，企业和企业智库、体育总局系统及行业协会等机构也加入了研创团队。

这一阶段仅出现了一个连续且按期出版的品种——《中国滑雪产业发展报告》，其自2016年首创以来，每年按期出版一部年度报告，作为年度性公开出版物，每年连续且按期出版体现了出版的规范性。该品种是2015年北京冬奥会成功申办以后，由北京卡宾冰雪产业研究院牵头研创的。该品种的第一部皮书《中国滑雪产业发展报告（2016）》是国内首部有关中国滑雪产业的蓝皮书，重点描述了国内滑雪产业的发展历程、发展现状以及未来发展态势。以后每年的皮书研创保持相似的基本架构，以专业的视角、独到的分析与翔实的数据为依托，产出有一定参考价值的实质内容，为行业决策提供了参考。

（三）第三个阶段（2019年至今）：管理创新期

2019 年，北京体育大学开始围绕体育强国、健康中国战略制定系统化皮书出版方案并规模化组建皮书研创团队，同时作为牵头单位组织相关体育院校和已出版皮书的研创机构召开“皮书研创与体育类皮书整体规划设计”论坛，着手构建体育类皮书学术共同体。

2019 年，虽然体育类皮书没有新增的品种，总计出版了 5 部皮书，但是除了 1 部是滞后出版以外，其余 4 部都是按期出版的，说明这一阶段体育类皮书出版的规范性有所增强。同时，2019 年体育类皮书的出版数量并未达历史峰值，研创机构的数量却达到了峰值，说明体育类皮书研创受到的关注度日益提高。

2019 年，体育类皮书步入管理创新期，在出版规范性增强的基础上，皮书研创正在由众多研创机构“散兵作战”转向由主要研创机构牵头，各机构广泛关注并共商共议如何研创更多品种、如何更好地发挥体育类皮书的咨政功能等问题。

三　体育类皮书出版统计分析（2010 ~2019年）

（一）出版数量分析

1. 出版品种数量分析

由社会科学文献出版社出版的 2010 ~ 2019 年版体育类皮书共计 7 个系列，包含了 16 个品种。2010 年第一部体育类皮书出版后，连续两年没有新的体育类皮书问世，直到 2013 年又有新的皮书出版，品种增加了 1 种。2014 ~ 2017 年，品种数量和出版数量都稳步增加，其中，2017 年的品种数量和出版数量均达到了峰值，分别为 6 种和 10 种。2018 ~ 2019 年，品种数量和出版数量有所回落，但仍然高于历史平均水平（见表 1）。总的来看，体育类皮书的种类不够丰富，未来品种扩张的空间较大。

表1　2010～2019年版体育类皮书品种数量和出版数量统计

单位：种

年份	品种数量	出版数量
2010	1	1
2011	0	0
2012	0	0
2013	1	2
2014	2	2
2015	4	6
2016	4	5
2017	6	10
2018	4	4
2019	3	5

数据来源：皮书数据库。

“体育蓝皮书”丛书自2010年首次出版以来，是截至2019年出版数量最多的皮书，累计出版了13部。其次，“群众体育蓝皮书”和“冰雪蓝皮书”都出版了3个品种，分别累计出版了7部和6部皮书。2014～2017年，每年都有新的系列问世，2013～2018年，每年都有新的品种问世，但2019年新增系列和品种都出现了断层（见表2）。

表2　2010～2019年版体育类皮书品种数量和出版数量分布

丛书名/项目	书名	首创年份	出版数量（部）
体育蓝皮书	中国体育产业发展报告	2010	6
	中国公共体育服务发展报告	2013	1
	长三角地区体育产业发展报告	2015	2
	上海体育产业发展报告	2015	2
	国家体育产业基地发展报告	2017	2
品种数（种）	5		
群众体育蓝皮书	中国群众体育发展报告	2014	5
	中国社会体育指导员发展报告	2016	1
	中国体育社会组织发展报告	2016	1
品种数（种）	3		

续表

丛书名/项目	书名	首创年份	出版数量(部)
青少年体育蓝皮书	中国青少年体育发展报告	2015	3
品种数(种)	1		
北京体育蓝皮书	北京体育产业发展报告	2015	3
	北京群众体育发展报告	2018	1
品种数(种)	2		
休闲体育蓝皮书	中国休闲体育发展报告	2016	1
品种数(种)	1		
冰雪蓝皮书	中国滑雪产业发展报告	2016	4
	中国冰上运动产业发展报告	2017	1
	中国冬季奥运会发展报告	2017	1
品种数(种)	3		
瑜伽蓝皮书	中国瑜伽业发展报告	2017	1
品种数(种)	1		
品种数合计(种)	16		

数据来源：皮书数据库。

2. 出版数量分析

2010～2019 年版体育类皮书共计 35 部，2014 年之前每年最多出版 2 部，2015 年同比增速达到峰值，此后每年基本出版 5 部左右，2017 年出版的皮书数量达到峰值，为 10 部，但 2018 年大幅回落，同比增速为 -60.00%，2019 年小幅回升。与品种数量扩张空间一致，每年皮书出版数量增长空间较大（见表 3）。

表 3　2010～2019 年版体育类皮书出版数量统计

单位：部，%

年份	出版数量	同比增速	累计出版数量
2010	1	—	1
2011	0	-100.00	1
2012	0	—	1
2013	2	—	3
2014	2	0.00	5

续表

年份	出版数量	同比增速	累计出版数量
2015	6	200.00	11
2016	5	-16.67	16
2017	10	100.00	26
2018	4	-60.00	30
2019	5	25.00	35

数据来源：皮书研究院。

3. 皮书报告出版数量分析

2010～2019年版体育类皮书出版报告共计593篇，平均年出版量为74篇，平均每部皮书包含17篇报告。2015年、2017年与2019年，皮书报告出版数量增长较快，相较上一年度报告出版数量分别增加了63篇、140篇与33篇；2016年和2018年，皮书报告出版数量下降较快，相较上一年度出版数量分别减少了34篇和135篇（见表4）。

表4　2010～2019年版体育类皮书报告出版数量统计

单位：篇，%

序号	年份	出版数量	同比增速	累计出版数量
1	2010	13	—	13
2	2013	32	146.15	45
3	2014	31	-3.13	76
4	2015	94	203.23	170
5	2016	60	-36.17	230
6	2017	200	233.33	430
7	2018	65	-67.50	495
8	2019	98	50.77	593

数据来源：皮书数据库。

4. 皮书出版字数分析

2010～2019年，体育类皮书总字数为7563.26千字。2010年出版字数为476.42千字；2017年出版字数达到峰值，为1993.85千字；2019年出版字数为 1067. 20 千字。出版字数峰值年份较出版起始年份字数增长 3. 2 倍（见表 5）。

表 5　2010 ~ 2019 年版体育类皮书出版字数统计

单位：千字，%

年份	出版字数	同比增速	累计出版字数
2010	476. 42	—	476. 42
2013	468. 44	-1. 68	944. 86
2014	501. 63	7. 09	1446. 49
2015	1224. 81	144. 17	2671. 30
2016	1030. 78	-15. 84	3702. 08
2017	1993. 85	93. 43	5695. 93
2018	800. 13	-59. 87	6496. 06
2019	1067. 20	33. 38	7563. 26

数据来源：皮书研究院。

2010 ~ 2019 年，平均每部体育类皮书的出版字数为 216. 09 千字，与经济类和社会政法类平均每部皮书出版字数超 350. 00 千字相比，体育类皮书的字数偏少。从每部皮书的出版字数上看，出版字数最多的为 476. 42 千字，最少的为 97. 82 千字，前者是后者的 4. 87 倍，说明体育类皮书出版字数的差异较大。同时，出版字数低于 200. 00 千字的皮书都出版于 2015 年以后（见表 6）。

表 6　体育类皮书出版字数排名

单位：千字

排名	书名	出版字数	出版年份
1	中国体育产业发展报告(2008 ~ 2010)	476. 42	2010
2	中国瑜伽业发展报告(2016 ~ 2017)	293. 54	2017
3	中国群众体育发展报告(2016)	285. 17	2017
4	中国体育社会组织发展报告(2016)	277. 46	2016
5	中国体育产业发展报告(2014)	268. 47	2014
6	中国体育产业发展报告(2013)	263. 07	2013
7	北京体育产业发展报告(2014 ~ 2015)	262. 40	2015
8	中国群众体育发展报告(2019)	247. 29	2019

续表

排名	书名	出版字数	出版年份
9	国家体育产业基地发展报告(2015～2016)	244.77	2017
10	中国群众体育发展报告(2015)	241.73	2015
11	中国群众体育发展报告(2014)	233.16	2014
12	北京群众体育发展报告(2016～2017)	228.04	2018
13	中国体育产业发展报告(2019)	226.18	2019
14	国家体育产业基地发展报告(2017～2018)	217.88	2019
15	北京体育产业发展报告(2015～2016)	217.09	2016
16	中国休闲体育发展报告(2015～2016)	213.44	2016
17	中国青少年体育发展报告(2016)	209.96	2017
18	中国公共体育服务发展报告(2013)	205.37	2013
19	中国群众体育发展报告(2018)	203.33	2018
20	中国滑雪产业发展报告(2019)	203.25	2019
21	中国青少年体育发展报告(2015)	198.60	2015
22	中国青少年体育发展报告(2017)	192.87	2018
23	长三角地区体育产业发展报告(2014～2015)	185.15	2015
24	北京体育产业发展报告(2016～2017)	183.90	2017
25	上海体育产业发展报告(2014～2015)	179.92	2015
26	中国冬季奥运会发展报告(2017)	178.85	2017
27	中国冰上运动产业发展报告(2017)	178.78	2017
28	中国滑雪产业发展报告(2018)	175.90	2018
29	上海体育产业发展报告(2017～2018)	172.60	2019
30	中国滑雪产业发展报告(2016)	169.99	2016
31	长三角地区体育产业发展报告(2016～2017)	164.45	2017
32	中国体育产业发展报告(2015)	157.01	2015
33	中国滑雪产业发展报告(2017)	156.61	2017
34	中国社会体育指导员发展报告(1994～2014)	152.80	2016
35	中国体育产业发展报告(2016～2017)	97.82	2017

数据来源：皮书数据库。

（二）研创机构分析①

1. 研创机构数量分析

2010～2019 年，参与体育类皮书的研创机构共有 151 家，2014 年以前参与体育类皮书的研创机构不足 10 家，2015 年伴随皮书出版数量同比增长了 200%，参与皮书的研创机构数量同比增长了 360%，此后研创机构数量一直保持在两位数。虽然 2019 年体育类皮书的出版数量不是最多的，但研创机构的数量达到了峰值（见图 1），说明越来越多的研创机构合作完成了体育类皮书的研创。总体来看，体育类皮书研创机构的数量呈现增长态势。

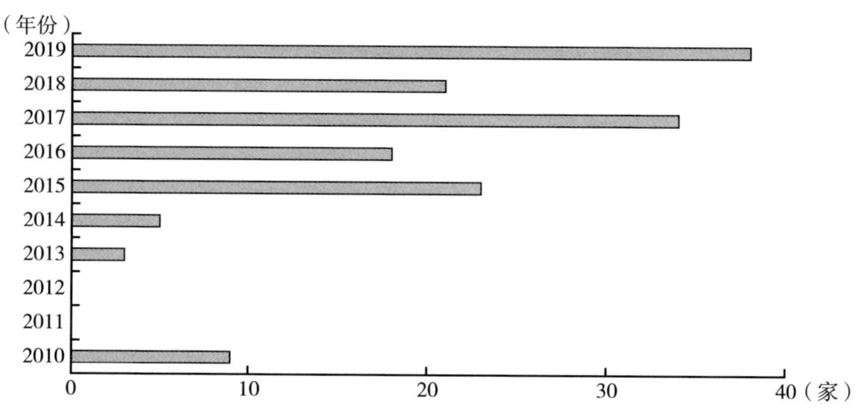

图 1　2010～2019 年版体育类皮书研创机构数量统计

数据来源：皮书数据库。

2010～2019 年，对每本皮书的研创机构数量进行统计，结果显示，《中国青少年体育发展报告（2017）》排名第一，研创机构共计 17 家；《中国休闲体育发展报告（2015～2016）》排名第二，研创机构共计 14 家；《中国体育产业发展报告（2019）》排名第三，研创机构共计 12 家。《中国群众体育发展报告

---

① 本报告只统计注明单篇报告作者所属机构的体育类皮书的研创机构，没有注明单篇报告作者所属机构的体育类皮书不纳入统计范围，纳入统计范围的体育类皮书共计 25 部。

（2018）》《上海体育产业发展报告（2014～2015）》和《北京群众体育发展报告（2016～2017）》的研创机构最少，各只有2家研创机构（见表7）。

表7　体育类皮书研创机构数量排名

单位：家

序号	排名	书名	研创机构数量
1	1	中国青少年体育发展报告(2017)	17
2	2	中国休闲体育发展报告(2015～2016)	14
3	3	中国体育产业发展报告(2019)	12
4	4	北京体育产业发展报告(2015～2016)	10
5	4	中国滑雪产业发展报告(2019)	10
6	6	中国体育产业发展报告(2008～2010)	9
7	7	北京体育产业发展报告(2014～2015)	7
8	7	北京体育产业发展报告(2016～2017)	7
9	7	国家体育产业基地发展报告(2017～2018)	7
10	10	长三角地区体育产业发展报告(2016～2017)	6
11	10	上海体育产业发展报告(2017～2018)	6
12	10	中国冰上运动产业发展报告(2017)	6
13	13	中国群众体育发展报告(2014)	5
14	13	中国群众体育发展报告(2015)	5
15	13	中国青少年体育发展报告(2015)	5
16	13	中国青少年体育发展报告(2016)	5
17	13	中国滑雪产业发展报告(2017)	5
18	13	中国冬季奥运会发展报告(2017)	5
19	19	长三角地区体育产业发展报告(2014～2015)	4
20	19	中国体育社会组织发展报告(2016)	4
21	21	中国公共体育服务发展报告(2013)	3
22	21	中国群众体育发展报告(2019)	3
23	23	中国群众体育发展报告(2018)	2
24	23	上海体育产业发展报告(2014～2015)	2
25	23	北京群众体育发展报告(2016～2017)	2

数据来源：皮书数据库。

2. 研创机构类型分析

2010～2019年，体育类皮书研创机构的分布情况如图2所示。体育类皮书的研创机构以高校和高校智库为主，66.67%的体育类皮书由高校科研团队参与撰写。其次是企业和企业智库、党政部门及其智库、行业智库。还有少部分体育类皮书由媒体和媒体智库、中国社会科学院智库、社会智库参与研创。

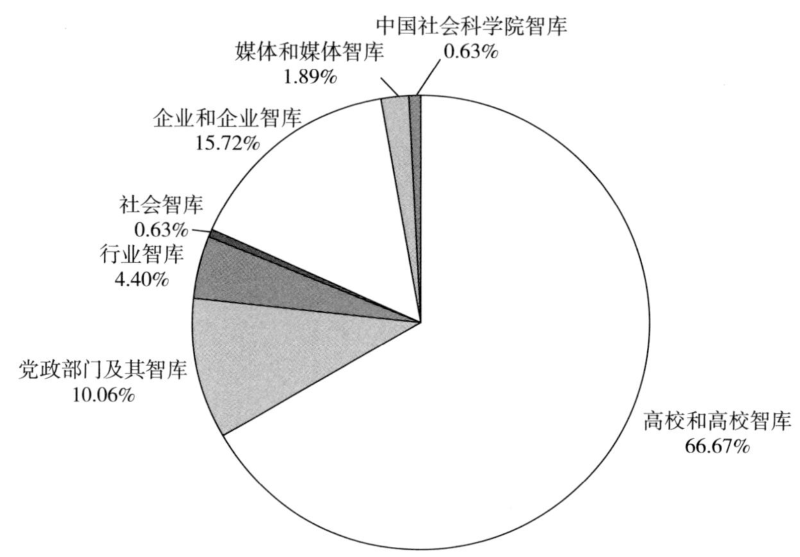

图 2　体育类皮书研创机构类型分布

数据来源：皮书数据库。

2010～2019 年，参与研创体育类皮书的高校共有 46 所，上海体育学院、首都体育学院、北京体育大学位列前三强；排名前十的高校中，66.67%为体育院校；北京师范大学、北京科技大学、北京大学和河北大学作为非体育院校表现抢眼，前两者分别排名第四和并列第六，后两者排名并列第八；沈阳体育学院、河北体育学院、华中师范大学、中央财经大学等也均参与了体育类皮书研创（见表 8）。

表 8　高校研创体育类皮书的数量排名

单位：部

序号	排名	高校名称	出版数量
1	1	上海体育学院	11
2	2	首都体育学院	8

续表

序号	排名	高校名称	出版数量
3	2	北京体育大学	8
4	4	北京师范大学	7
5	5	吉林体育学院	6
6	6	天津体育学院	4
7	6	北京科技大学	4
8	8	广州体育学院	3
9	8	武汉体育学院	3
10	8	南京体育学院	3
11	8	北京大学	3
12	8	河北大学	3
13	8	中央财经大学	3
14	14	沈阳体育学院	2
15	14	河北体育学院	2
16	14	华中师范大学	2
17	14	澳大利亚维多利亚大学	2
18	14	安徽财经大学	2
19	14	南京师范大学	2
20	14	山东大学	2
21	21	西安体育学院	1
22	21	成都体育学院	1
23	21	北京体育职业学院	1
24	21	内蒙古体育职业学院	1
25	21	清华大学	1
26	21	中国人民大学	1
27	21	江西财经大学	1
28	21	浙江大学	1
29	21	上海电力学院	1
30	21	济南大学	1
31	21	澳门科技大学	1
32	21	安徽财经大学	1
33	21	陕西师范大学	1
34	21	曲靖师范学院	1
35	21	中国地质大学(武汉)	1
36	21	广西师范大学	1

续表

序号	排名	高校名称	出版数量
37	21	浙江财经大学	1
38	21	集美大学	1
39	21	河南大学	1
40	21	郑州大学体育学院	1
41	21	上海工程技术大学	1
42	21	盐城师范学院	1
43	21	西南财经大学	1
44	21	广东海洋大学	1
45	21	四川旅游学院	1
46	21	湖北大学	1

数据来源：皮书数据库。

3. 作者数量分析

2010～2019年，体育类皮书每篇报告作者的数量为0.4～2.8人，平均来看，每篇报告最多由2.8人合作完成，最少由0.4人完成（一部皮书中每一位作者需要完成2篇以上的报告）。68%的体育类皮书由多位作者合作完成报告的研创，20%的体育类皮书由一位作者完成2篇以上的报告（见表9）。

表9　体育类皮书每篇报告的作者数量排名

单位：人

序号	排名	书名	每篇报告作者数量
1	1	北京体育产业发展报告(2014～2015)	2.8
2	2	北京体育产业发展报告(2015～2016)	2.5
3	3	中国休闲体育发展报告(2015～2016)	2.4
4	4	中国青少年体育发展报告(2016)	2.1
5	5	中国青少年体育发展报告(2017)	2.0
6	6	北京体育产业发展报告(2016～2017)	1.9
7	7	中国群众体育发展报告(2015)	1.7
8	8	中国群众体育发展报告(2019)	1.5
9	9	中国群众体育发展报告(2014)	1.4

续表

序号	排名	书名	每篇报告的作者数
10	9	中国群众体育发展报告(2018)	1.4
11	11	中国滑雪产业发展报告(2019)	1.3
12	11	中国青少年体育发展报告(2015)	1.3
13	13	中国体育产业发展报告(2019)	1.2
14	13	上海体育产业发展报告(2017~2018)	1.2
15	15	中国公共体育服务发展报告(2013)	1.1
16	15	上海体育产业发展报告(2014~2015)	1.1
17	15	中国体育产业发展报告(2008~2010)	1.1
18	18	北京群众体育发展报告(2016~2017)	1.0
19	19	长三角地区体育产业发展报告(2016~2017)	0.7
20	20	中国体育社会组织发展报告(2016)	0.6
21	21	中国滑雪产业发展报告(2017)	0.5
22	21	中国冰上运动产业发展报告(2017)	0.5
23	21	国家体育产业基地发展报告(2017~2018)	0.5
24	21	中国冬季奥运会发展报告(2017)	0.5
25	25	长三角地区体育产业发展报告(2014~2015)	0.4

数据来源：皮书数据库。

自然人作者中，发表报告数量 TOP10 的作者见表 10。具体来看，排名前 7 位的作者都是“冰雪蓝皮书”系列的主编或主要研创者，发表的报告集中于该系列下 3 个品种的年度报告；排名第 8 位的作者发表的报告为《中国体育产业发展报告（2019）》中的 10 篇案例；排名第 9 位的作者发表的报告出版在《中国体育产业发展报告（2019）》《长三角地区体育产业发展报告（2014~2015）》《上海体育产业发展报告（2017~2018）》等多部皮书中；并列排名第 10 位的作者发表的报告主要集中于《中国青少年体育发展报告》。说明虽然排名前 10 位的作者发表报告的数量比较可观，但是除了一位作者在多个系列、多个品种上均有贡献以外，其他作者较少有跨系列或品种的贡献（见表 10）。

表 10　2010～2019 年版体育类皮书自然人作者发表报告数量 TOP10

单位：篇

序号	排名	报告作者	作者单位	发表数量
1	1	于洋	吉林体育学院	35
2	2	孙承华	北京科技大学	34
3	2	张鸿俊	北京科技大学	34
4	2	尹振华	—	34
5	5	伍斌	万科集团	26
6	6	魏庆华	北京安泰雪业投资管理有限公司	24
7	7	杨占武	中国人民大学	11
8	8	李颖川	国家体育总局	10
9	9	黄海燕	上海体育学院	9
10	10	高鹏	北京体育大学	8
11	10	王华倬	北京体育大学	8
12	10	雷厉	北京体育大学	8

数据来源：皮书数据库。

2010～2019 年，皮书报告作者数量增长较快，2010 年为 14 人，2019 年增加至 92 人。从作者职称（副高级及以上）和学历（博士及以上）来看，2019 年参与皮书研创的副高级及以上职称的作者数量为 37 人，占全年作者总数的比例为 40.22%，拥有博士及以上学历的作者为 58 人，占全年作者总数的比例为 63.04%（见表 11）。

表 11　2010～2019 年版体育类皮书报告作者情况统计

单位：人

序号	年份	作者数量	职称（副高级及以上）	学历（博士及以上）
1	2010	14	14	13
2	2013	13	9	8
3	2014	25	14	17
4	2015	38	17	20
5	2016	80	47	69
6	2017	95	52	68
7	2018	86	44	57
8	2019	92	37	58

注：本数据主要来源于单篇报告首页即注处的作者简介，含第一作者在内的全部作者。有部分报告未标注作者，另有部分报告作者未对职务职称进行说明，本数据仅对有“职称（副高级及以上）”“学历（博士及以上）”介绍的单篇报告进行统计，因此均略小于真实数据；“作者数量”为有效作者数量，即同一年份撰写多篇报告的作者计 1 人。

（三）出版时间分析

1. 持续出版时间分析

2010～2019 年，按照体育类皮书品种持续出版时间统计，持续出版至 2019 年版的皮书共计 5 种，占比 31.25%，其中只有 1 个品种连续且按期出版，为《中国滑雪产业发展报告》；其余 4 个品种都不连续也不按期出版，分别为《中国体育产业发展报告》、《中国群众体育发展报告》、《上海体育产业发展报告》及《国家体育产业基地发展报告》。仅出版 1 次的皮书共计 8 种，占比 50.00%（见表 12）。

表 12　2010～2019 年版体育类皮书出版年份

序号	品种名	书名	出版年份
1	中国体育产业发展报告	中国体育产业发展报告（2008～2010）	2010
		中国体育产业发展报告（2013）	2013
		中国体育产业发展报告（2014）	2014
		中国体育产业发展报告（2015）	2015
		中国体育产业发展报告（2016～2017）	2017
		中国体育产业发展报告（2019）	2019
2	中国公共体育服务发展报告	中国公共体育服务发展报告（2013）	2013
3	中国群众体育发展报告	中国群众体育发展报告（2014）	2014
		中国群众体育发展报告（2015）	2015
		中国群众体育发展报告（2016）	2017
		中国群众体育发展报告（2018）	2018
		中国群众体育发展报告（2019）	2019
4	长三角地区体育产业发展报告	长三角地区体育产业发展报告（2014～2015）	2015
		长三角地区体育产业发展报告（2016～2017）	2017
5	中国青少年体育发展报告	中国青少年体育发展报告（2015）	2015
		中国青少年体育发展报告（2016）	2017
		中国青少年体育发展报告（2017）	2018

续表

序号	品种名	书名	出版年份
6	上海体育产业发展报告	上海体育产业发展报告(2014~2015)	2015
		上海体育产业发展报告(2017~2018)	2019
7	北京体育产业发展报告	北京体育产业发展报告(2014~2015)	2015
		北京体育产业发展报告(2015~2016)	2016
		北京体育产业发展报告(2016~2017)	2017
8	中国社会体育指导员发展报告	中国社会体育指导员发展报告(1994~2014)	2016
9	中国体育社会组织发展报告	中国体育社会组织发展报告(2016)	2016
10	中国休闲体育发展报告	中国休闲体育发展报告(2015~2016)	2016
11	中国滑雪产业发展报告	中国滑雪产业发展报告(2016)	2016
		中国滑雪产业发展报告(2017)	2017
		中国滑雪产业发展报告(2018)	2018
		中国滑雪产业发展报告(2019)	2019
12	国家体育产业基地发展报告	国家体育产业基地发展报告(2015~2016)	2017
		国家体育产业基地发展报告(2017~2018)	2019
13	中国冰上运动产业发展报告	中国冰上运动产业发展报告(2017)	2017
14	中国冬季奥运会发展报告	中国冬季奥运会发展报告(2017)	2017
15	中国瑜伽业发展报告	中国瑜伽业发展报告(2016~2017)	2017
16	北京群众体育发展报告	北京群众体育发展报告(2016~2017)	2018

数据来源：皮书数据库。

2. 出版月份分析

对2010～2019年版体育类皮书的出版月份进行统计，如图3所示，体育类皮书多集中于每年的8月至12月出版发布，这5个月出版的皮书数量占全年的比例为71%，其中8月、10月和12月出版的比例均高达17%（见图3）。

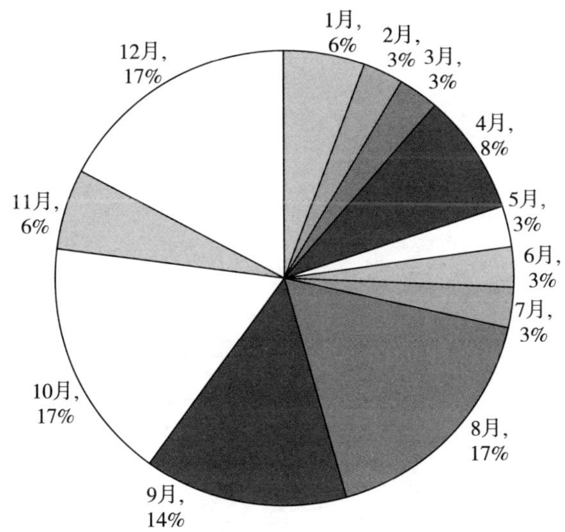

图3　2010～2019年版体育类皮书出版月份

数据来源：皮书数据库。

（四）关注热点分析

为了更好地分析体育类皮书关注的焦点，通过词频分析软件，对2010年至2019年出版的35部体育类皮书中593篇报告的关键词进行热点词频分析，结果如图4所示。

首先，体育类皮书最关注的研究领域是青少年体育、体育产业、群众体育及体育消费；其次，体育彩票、全民健身、体育场馆、体育用品业、公共体育服务、学校体育、体育旅游、体育社会组织等一直是体育类皮书研创的热点；最后，随着2022年北京冬奥会的成功申办，近几年滑雪产业、冬奥会、冰雪产业等也成为体育类皮书研创的热点。

从研究的区域视角来看，体育类皮书的研创多数从全国视角展开。省市层面上，最受关注的区域是上海市和北京市，可能的原因有上海市的经济发展水平和国际化程度都处于国内领先地位，体育事业和体育产业的发展也比较抢眼，体育类皮书报告的作者经常选择上海市作为案例研究，同时2010年至2019年出版的“体育蓝皮书”包含《上海体育产业发展报告》一个品种，共2部皮书；北京市作为首都，又是2022年冬奥会和冬季残奥会的主办城市，体育类皮书研创者对北京体育事业和体育产业的发展比较重视，2010～2019年出版了“北京体育蓝皮书”，包含《北京体育产业发展报告》和《北京群众体育发展报告》两个品种，共4部皮书。

图4　体育类皮书报告热点词频分析

数据来源：皮书数据库。

四　体育类皮书研创展望

（一）实现数量扩张，同时保证质量提升

2010～2019年，体育类皮书从1种扩张到16种，累计出版了35部皮书

593 篇报告，共计出版了 7563 千字，其中，2017 年体育类皮书的品种数量和出版数量都达到了峰值，相应的皮书报告出版数量和出版字数也达到峰值。2018～2019 年，体育类皮书出版数量虽然有所回落，但仍然高于历史平均水平。长期来看，体育类皮书品种数量和出版数量扩张的空间较大，并且当前体育类皮书的字数偏少，下一阶段每部皮书的出版字数也有扩张空间。

随着体育类皮书数量不断扩张，其将会覆盖更为广泛的研创领域，提升整体影响力，这使皮书质量的提升面临挑战。体育类皮书在数量扩张的同时，要想保证质量提升，最重要的就是明确选题。一方面，新增品种要避免与原有品种在研创内容上重复，保证成果的原创性；另一方面，选题既要符合皮书出版的时效性，找准体育研究领域的热点，及时成稿，使体育类皮书出版物出新出彩，又要挖掘形成长期的研究主题，围绕某些研究领域进行深耕，使体育类皮书形成可持续的产出。这样，体育类皮书才能实现扩容提质的长久发展，并从优质的建言资料“升格”为核心的决策参考。

（二）稳定研创团队，同时提升跨学科属性

2010～2019 年，参与体育类皮书的研创机构从 9 家增加到了 38 家，呈现增长态势，并以体育院校为主，皮书报告多由 2 位及 2 位以上作者合作完成，从报告出版数量排名前 10 位的作者来看，多数作者没有跨品种的贡献。随着体育类皮书数量的扩张，研创机构数量和作者数量都会继续增加。

体育类皮书作为周期性连续出版物，需要一支相对稳定的研创团队来支撑每个出版年度研究任务的统合与研究报告的撰写工作。同时，体育类皮书涉及的相关主题需要体育学、经济学、社会学、政治学、心理学、传播学等多个学科之间进行集体研创以形成合力。因此，一方面要稳定研创团队，提升已有研创团队的贡献度；另一方面应吸收不同学科背景的研究人员加入，对体育类皮书进行更加全面、多维的研创。

（三）解决体育数据采集难题，确保权威性

自 2010 年起，持续出版至 2019 年版的皮书数量占总数的比重为

31.25%，其中只有1个品种连续且按期出版，且有一半的皮书仅出版了1次。体育类皮书作为年度报告，采用定性研究难免面临持续出版困难的局面，需要依赖数据分析进行经验研究或实证研究，而体育数据采集难度较大是出现上述现象的原因之一。通过充分利用社会科学文献出版社的皮书数据库，由体育类皮书主要研创机构牵头，与专业团队合作，充分利用大数据技术手段，建立体育数据库，便于研创者获取年度数据进行分析。这样，既避免了研创者因为缺乏数据而导致皮书出版不连续或不按期问题，又可以解决目前体育类皮书数据更新不及时、数据来源不权威等问题，还节约了研创者采集数据的时间，从而使他们可以投入更多精力进行深度分析，进而提高皮书报告的质量，确保体育类皮书的权威性。

参考文献

谢曙光主编《智库成果蓝皮书：中国皮书发展报告（2019）》，社会科学文献出版社，2019。

阮伟等主编《中国体育产业发展报告（2008～2010）》，社会科学文献出版社，2010。

白宇飞、邹新娴、王超然：《咨政品牌塑造视域下的体育类皮书研创》，《体育与科学》2020年第2期。

规范与评价报告

Norm and Evaluation Reports

B.7
皮书内容评价报告（2020）

丁阿丽*

摘　要： 2019 年版共 419 部皮书参与评价，地方发展类皮书数量最多，占比为 35%，其次是行业类、经济类、国际问题类、社会政法类、文化传媒类。通过分析我们发现，地方发展类和行业类皮书更应加强研究主题的价值与意义等内容原始得分中各指标的研创。经济类、社会政法类、文化传媒类要加强创新性，加强对解决重大理论问题或现实问题的政策指导；提高报告的原创性，减低内容重复率。报告还分析了各指标平均值的得分率，前 100 名皮书的类别分布、研创机构分布、研究主题分布、出版年份分布情况。目前，皮书的内容质量存在皮书要件撰写不规范、皮书报告行文不规范、皮书指数报

* 丁阿丽，社会科学文献出版社皮书研究院副院长，研究方向为社会学、学术评价。

告或者调查报告的创新性不足的问题。报告提出应加强皮书前端管理，将皮书相关书目管理与评价结果相结合；完善皮书综合评价指标体系，健全皮书评价结果反馈、申诉制度；改革评价方式，使线上评审与线下评审深度融合。

关键词： 皮书　同行评议　学术评价

习近平总书记在哲学社会科学工作座谈会和致中国社会科学院建院 40 周年贺信中指出，广大哲学社会科学工作者要努力为构建中国特色哲学社会科学学科体系、学术体系、话语体系，增强我国哲学社会科学国际影响力做出更大贡献。为贯彻落实会议精神和贺信精神，社会科学文献出版社以皮书为抓手，除了突出前端管理，还加强皮书出版的学科编辑室建设、专业审稿要求、版式和封面设计要求、目录管理等，出台了《社会科学文献出版社关于进一步加强皮书管理的有关规定》《社会科学文献出版社皮书编辑管理规定》等规定，发布了《关于进一步规范皮书研创出版的有关通知》等，推动皮书的高质量发展。

一　2019年版皮书评价工作的变化

1. 调整评审方式，首次探索采用线上评审

皮书评价是提高皮书内容质量和影响力的重要手段，经过十多年的实践，已获得较高的认可度和关注度。受 2020 年新冠肺炎疫情影响，部分皮书出版时间滞后，考虑到实际情况，2019 年版皮书的评价和评奖工作较往年启动时间有所推迟。2020 年 2 月，皮书研究院启动第十一届优秀皮书报告奖申报工作，并收到了近 300 个课题组的申报材料。2020 年 3 ~5 月，皮书研究院开发并上线“皮书在线评价系统”（见图 1），首次探索采用线上评审的方式开展评价工作。

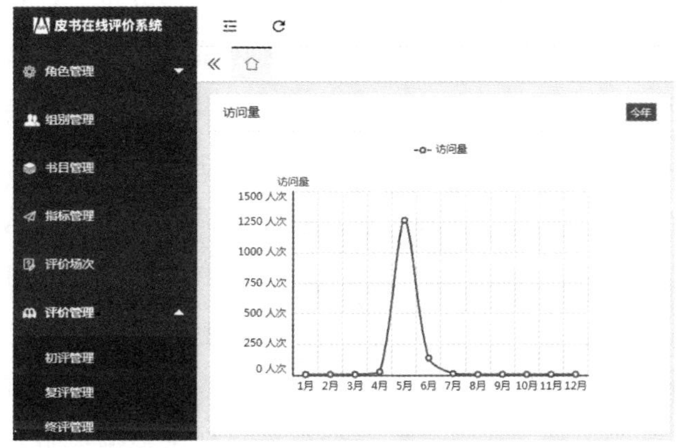

图 1 “皮书在线评价系统”管理员页面

资料来源：皮书在线评价系统。

2. 修订皮书内容评价指标体系

皮书综合评价指标体系由“内容质量评价指标体系（占比 70%）”和“社会影响力评价指标体系（占比 30%）”构成。其中，内容质量评价指标体系包括了研究主题的价值与意义、科学性、前沿性、应用性（仅适用于国际问题类皮书）、创新性等主观指标，实证性（除国际问题类皮书）、规范性、时效性、内容重复率等客观指标（参见表 1、表 2）。

第一，考虑到线上评审的可操作性和便捷性，删除了加分项“评价评级、模型预测、社会调查”，将此指标的得分点放入了实证性。具体规则如下：（1）强调通过社会调查、大数据挖掘等方法获取一手数据。①全书采用一个社会调查的方法获取数据，并进行规范的统计分析的，计为 3 分；②总报告采用社会调查的方式获取数据，并进行规范的统计分析的，计为 3 分；③分报告采用社会调查的方式获取数据，并进行规范的统计分析的，计为 1 分；④总报告或分报告采用社会调查的方式获取数据，但样本量较少，未进行规范的统计分析的，计为 0.5 分。（2）强调构建原创的评价指标体系。①全书使用一个原创的评价评级指标体系，并利用最新的数据资料进行统计分析、评价排名的，计为 3 分；②总报告使用原创的评价评级指标体系，并利用最新的数据资料进行统计分析、评价排名的，计为3分；③分报告使用原创的评价评级指标体系，并利用最新的数据资料进行统计分析、评价排名的，计为1分；④总报告或分报告使用原创的评价评级指标体系得出评价结果，但未利用结果进行分析的，计为0.5分；⑤只列出评价指标体系的，计为0分。（3）强调原创模型的构建。①全书采用一个模型分析或模型预测的方法对数据资料进行实证分析的，计为3分；②总报告对数据资料采用模型分析或模型预测的方法进行实证分析的，计为3分；③分报告对数据资料采用模型分析或模型预测的方法进行实证分析的，计为1分；④总报告或分报告只列出模型，未对模型进行实证分析的，计为0分。此外，为突出实证性内部得分的差异性，调整了实证性的得分计算方法，原计算方法为：实证性得分 = （每篇报告得分合计/篇数 ×100）% ×0.4，公式中的系数从0.4调整为0.3，即83个百分点以上才可以得到满分25分。

第二，考虑到国际问题类皮书与其他类别皮书的差异性，删除了加分项“评价评级、模型预测、社会调查”，增加了加分项“数据来源于自建数据库中的一手数据”，分值不变。

表1　2019年版经济、行业、社会政法、文化传媒、地方发展类皮书内容质量评价指标体系

二级指标	指标性质
研究主题的价值与意义	基础项
科学性	
实证性	
前沿性	
规范性	
时效性	
创新性	加分项
内容重复率	减分项

表 2　2019 年版国际问题类皮书内容质量评价指标体系

二级指标	指标性质
研究主题的价值与意义	基础项
科学性	
应用性	
前沿性	
规范性	
时效性	
创新性	加分项
数据来源	
内容重复率	减分项

二　2019年版皮书评价得分总体情况

1. 参评数量

受 2019 年书号管控和 2020 年初新冠肺炎疫情影响，部分皮书出版滞后，考虑到实际情况，截至 3 月 31 日发稿的 2019 年版皮书可以参加皮书评价，也可参与“优秀皮书报告奖”的评选。经过出版社 ERP 系统统计，截至 2020 年 4 月 1 日，参与评价皮书共计 419 部，其中出版 392 部，发稿 27 部。从数量上看，2019 年参与评价的皮书数量与 2018 年（426 部）相比略有下降。从内容分类上看，地方发展类皮书占比超过了参评皮书的 1/3（见图 2）。

2. 内容原始得分、加分项、减分项、内容实际得分

从表 1 和表 2 可知，国际问题类皮书与其他类皮书的评价指标体系不同，各项指标的总分权重略有不同，故不对国际问题类皮书的评价得分做纵向对比。

内容原始得分方面，地方发展类和行业类皮书低于全部皮书（除国际问题）的平均值，而加分项（创新性）高于全部皮书（除国际问题）的平

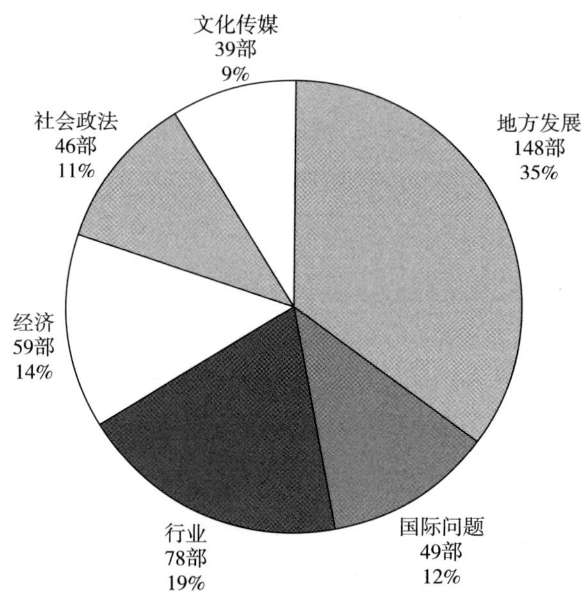

图2　参与2019年版评价的皮书内容分类占比

注：为了方便分析，统一口径，对个别类别做了合并，如地方发展－经济、地方发展－社会、地方发展－文化合并为地方发展类，国别与区域、国际问题与全球治理合并为国际问题类，行业及其他合并为行业类，产业经济、宏观经济、区域与城市经济合并为经济类。本文中其他图表也做同样处理。

资料来源：作者根据皮书在线评价系统数据整理而成。

均值，减分项（内容重复率）低于全部皮书（除国际问题）的平均值。

相反，经济类、社会政法类、文化传媒类皮书的内容原始得分或等于或高于全部皮书（除国际问题）的平均值，而加分项（创新性）低于全部皮书（除国际问题）的平均值，减分项（内容重复率）高于全部皮书（除国际问题）平均值。经济类皮书内容实际得分总体低于全部皮书（除国际问题）的平均值（见表3）。

因此，地方发展类和行业类皮书更应加强研究主题的价值与意义等内容原始得分中各指标的研创。经济类、社会政法类、文化传媒类要加强创新性，加强对解决重大理论问题或现实问题的政策指导；提高报告的原创性，减低内容重复率。

表 3　2019 年版不同类别皮书内容质量各指标得分平均值

内容分类	研究主题的价值与意义	科学性	实证性	应用性	前沿性	规范性	时效性	内容原始得分	创新性	数据来源	内容重复率	内容实际得分
地方发展	8.0	17.9	18.3	—	7.0	13.8	13.4	78.5	4.0	—	-0.4	57.5
行业	7.9	17.5	17.6	—	6.1	12.6	13.5	75.2	4.1	—	-0.8	55.0
经济	8.0	19.1	19.7	—	7.0	12.9	13.1	79.8	3.4	—	-1.9	56.9
社会政法	9.0	20.4	22.4	—	7.3	12.9	13.3	85.1	3.1	—	-1.8	60.5
文化传媒	8.1	20.1	18.6	—	7.7	13.0	12.8	80.4	3.5	—	-1.9	57.4
国际问题	7.8	19.1	—	16.0	10.3	13.9	12.6	79.7	2.9	0.2	-0.8	57.4
全部皮书（除国际问题）	8.2	19.0	19.3	—	7.0	13.1	13.2	79.8	3.6	—	-1.4	57.4

注：1. 内容原始得分 = 研究主题的价值与意义 + 科学性 + 实证性（应用性） + 前沿性 + 规范性 + 时效性

2. 内容实际得分 = （内容原始得分 + 创新性 + 数据来源 + 内容重复率） ×70%

3. 因数据四舍五入原因部分数据相加与总计不等，特此说明。

资料来源：作者根据皮书在线评价系统数据整理而成。

3. 研究主题的价值与意义等各指标平均值的得分率

从横向来看，各类别皮书的研究主题的价值与意义、实证性、规范性、时效性、科学性指标的得分率较高，均在 70% 以上；创新性、实证性、前沿性的得分率差异性较大；前沿性的得分率相对较低，大部分低于 70%，需要加强相关领域的学术前沿和热点重点问题研究。

从纵向来看，地方发展类、行业类皮书的科学性、实证性、前沿性得分率较低，需要优化内容框架的设置，突出年度主题，同时加强数据尤其是一手数据信息的挖掘。经济类皮书还需要加强创新性，增强对宏观经济形势、区域发展、产业发展的研判指导作用。社会政法类、文化传媒类、国际问题类皮书也需要增强研究成果的政策咨询作用（见表4）。

表4　2019年版不同类别皮书内容质量各指标平均值的得分率

单位：%

内容分类	研究主题的价值与意义	科学性	实证性	应用性	前沿性	规范性	时效性	创新性	数据来源	内容重复率
地方发展	80.3	71.8	73.3	—	69.7	92.3	89.2	80.3	—	2.5
行业	79.0	70.1	70.6	—	61.0	83.9	89.7	82.1	—	5.4
经济	80.1	76.5	78.8	—	69.6	86.2	87.3	68.2	—	12.9
社会政法	89.9	81.5	89.4	—	72.5	86.0	88.4	62.0	—	12.2
文化传媒	81.3	80.3	74.5	—	77.4	86.8	85.4	70.3	—	12.8
国际问题	78.2	76.3	—	79.8	68.8	92.8	83.8	58.6	4.1	5.4

注：1. 国际问题类皮书与其他类别的前沿性指标的分值不同，满分为15分，与其他类别的得分做了并列处理。

2. 内容重复率为反向指标，得分率越高，说明扣的分越多。

资料来源：作者根据皮书在线评价系统数据整理而成。

三　2019年版皮书评价内容实际得分前100名皮书的情况

1. 类别分布

在前100名的皮书中，地方发展类和社会政法类皮书合计超过了一半；行业类皮书最少，较多皮书集中在100名以后，内容质量亟待提高；国际问题类、经济类皮书分布从20名之后增长明显（见图3）。

2. 研创机构分布

在前100名的皮书中，中国社会科学院智库、高校和高校智库、地方社会科学院智库、党政部门及其智库研创的皮书占比达到92%。中国

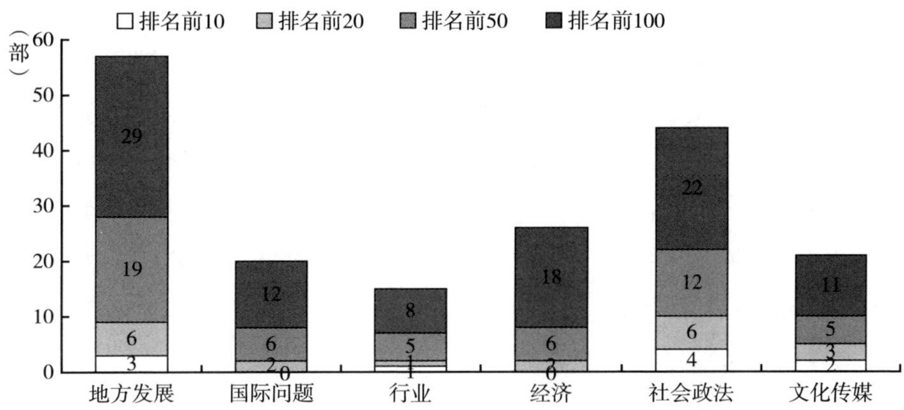

图3　2019年版内容实际得分前100名皮书的类别分布

资料来源：作者根据皮书在线评价系统数据整理而成。

社会科学院智库研创的皮书占比首次超过了地方社会科学院智库，中国社会科学院智库研创的皮书内容质量高的优势更加明显。高校和高校智库研创的皮书，较前几年内容质量提升也比较突出，各高校在进行学科建设的同时，也在利用自身的优势和皮书品牌，建立在某一领域的权威性（见图4）。

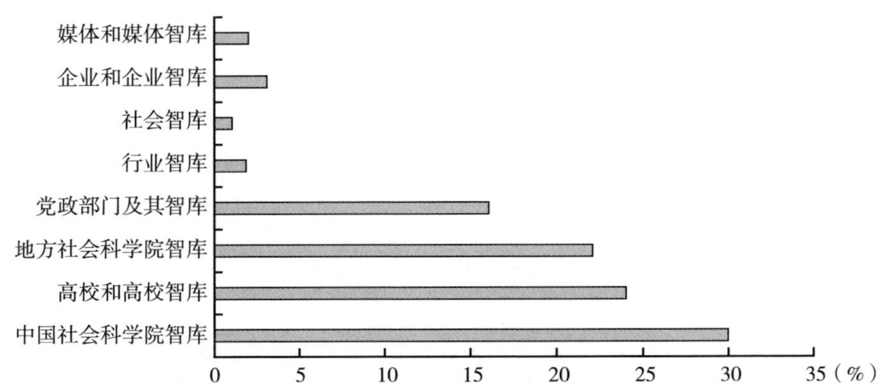

图4　2019年版内容实际得分前100名皮书的研创机构分布占比

注：以第一研创机构进行分析。

资料来源：作者根据皮书在线评价系统数据整理而成。

3. 研究主题分布

在前100名的皮书中，除了29部地方发展类皮书，12部国际问题类皮书主题主要有美国、日本、德国、俄罗斯、欧洲、中亚、上海合作组织、“一带一路”等，集中在大国和比较有影响力的区域研究等方面；8部行业类皮书主要集中在企业、能源等方面；18部经济类皮书集中在宏观经济、区域经济等方面；22部社会政法类皮书集中在法律、薪酬、就业、社会保障、城市和社区管理、养老等方面；11部文化传媒类皮书集中在新媒体、互联网、传播媒介等方面。

4. 出版年份分布

从表5中可以看出，前100名的皮书中，出版3年及3年以上的皮书有76部，超过了2/3；同时2019年版首次出版的11部皮书内容质量较高，进入了前100名（见表5）。

一般来说，只有连续出版3年及3年以上的皮书，内容质量比较稳定（见表6），其社会效益或者在本领域的影响力才会凸显。

表5　2019年版内容实际得分前100名皮书的出版年份情况

单位：部

出版年份	数量
1年	11
2年	13
3年	8
3年以上	68
合计	100

资料来源：作者根据皮书在线评价系统、出版社ERP系统数据整理而成。

表6　2014～2019年版连续6年进入前100名的皮书

序号	丛书名	书名	研创单位
1	安徽蓝皮书	安徽社会发展报告	安徽大学
2	北京蓝皮书	北京社会发展报告	北京市社会科学院

续表

序号	丛书名	书名	研创单位
3	城市蓝皮书	中国城市发展报告	中国社会科学院生态文明研究所
4	法治蓝皮书	中国法治发展报告	中国社会科学院法学研究所
5	甘肃蓝皮书	甘肃县域和农村发展报告	甘肃省社会科学院、甘肃省统计局
6	广州蓝皮书	中国广州社会形势分析与预测	广州大学广州发展研究院
7	贵州蓝皮书	贵州社会发展报告	贵州省社会科学院城市经济研究所
8	河南蓝皮书	河南社会形势分析与预测	河南省社会科学院
9	京津冀蓝皮书	京津冀发展报告	首都经济贸易大学
10	美国蓝皮书	美国研究报告	中国社会科学院美国研究所、中华美国学会
11	日本经济蓝皮书	日本经济与中日经贸关系研究报告	全国日本经济学会、中国社会科学院日本研究所
12	日本蓝皮书	日本研究报告	中华日本学会、中国社会科学院日本研究所
13	上海蓝皮书	上海社会发展报告	上海社会科学院
14	社会建设蓝皮书	北京社会建设分析报告	中共北京市委社会工作委员会、北京工业大学
15	社会蓝皮书	中国社会形势分析与预测	中国社会科学院社会学研究所
16	社会心态蓝皮书	中国社会心态研究报告	中国社会科学院社会学研究所
17	世界经济黄皮书	世界经济形势分析与预测	中国社会科学院世界经济与政治研究所
18	新媒体蓝皮书	中国新媒体发展报告	中国社会科学院新闻与传播研究所
19	移动互联网蓝皮书	中国移动互联网发展报告	人民网研究院

资料来源：作者根据皮书在线评价系统、出版社 ERP 系统数据整理而成。

由于皮书评价采取同行评审的方法，各类别皮书评审的打分尺度之间会存在一定的差异。为了更真实地反映各类别皮书中质量较高的皮书，表7显示了2014～2019年版内容实际得分较高且3次及3次以上进入分类排名前10的皮书，共41种皮书进入了排名的序列，入选3次的书目最多，有14种。从表7中可以看出，国际问题类皮书的总体数量和6次进入排名的书目数量最多，大多为中国社会科学院研创的皮书；其次是地方发展类，共8种，虽然数量较多，但都在3次或4次，进入前10名的皮书每年的变化也比较大（见表7）。

表7　2014～2019年版3次及3次以上进入分类排名前10的皮书

序号	内容分类	丛书名	书名	进入前10名的次数
1	地方发展	安徽蓝皮书	安徽社会发展报告	4
2	地方发展	黑龙江蓝皮书	黑龙江社会发展报告	4
3	地方发展	上海蓝皮书	上海社会发展报告	4
4	地方发展	上海蓝皮书	上海资源环境发展报告	4
5	地方发展	北京蓝皮书	北京公共服务发展报告	3
6	地方发展	广州蓝皮书	中国广州社会形势分析与预测	3
7	地方发展	河南蓝皮书	河南社会形势分析与预测	3
8	地方发展	社会建设蓝皮书	北京社会建设分析报告	3
9	行业	旅游绿皮书	中国旅游发展分析与预测	5
10	行业	中国上市公司蓝皮书	中国上市公司发展报告	4
11	行业	企业社会责任蓝皮书	中国企业社会责任研究报告	3
12	行业	世界能源蓝皮书	世界能源发展报告	3
13	行业	数字经济蓝皮书	全球数字经济竞争力发展报告	3
14	行业	医院蓝皮书	中国医院竞争力报告	3
15	经济	京津冀蓝皮书	京津冀发展报告	6
16	经济	城市蓝皮书	中国城市发展报告	5

续表

序号	内容分类	丛书名	书名	进入前10名的次数
17	经济	经济蓝皮书春季号	中国经济前景分析	5
18	经济	经济蓝皮书夏季号	中国经济增长报告	5
19	经济	西部蓝皮书	中国西部发展报告	4
20	经济	经济蓝皮书	中国经济形势分析与预测	3
21	经济	中国省域竞争力蓝皮书	中国省域经济综合竞争力发展报告	3
22	社会政法	法治蓝皮书	中国法治发展报告	6
23	社会政法	社会蓝皮书	中国社会形势分析与预测	6
24	社会政法	社会心态蓝皮书	中国社会心态研究报告	5
25	社会政法	连片特困区蓝皮书	中国连片特困区发展报告	3
26	文化传媒	新媒体蓝皮书	中国新媒体发展报告	6
27	文化传媒	移动互联网蓝皮书	中国移动互联网发展报告	6
28	文化传媒	传媒蓝皮书	中国传媒产业发展报告	5
29	文化传媒	新媒体社会责任蓝皮书	中国新媒体社会责任研究报告	5
30	文化传媒	文化建设蓝皮书	中国文化发展报告	4
31	文化传媒	文化蓝皮书	中国文化消费需求景气评价报告	4
32	文化传媒	舆情蓝皮书	中国社会舆情与危机管理报告	3
33	国际问题	德国蓝皮书	德国发展报告	6
34	国际问题	美国蓝皮书	美国研究报告	6
35	国际问题	日本经济蓝皮书	日本经济与中日经贸关系研究报告	6
36	国际问题	日本蓝皮书	日本研究报告	6
37	国际问题	俄罗斯黄皮书	俄罗斯发展报告	5
38	国际问题	欧洲蓝皮书	欧洲发展报告	5
39	国际问题	中亚黄皮书	中亚国家发展报告	4
40	国际问题	非洲黄皮书	非洲发展报告	3
41	国际问题	世界经济黄皮书	世界经济形势分析与预测	3

资料来源：作者根据皮书在线评价系统、出版社 ERP 系统数据整理而成。

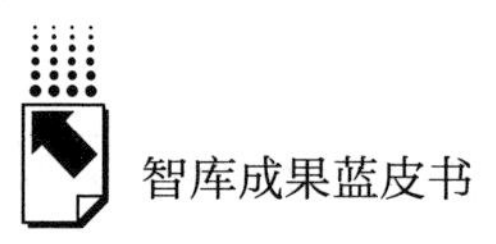

四　皮书内容质量存在的问题

1. 皮书要件撰写不规范

皮书要件是否齐全和规范是皮书内容质量的直接表现。虽然出版社与皮书研创团队经过多年的沟通，部分皮书仍然存在要件不规范的问题。主要表现在：第一，皮书主要编撰者信息篇幅过长，学历、任职、著作内容过于详细，未做删减；第二，文中表述的数据、图表未标记资料来源，无法判断数据和资料的真实性；第三，作者简介撰写不规范，全书格式不统一，尤其是报告作者为“××课题组”时，未注明执笔人信息。

2. 皮书报告行文不规范

皮书是同一主题或同一机构（团队）智库报告的聚合。无论是总报告、分报告或者专题报告，都应对某一行业、区域、领域进行深入分析或者调查，能够使读者更深入地了解和认识所研究的问题。综观各个类别的皮书，不同类型的皮书有不同的行文特色。第一，文化传媒类皮书倾向于写成抒情式的散文；第二，地方发展类皮书倾向于写成工作报告；第三，行业类皮书倾向于写成技术应用性文章。此外，从篇章结构来看，案例篇的报告倾向于事件的描述，未提出对策建议或者可供同行业、领域、区域参考的建议。

3. 皮书指数报告或者调查报告的创新性不足

全书使用同一个评价指标体系或者调查方法得出研究性的结论，本身是一部逻辑严谨的研究报告。但如果多年分析框架不变，内容表述只修改数据，其报告的创新性、原创性将受到很大影响。

五　提升皮书内容质量及未来皮书评价的发展方向

1. 加强皮书前端管理，将皮书相关书目管理与评价结果相结合

2019 年，为响应国家对出版社社会效益的考量，进一步提高皮书的选题价值和内容质量，全方位提升皮书的决策参考价值，出版社制定了一系列皮

书管理的相关规定，进一步加强与课题组的多环节沟通。加强皮书前端管理，课题组应在本年度皮书出版之前的8个月召开皮书选题会，确定本皮书的年度主题、目录框架以及总报告的提纲（填写皮书出版反馈单），并提交出版社评审。课题组在通过评审后的内容框架基础上，参照《皮书手册——写作、编辑出版与评价指南》中的体例规范撰写报告，减少因目录框架或者要件不规范被退回的情况。此外，实施皮书目录管理，出版社根据上一年度皮书的出版、评价情况，公布当年的皮书目录。同时，出版社也会根据皮书的评价结果，公布因内容质量差而退出的皮书书目。未能进入皮书目录或者列入退出书目的皮书，若想继续以皮书形式出版，须重新进行准入论证。

2. 完善皮书综合评价指标体系，健全皮书评价结果反馈、申诉制度

皮书评价是皮书评审委员和皮书学术委员会委员按照皮书综合评价指标体系对皮书所做出的学术价值判断。参与皮书评价的委员由相关领域学者、行业专家、核心期刊编辑、资深媒体人构成，均在相关行业或者领域具有一定的影响力。由于皮书的研究范围较为广泛，皮书评价采用的是“大同行”评价。随着皮书品种的增多，特别是行业类和国际问题类皮书选题的增长，出版社将不断优化皮书评审专家的构成，邀请相关研究领域具有较高学术水平、人品学风俱佳的专家参与皮书的评审。同时，应不断完善皮书综合评价指标体系，更好地引导皮书研创。在遵循原则的基础上，向课题组公开皮书评价的程序、方法、标准，健全评价结果反馈、申诉制度，保证评价结果可检验。

3. 改革评价方式，使线上评审与线下评审深度融合

随着人们对优秀皮书的需求越来越多，皮书评价的要求也越来越高。每年400多种皮书的出版规模，使专家在短时间内无法深入地阅读每部皮书的内容，无法对每部皮书给出相对客观的得分。鉴于有可能发生的突发状况和时间的问题，出版社今后将根据实际情况推动线上评审（“皮书在线评价系统”）和线下评审相结合，通过互联网技术提高皮书评价的效率，保证评价结果的客观性。此外，从内容上看，目前越来越多的皮书研究主题采用了跨学科的研究方法，这一方面说明了皮书为不同的研创团队加强合作提供了平台；另一方面从内容评价来说，需要考虑邀请不同学科的专家共同对跨学科

主题的皮书给出综合性的评审，如文化贸易、养老金融、区域发展（涉及经济、社会、文化等方面）、祁连山生态系统（运用自然科学和社会科学研究方法）等。

参考文献

叶继元：《近年来国内外学术评价的难点、对策与走向》，https：//new. qq. com/omn/20190723/20190723A0WDTR00. html。

张艳丽：《人文社会科学类学术图书评价指标构建研究》，《出版发行研究》2018 年第 11 期。

王文军：《新时代中国学术图书评价体系：方法与实践》，《现代出版》2020 年第 2 期。

周春雷、陈艳云、袁扬：《刍议学术图书质量评价研究之现状、问题及对策》，《现代情报》2019 年第 1 期。

谢曙光主编《皮书手册——写作、编辑出版与评价指南》（第三版），社会科学文献出版社，2018。

李永杰：《不断推进“三大体系”建设——访汕头大学商学院教授田广》，中国社会科学网，2019 年 3 月 26 日，http：//www. cssn. cn/gd/gd _ rwhn/gd _ mzgz/201903/t20190326_ 4853700. shtml？ COLLCC = 2885119584&COLLCC = 290348818。

B.8

皮书媒体报道分析报告（2020）*

白　云**

摘　要： 报告以2015～2019年皮书媒体影响力评价结果作为研究对象。研究发现，经济类皮书媒体影响力平均分持续多年保持了领先优势，有3项指标（传统媒体曝光率、网页检索量、微博传播能力）均为2019年版皮书媒体影响力单项指标的最高平均分。对2015～2019年皮书媒体影响力的平均分得分率进行分析，除2016年外，传统媒体曝光率指标平均分得分率均高于其他指标。2019年版媒体影响力排名前50位的皮书平均值远高于总平均值，媒体传播力表现突出，领先优势明显。分析2019年版皮书媒体影响力排名前50位的研创机构，北京、广州、兰州合计贡献了38家研创机构；主要研究力量集中在地方社会科学院、中国社会科学院和高校，占比高达76%。2019年版皮书在媒体影响力方面存在未召开发布会的皮书课题组对媒体评价重视程度不够、出版时间不规律影响皮书媒体影响力评价结果、传统媒体宣传力度不够以及新媒体运营能力较弱四个问题。报告提出提升皮书媒体影响力的六方面对策建议：加强皮书发布会管理、完善微博和微信公众平台运营机制、探索皮书多元化发布模式、整合传统媒体与新媒体的优势、促进

* 本文所采用的数据均来自皮书研究院。

** 白云，社会科学文献出版社皮书研究院成果推广中心主管、编辑。研究方向：新闻传播、编辑出版。

皮书课题组与皮书评价工作的双向互动、固定皮书出版时间与发布会时间。

关键词： 皮书　媒体影响力　评价指标　发布会管理　媒体报道监测

一　皮书媒体影响力评价的意义

关于媒体影响力的最早研究，国内普遍认为是始于2003 年喻国明发表的文章《影响力经济——对传媒产业本质的一种诠释》，其后关于媒体影响力概念的内涵和外延不断得到丰富。媒体影响力的深层含义，即让受众得到信息，并使受众能够理解和接受信息传播者的传播意图。其主要通过两个层面起作用：一是媒体的物质技术属性层面，二是媒体的社会能动属性层面。

皮书媒体影响力的评价工作由社会科学文献出版社皮书研究院组织完成。经过多年不断摸索，皮书研究院构建的媒体影响力评价指标体系以及评价流程逐渐完善。媒体评价推动了皮书的研创工作，为扩大皮书影响力提供了决策参考和分析依据，使皮书课题组和编辑对皮书媒体报道的情况有了更为深刻的认识。

二　皮书媒体影响力评价指标的发展历程

1. 2010 ~2020年皮书媒体影响力评价指标的发展历程

自 2010 年皮书研究院首次制定媒体评价指标以来，其构建的媒体评价指标体系刚好走过第一个十年，历经五次调整，对皮书的影响力传播渠道不断挖掘，最终比较成熟的评价体系在 2017 年形成了（见表 1）。

表 1　皮书媒体影响力评价指标的发展历程（2010 ~ 2020 年）

年份	发展历程
2010	2010 年，皮书研究院首次制定媒体评价指标，分为国内主要媒体的报道情况，地方皮书在当地电视台和电台及本省主要日报、都市报、晚报的报道情况，百度网页检索数量三项指标
2011	2011 年进行了第一次指标调整，细分为媒体报道覆盖率、媒体报道形态类型和时续性
2012	2012 年进行了第二次指标调整，此版媒体影响力指标在 2011 年的基础上删去了时续性这一指标
2013	2013 年进行了第三次指标调整，基本具备了现在媒体影响力指标的形态，分别为传统媒体影响力、新媒体影响力、学术期刊影响力
2016	2016 年做了第四次微调整，将微信检索量纳入新媒体影响力指标
2017 ~ 2020	2017 年做了第五次调整，此版变化最大，将新媒体影响力指标调整为微博传播能力 + 微信传播能力。新指标重点考察课题组运营微博、微信以及微信群的能力

资料来源：皮书研究院。

2. 2020版皮书媒体影响力评价指标介绍

2020 版媒体影响力评价指标体系包括了传统媒体影响力、新媒体影响力、学术期刊影响力三大部分。其中，传统媒体影响力包含三项指标，分别是传统媒体曝光率、网页检索量、视频检索量。传统媒体曝光率有以下三个评判标准：一类媒体，每篇计 2 分；专业媒体或地方媒体，每篇计 2 分；其他媒体，每篇计 1 分。其余两项由网页检索量（搜狗、百度“网页 + 新闻”检索数量，每 10 条计 1 分）和视频检索量（播放发布会视频或文字，每条计 2 分；进行文字或视频访谈，每条计 3 分；进行文字加视频访谈，每条计 5 分）组成。

新媒体影响力包括微博传播能力和微信传播能力两项指标。微博传播能力的评判标准为：开设与皮书内容相关的微博，计 1. 5 分；统计期内每周更新一次与皮书有关的内容，或统计期内更新与皮书有关的信息超过 50 条，或统计期内有转发量超过 1000 条与皮书有关的微博，三者满足其一，计 3. 5 分；新浪微博检索情况，每条计 1 分。微信传播能力的评判标准为：开设与皮书内容相关的微信订阅号，计 1 分；统计期内每周更新一次与皮书有关的内容，或统计期内更新与皮书有关的信息超过 50 条，或统计期内有转发量超过 1000 条与皮书有关的微信，三者满足其一，计 1.5 分；开设与皮书内容相关的微信群，计 1 分，微信群内成员的数量及活跃程度满足一定条件，计 1.5 分；搜狗微信检索情况，每条计 1 分。

学术期刊影响力即皮书报告期刊发表情况。被皮书收录的研究报告，在皮书出版发布后，主要数据或主要结论（20%）又被学术期刊刊发的，每篇计 2.5 分。

三　皮书媒体影响力结果分析①

（一）皮书媒体影响力结果分析（2015～2019年）

1. 皮书媒体影响力结果年度比较（2015～2019年）

由表 2 可以看出，经济类皮书在 2015～2017 年以及 2019 年平均分最高，保持了领先优势。地方发展类皮书连续四年（2015～2018 年）平均分最低，表现欠佳。

依据 2015～2019 年的监测数据，经济类皮书的领跑优势呈现以下特点。首先，发布会仍是皮书传播主渠道，召开频率较高。如表 3 所示，2015～2017 年，已开发布会数量和占比呈现了较快的增长趋势。2016 年，已开发布会皮书媒体平均分为 82.26 分，达到 3 年之中的最高平均分。在 2015～2017 年召开发布会的皮书中，其媒体影响力平均分均高出经济类皮书媒体得分均值 10 分以上。其次，传统媒体得分力强，遥遥领先于其他指标。比较 2015～2017 年所有指标，经济类皮书有 3 项指标达到 2017 年版皮书媒体影响力单项指标的最高平均分，分别是传统媒体曝光率、网页检索量、微博

① 2019年版皮书媒体影响力评价指标详细解释参见《智库成果蓝皮书：中国皮书发展报告（2019）》，第194～195页。

传播能力。其中，传统媒体曝光率平均分为37.10分，明显高于及格分（27分）。而在2016年，经济类皮书所有指标均达到媒体影响力单项指标的最高平均分，2015年，其网页检索量、视频检索量两项指标达到了单项指标的最高平均分。最后，传播途径丰富多样，兼顾传统媒体和新媒体两者的共同发展优势。从经济类皮书连续五年媒体影响力各项指标平均分可以看出（见表4），2015年，视频检索量、皮书报告期刊发表情况两项指标达到单项指标的最高平均分。2016年，传统媒体曝光率、网页检索量、微博/微信检索量三项指标达到了最高平均分，其媒体影响力平均得分也高达71.14分，领先优势明显。2017～2019年，经济类皮书多项指标和媒体平均分呈波动下降趋势，课题组应充分重视这个问题。

表2　2015～2019年皮书媒体影响力结果统计（按类别）

单位：分

类别	2015年版平均分	2016年版平均分	2017年版平均分	2018年版平均分	2019年版平均分
经济	61.13	71.14	62.28	55.15	55.02
行业	49.74	56.02	54.33	46.37	38.71
社会政法	59.50	57.03	54.74	58.77	53.86
地方发展	40.52	42.56	48.61	38.56	44.05
文化传媒	43.41	58.83	52.34	52.90	47.23
国际问题	51.72	54.13	61.78	49.69	49.40
总平均分	48.98	52.26	53.81	46.62	46.60

资料来源：皮书研究院。下同。

表3　2015～2019年版经济类皮书召开发布会情况

年份	出版总量（种）	已开发布会（种）	已开发布会占比（%）	已开发布会平均分（分）	媒体平均得分（分）
2015	35	27	77.14	78.04	61.13
2016	37	31	83.78	82.26	71.14
2017	47	40	85.11	72.89	62.28
2018	57	42	73.68	71.28	55.15
2019	59	42	71.19	72.88	55.02

表4　2015～2019年版经济类皮书媒体影响力各项指标平均分统计

单位：分

年份	传统媒体曝光率	网页检索量	视频检索量	微博传播能力	微信传播能力	皮书报告期刊发表情况	媒体平均得分
2015	34.54	7.54	4.94	11.81		2.29	61.13
2016	37.81	11.03	4.68	15.59		2.03	71.14
2017	37.10	5.15	3.30	7.96	8.35	0.43	62.28
2018	31.36	4.67	2.58	7.68	8.42	0.44	55.15
2019	31.03	5.32	2.93	6.93	8.17	0.64	55.02

注：2017～2019年媒体影响力单项指标中的“微博传播能力”“微信传播能力”等同于2015～2016年媒体影响力单项指标中的微博/微信检索量。

结合表5～7，考察2015～2019年地方发展类皮书得分以及单项指标，总结出影响地方发展类皮书媒体得分的三个原因。第一，2015～2018年，媒体影响力低于10分的地方发展类皮书整体呈逐年递增的态势，2017年较2016年稍有缓和，但2018年又达到峰值（见表5）。10分以下的皮书均未召开发布会。第二，由表6得知，2015～2017年，媒体影响力得分在60分以下的地方发展类皮书的占比逐年递减，2018年又回升至58.33%。此外，2016～2018年，媒体影响力得分在60分以下的地方发展类皮书召开发布会的数量均在20种以下。可见，发布会召开频次低是其持续4年得分低的主要原因。第三，2018年，地方发展类皮书有四项指标（传统媒体曝光率、视频检索量、微信传播能力、皮书报告期刊发表情况）达到自2015年以来皮书媒体影响力单项指标的最低平均分（见表7）。

表5　媒体影响力得分低于10分的地方发展类皮书（2015～2019年）

单位：种，%

年份	出版总量	低于10分的皮书	占比
2015	129	34	26.36
2016	137	53	38.69
2017	150	47	31.33
2018	168	70	41.67
2019	148	48	32.43

表 6　媒体影响力得分低于 60 分的地方发展类皮书（2015～2019 年）

单位：种，%

年份	出版总量	低于 60 分的皮书	占比	召开发布会
2015	129	82	63.57	36
2016	137	74	54.01	10
2017	150	68	45.33	18
2018	168	98	58.33	19
2019	148	84	56.76	23

表 7　地方发展类皮书单项指标平均分（2015～2019 年）

单位：分

年份	传统媒体曝光率	网页检索量	视频检索量	微博传播能力	微信传播能力	皮书报告期刊发表情况
2015	28.48	2.27	2.86	5.82		1.09
2016	24.47	4.88	2.66	9.64		0.91
2017	28.89	3.23	2.78	6.60	6.80	0.32
2018	22.37	2.35	2.28	5.45	5.80	0.31
2019	24.96	3.46	3.31	5.29	6.66	0.37

2. 皮书媒体影响力平均分及得分率分析（2015～2019年）

对 2015～2019 年皮书媒体影响力的平均分得分率进行分析，如表 8 所示。除 2016 年外，传统媒体曝光率指标平均分得分率均高于其他指标。2015～2018 年视频检索量指标平均分及得分率呈逐年下降的趋势，2019 年略微有所提升。最近三年，微博传播能力和微信传播能力两项指标平均分及得分率基本呈现逐年递减的特征，而皮书报告期刊发表情况指标的平均分则在 0.45 分左右浮动。建议课题组未来加强视频、微信、微博的宣传。

3. 连续两年皮书媒体影响力60分及以上得分比较

从表 9 可以看出，2019 年版皮书媒体影响力得分在 60 分及以上的皮书占 47.97%，较 2018 年版明显下降。

表 8　2015～2019 年皮书媒体影响力结果平均分及得分率（按指标）

单位：分

项目	传统媒体曝光率(45 分)	网页检索量(10 分)	视频检索量(10 分)	微博传播能力(15 分)	微信传播能力(15 分)	皮书报告期刊发表情况(5 分)
2015 年平均分	31.06	4.24	3.23	8.21		1.48
得分率	69.02%	42.4%	32.3%	41.05%		29.6%
2016 年平均分	29.14	6.83	3.14	11.99		1.16
得分率	64.76%	68.3%	31.4%	59.95%		23.2%
2017 年平均分	31.74	4.07	2.78	7.12	7.65	0.45
得分率	70.53%	40.7%	27.8%	47.47%	51%	9%
2018 年平均分	26.45	3.34	2.53	6.58	7.31	0.41
得分率	58.78%	33.4%	25.3%	43.87%	48.73%	8.2%
2019 年平均分	26.20	4.04	2.70	5.78	7.42	0.46
得分率	58.22%	40.4%	27.0%	38.53%	49.47%	9.2%

表 9　2018 年、2019 年皮书媒体影响力 60 分及以上得分分布

单位：种，%

分值	2018 年版	占比	2019 年版	占比
60 分及以上	223	52.35	201	47.97
60 分以下	203	47.65	218	52.03

通过分析对比 2018 年、2019 年 60 分及以上皮书媒体影响力单项指标得分情况（见表 10），得知除微博传播能力和微信传播能力两项指标外，2019 年单项指标平均分均高于 2018 年。因此，2019 年 60 分及以上皮书媒体影响力总平均分要比 2018 年高 1.79 分。相同之处是，2018 年和 2019 年，其视频检索量、皮书报告期刊发表情况两项指标均未达到及格分。

表10　2018年、2019年60分及以上皮书媒体影响力单项指标得分统计

单位：分

类别	2018年60分及以上平均分	2019年60分及以上平均分
总平均分	77.06	78.85
传统媒体曝光率	44.14	44.62
网页检索量	5.81	7.14
视频检索量	4.65	5.17
微博传播能力	10.62	10.13
微信传播能力	11.16	10.95
皮书报告期刊发表情况	0.68	0.83

（二）2019年版皮书媒体影响力单项指标平均值统计

由表11可知，2019年版皮书媒体影响力单项指标平均值均未达到及格分数，且传统媒体曝光率、微博传播能力两项指标均低于2018年版得分。由此建议，皮书课题组应加强对传统媒体和新媒体的宣传，在开完发布会后的一周内多发布与皮书相关的新闻报道以及微博，提升媒体影响力。除此之外，皮书课题组还应重视皮书微博公众号的开通情况和运营能力，制定宣传策略，形成链式传播，在微博公众平台集中推送皮书的相关内容。

表11　2018年版、2019年版皮书媒体影响力单项指标平均值统计

单位：分

项目	2018年媒体影响力单项指标平均值	2019年媒体影响力单项指标平均值	媒体影响力单项指标总分	媒体影响力单项指标及格分
传统媒体曝光率	26.45	26.20	45	27
网页检索量	3.34	4.04	10	6
视频检索量	2.53	2.70	10	6
微博传播能力	6.58	5.78	15	9
微信传播能力	7.31	7.42	15	9
皮书报告期刊发表情况	0.41	0.46	5	3
2018年媒体影响力总平均分	46.62		2019年媒体影响力总平均分	46.60

从表 12 可看出，经济类皮书有 3 项指标达到 2019 年版皮书媒体影响力单项指标的最高平均分，行业类皮书有 4 项指标达到 2019 年版皮书媒体影响力单项指标的最低平均分。经济类皮书平均分为 55.02 分，高于总平均分 46.60 分，行业类皮书平均分为 38.70 分。

表 12　2019 年版皮书媒体影响力各项指标平均分统计（按类别）

单位：分

类别	传统媒体曝光率	网页检索量	视频检索量	微博传播能力	微信传播能力	皮书报告期刊发表情况	各类别平均分
经济	31.03	5.32	2.93	6.93	8.17	0.64	55.02
行业	21.55	3.51	1.59	5.04	6.95	0.06	38.70
社会政法	29.61	5.07	3.85	6.77	7.91	0.65	53.86
地方发展	24.96	3.46	3.31	5.29	6.66	0.37	44.05
文化传媒	26.05	4.18	2.03	6.04	8.36	0.58	47.24
国际问题	28.45	4.00	1.78	5.92	8.39	0.87	49.41
单项指标均值/总平均分	26.20	4.04	2.70	5.78	7.42	0.46	46.60

2019 年版经济类皮书媒体影响力单项指标得分高体现在以下五个方面。第一，从表 13 得知，经济类皮书有 59 种，其中 42 种召开了发布会，占比为 71.19%，与 2018 年基本持平，比重较高。此外，已开发布会皮书平均分为 72.88 分，高出此类别媒体影响力平均分（55.02 分）近 18 分。第二，从表 12 可知，经济类皮书的 6 项指标得分均高于单项指标平均分，且传统媒体曝光率指标得分比此项指标平均分高 4.83 分。第三，在召开发布会的 42 种皮书中，有 35 种皮书的传统媒体曝光率这一指标为满分（45 分）。说明课题组注重利用传统媒体、网络媒体对皮书进行宣传，既体现了皮书的价值，又从不同渠道、不同角度展现了皮书的成果。第四，评价结果如表 12 所示，网页检索量达到了 2019 年版皮书媒体影响力该项指标的最高平均分（5.32 分），高于此项指标均值（4.04 分）。从监测数据中不难发现，59 种皮书中，有 14 种皮

书拿到了满分（10 分），占比为 23.73%。而全部参评的 419 种皮书中，其网页检索量指标为满分的也只有 55 种，仅占总数的 13.13%。第五，由表 12 看出，微博传播能力达到了 2019 年版皮书媒体影响力该项指标的最高平均分（6.93 分），高于此项指标均值（5.78 分）。从此项指标得分情况来看，59 种皮书中，有 35 种皮书的三级指标——微博检索量拿到了满分（10 分），但只有 8 种皮书开通了微博公众号，因此丢失了该项指标的分值（5 分），颇为可惜。此项指标均值虽高于其他类别的皮书，但课题组在开通单种皮书的微博账号方面表现欠佳。因此，大力提升课题组微博公众号的运营能力丝毫不能懈怠。

结合表 11 ~13 的监测数据，得出行业类皮书单项指标得分低的几个原因。首先，从表 13 得知，行业类皮书有 78 种，其中 44 种召开了发布会，占比为 56.41%，与其他五类皮书相比，其召开发布会的占比最低。同时，2019 年行业类皮书已开发布会占比也远低于 2018 年和 2017 年（62.67% 和 73.02%）。未开发布会的 34 种皮书中，总平均分为 5.09 分，比此类别媒体影响力平均分低 33.61 分。其次，结合表 11 与表 12，有四项指标（传统媒体曝光率、视频检索量、微博传播能力、皮书报告期刊发表情况）达到了 2019 年版皮书媒体影响力单项指标的最低平均分，与此同时，其分数也低于平均值和及格分。最后，在召开发布会的 44 种皮书中，视频指标为满分（10 分）的皮书共计 8 种，占比为 18.18%。在 2019 年版召开发布会的 268 种皮书中，共有 85 种皮书视频指标为满分，占参评总数的 31.72%。由此得知，行业类皮书视频指标满分得分率过低，需加强发布会视频的宣传力度。

表 13　2019 年版皮书召开发布会情况（按类别）

类别	出版总量（种）	已开发布会（种）	未开发布会（种）	已开发布会占比（%）	已开发布会平均分（分）	媒体影响力平均得分（分）
经济	59	42	17	71.19	72.88	55.02
行业	78	44	34	56.41	64.68	38.70
社会政法	46	33	13	71.74	72.64	53.86
地方发展	148	87	61	58.78	69.48	44.05
文化传媒	39	23	16	58.97	65.33	47.24
国际问题	49	39	10	79.59	61.24	49.41

（三）2019年版媒体影响力排名前50位的皮书单项指标统计分析

由表 14 可知，2019 年版媒体影响力排名前 50 位的皮书平均值为 89. 23 分，远高于总平均值，媒体传播力表现突出，领先优势明显。传统媒体曝光率、网页检索量、视频检索量、微博传播能力、微信传播能力 5 项指标均高于及格分。排名前 50 位的皮书单项指标均值以及总平均值如此之高有以下三个原因：第一，在 50 种皮书中，有 47 种召开了发布会，占比高达 94%。第二，50 种皮书的传统媒体曝光率指标皆为满分（45 分）；视频检索量指标为满分（10 分）的有 37 种，占比为 74%；网页检索量指标为满分（10 分）的有 24 种，占比为 48%；微博、微信传播能力指标为满分（15 分）的各有 18 种，占比分别为 36%；皮书报告期刊发表情况指标为满分（5 分）的有 17 种，占比达 34%。第三，90 分及以上的皮书达到 16 种，基本与 2018 年持平（2018 年为 15 种）。

表 14　2019 年版皮书媒体排名前 50 名单项指标统计分析

单位：分

传统媒体曝光率均值	网页检索量均值	视频检索量均值	微博传播能力均值	微信传播能力均值	皮书报告期刊发表情况均值	媒体影响力得分均值
45	8. 52	8. 60	12. 31	12. 75	2. 05	89. 23

（四）2019年版媒体影响力排名前50位的皮书出版日期与发布会日期统计分析

1. 2019年版媒体影响力排名前50位的皮书出版日期与发布会日期统计分析

如表 15 所示，在 2019 年版媒体影响力排名前 50 位的皮书中，29 种皮书在出版后的 15 天内及时召开了发布会，抢占了宣传最佳时机，既扩大了社会影响力，又体现了媒体宣传的时效性，这也是前 50 名皮书媒体得分高的重要原因。

表 15　2019 年版媒体影响力排名前 50 位的皮书出版日期与发布会日期统计分析

序号	丛书名	书名	出版日期	发布会日期
1	新媒体蓝皮书	中国新媒体发展报告 No. 10(2019)	2019. 06. 13	2019. 06. 25
2	移动互联网蓝皮书	中国移动互联网发展报告(2019)	2019. 06. 21	2019. 06. 24
3	城市蓝皮书	中国城市发展报告 No. 12	2019. 10. 22	2019. 10. 29
4	澳大利亚蓝皮书	澳大利亚发展报告(2018 ~ 2019)	2020. 03. 17	2020. 01. 09
5	德国蓝皮书	德国发展报告(2019)	2019. 07. 10	2019. 07. 22
6	甘肃蓝皮书	甘肃县域和农村发展报告(2019)	2018. 12. 25	2019. 01. 08
7	广州蓝皮书	广州经济发展报告(2019)	2019. 05. 29	2019. 05. 31
8	广州蓝皮书	广州社会发展报告(2019)	2019. 07. 11	2019. 07. 24
9	文化建设蓝皮书	中国文化发展报告(2019)	2019. 07. 25	2019. 09. 06
10	京津冀蓝皮书	京津冀发展报告(2019)	2019. 06. 06	2019. 06. 30
11	法治蓝皮书	中国法治发展报告 No. 17(2019)	2019. 03. 25	2019. 03. 28
12	青少年蓝皮书	中国未成年人互联网运用报告(2019)	2019. 05. 28	2019. 05. 31
13	法治蓝皮书	四川依法治省年度报告 No. 5(2019)	2019. 03. 25	2019. 03. 28
14	法治蓝皮书	中国法院信息化发展报告 No. 3(2019)	2019. 02. 28	2019. 03. 01
15	广州蓝皮书	广州创新型城市发展报告(2019)	2019. 05. 28	2019. 05. 31
16	媒体融合蓝皮书	中国媒体融合发展报告(2019)	2019. 01. 23	2019. 02. 20
17	广州蓝皮书	广州农村发展报告(2019)	2019. 07. 08	2019. 07. 11
18	社会心态蓝皮书	中国社会心态研究报告(2019)	2019. 12. 23	2019. 12. 26
19	新能源汽车蓝皮书	中国新能源汽车产业发展报告(2019)	2019. 08. 28	2019. 08. 31
20	河南经济蓝皮书	2019 年河南经济形势分析与预测	2019. 02. 28	2019. 03. 19
21	就业蓝皮书	2019 年中国高职高专生就业报告	2019. 06. 06	2019. 06. 10
22	就业蓝皮书	2019 年中国本科生就业报告	2019. 06. 06	2019. 06. 10
23	未来媒体蓝皮书	中国未来媒体研究报告(2019)	2019. 12. 24	2019. 11. 02
24	文化蓝皮书	中国文化产业供需协调检测报告(2019)	2019. 04. 18	2019. 05. 18
25	文化蓝皮书	中国文化消费需求景气评价报告(2019)	2019. 04. 18	2019. 05. 18
26	文化蓝皮书	中国公共文化投入增长测评报告(2019)	2019. 04. 18	2019. 05. 18
27	农村绿皮书	中国农村经济形势分析与预测(2018 ~ 2019)	2019. 04. 19	2019. 04. 28
28	北京蓝皮书	北京公共服务发展报告(2018 ~ 2019)	2019. 05. 24	2019. 06. 12

续表

序号	丛书名	书名	出版日期	发布会日期
29	餐饮产业蓝皮书	中国餐饮产业发展报告(2019)	2019.06.18	2019.07.13
30	连片特困区蓝皮书	中国连片特困区发展报告(2018～2019)	2019.08.02	2019.12.27
31	广州蓝皮书	广州城市国际化发展报告(2019)	2019.06.14	2019.06.19
32	贵州房地产蓝皮书	贵州房地产发展报告 No.6(2019)	2019.10.08	2019.11.12
33	金融科技蓝皮书	中国金融科技发展报告(2019)	2019.10.14	2019.11.16
34	房地产蓝皮书	中国房地产发展报告 No.16(2019)	2019.05.20	2019.05.23
35	区块链蓝皮书	中国区块链发展报告(2019)	2019.09.09	2019.11.16
36	监管科技蓝皮书	中国监管科技发展报告(2019)	2019.10.28	2019.11.16
37	甘肃蓝皮书	甘肃社会发展分析与预测(2019)	2018.12.24	2019.01.08
38	甘肃蓝皮书	甘肃舆情分析与预测(2019)	2018.12.24	2019.01.08
39	甘肃蓝皮书	甘肃文化发展分析与预测(2019)	2018.12.25	2019.01.08
40	甘肃蓝皮书	甘肃经济发展分析与预测(2019)	2018.12.25	2019.01.08
41	河南蓝皮书	河南经济发展报告(2019)	2019.06.03	2019.06.28
42	世界经济黄皮书	2019年世界经济形势分析与预测	2018.12.24	2018.12.27
43	国际形势黄皮书	全球政治与安全报告(2019)	2018.12.24	2018.12.27
44	甘肃蓝皮书	甘肃商贸流通发展报告(2019)	2018.12.25	2019.01.08
45	公共安全感蓝皮书	中国城市公共安全感调查报告(2019)	2020.04.03	2020.01.17
46	老龄蓝皮书	中国老年人生活质量发展报告(2019)	2019.09.24	2019.12.27
47	广州蓝皮书	广州国际商贸中心发展报告(2019)	2019.07.22	2019.07.30
48	北京蓝皮书	北京社会治理发展报告(2018～2019)	2019.05.28	2019.06.19
49	粤港澳大湾区蓝皮书	粤港澳大湾区建设报告(2019)	2020.03.19	2020.04.21
50	中国省域竞争力蓝皮书	中国省域经济综合竞争力发展报告(2017～2018)	2019.04.08	2019.04.11

2. 2015～2019年媒体影响力排名均为前50位的皮书召开发布会情况统计

如表16所示，2015～2019年媒体影响力排名均为前50位的皮书共计3种，分别为《法治蓝皮书：中国法治发展报告》《新媒体蓝皮书：中国新媒体发展报告》《移动互联网蓝皮书：中国移动互联网发展报告》。观察 3 种皮书近 5 年召开发布会的时间，发现时间间隔最多不超过 17 天。其中，“新媒体蓝皮书”召开发布会时间最为稳定，每年都固定在 6 月 21～26 日召开皮书发布会。

表 16　2015～2019 年媒体影响力排名均为前 50 位的皮书召开发布会情况统计

序号	丛书名	书名	2015 年	2016 年	2017 年	2018 年	2019 年
1	法治蓝皮书	中国法治发展报告	2015. 03. 18	2016. 03. 18	2017. 03. 20	2018. 03. 22	2019. 03. 28
2	新媒体蓝皮书	中国新媒体发展报告	2015. 06. 24	2016. 06. 21	2017. 06. 26	2018. 06. 26	2019. 06. 25
3	移动互联网蓝皮书	中国移动互联网发展报告	2015. 06. 24	2016. 07. 06	2017. 07. 01	2018. 06. 19	2019. 06. 24

3. 2015～2019年媒体影响力排名均为前50位的皮书得分统计

由表 17 可知，2015～2019 年媒体影响力排名均为前 50 位的 3 种皮书中，唯有“新媒体蓝皮书”年年上交满分答卷，媒体影响力总排名以及分类排名均位列第一。深究原因，不难发现，首先，发布会的组织机构新闻与传播研究所在发布会召开之前已备好各种文案，为媒体提供了素材。其次，课题组在选择发布会的召开时机方面做足了功课，通常安排在六月的第三周举行，既传播了热点和观点，又对皮书的销售有利。再次，课题组邀请众多媒体参与报道蓝皮书，其中不乏人民日报社、新华社、光明日报社等中央级媒体，形成了全方位立体式传播的局面。最后，在融媒体时代，每个人都能成为信息的传播者和接收者。“新媒体蓝皮书”课题组紧随时代潮流，为增强皮书报道的现场感，近几年在发布会现场都安排了微博和微信直播，大大提高了受众的参与热情，扩大了皮书的社会影响力。

（五）2019年版皮书媒体影响力排名前50位的研创机构统计分析

1. 2019年版皮书媒体影响力排名前50位的研创机构地域分析

对2019年版皮书媒体影响力排名前50位的研创机构的地域进行分析，结果如表18所示，北京地区贡献了50%的研创机构，占据了半壁江山。不过，与2018年相比，排名前50位的机构减少了8家。北京市拥有较多的媒体资源，且分布了多数中央级媒体和一类媒体，大都历史悠久、影响深远。广州市紧随其后，占比为14%，机构数量与2018年持平（7家），在地方媒体中继续领跑。此次，兰州市在媒体影响力50强中跻身前三，共有6家机构入围，占比达12%，表现突出，体现了地方媒体较强的竞争力，也进一步扩大了地方媒体影响力的版图。其余8个地区的研创机构共计12家，占比为24%。

表17　2015～2019年媒体影响力排名均为前50位的皮书得分统计

单位：分

媒体影响力总排名	媒体影响力分类排名	版本	类别	丛书名	书名	媒体评价得分
1	1	2015	社会政法	法治蓝皮书	中国法治发展报告 No. 13（2015）	100
1	1	2016			中国法治发展报告 No. 14（2016）	100
6	1	2017			中国法治发展报告 No. 15（2017）	93. 5
10	4	2018			中国法治发展报告 No. 16（2018）	93
11	1	2019			中国法治发展报告 No. 17（2019）	93. 5

续表

媒体影响力总排名	媒体影响力分类排名	版本	类别	丛书名	书名	媒体评价得分
1	1	2015	文化传媒	新媒体蓝皮书	中国新媒体发展报告 No. 6（2015）	100
1	1	2016			中国新媒体发展报告 No. 7（2016）	100
1	1	2017			中国新媒体发展报告 No. 8（2017）	100
1	1	2018			中国新媒体发展报告 No. 9（2018）	100
1	1	2019			中国新媒体发展报告 No. 10（2019）	100
11	2	2015	文化传媒	移动互联网蓝皮书	中国移动互联网发展报告（2015）	95
1	1	2016			中国移动互联网发展报告（2016）	100
1	1	2017			中国移动互联网发展报告（2017）	100
5	2	2018			中国移动互联网发展报告（2018）	96
1	1	2019			中国移动互联网发展报告（2019）	100

表 18　2019 年版皮书媒体影响力排名前 50 位的研创机构地域分析

排名	地域	数量（家）
1	北京	25
2	广州	7
3	兰州	6
4	昆明	3
5	郑州	2
5	福州	2
7	上海	1

续表

排名	地域	数量(家)
7	天津	1
7	贵阳	1
7	武汉	1
7	吉首	1

表19显示，2019年版皮书媒体影响力排名前10位的研创机构中，中国社会科学院新闻与传播研究所、人民网研究院、中国社会科学院城市发展与环境研究所、北京外国语大学澳大利亚研究中心、首都经济贸易大学等5家研创机构位于北京。这与北京市拥有较多的媒体资源密不可分。广州有1家研创机构（2种皮书）入围前10名。广州市社会科学院主持编撰的《广州经济发展报告（2019）》和《广州社会发展报告（2019）》，一类媒体和本地媒体较多地报道了蓝皮书的发布情况。一类媒体如中国网、中国新闻网、凤凰网等高效地报道了“广州蓝皮书”的发布信息；而本地媒体如《广州日报》《南方都市报》《广东晨报》等则从不同的报道视角出发，分别对广州经济的增长、广州住宅市场、广州民生指数等方面做了详细的阐述。两种皮书的课题组均邀请了百余家媒体对其进行了报道。

表19　2019年版皮书媒体影响力排名前50位的研创机构情况

序号	书名	研创单位	类型	地理位置
1	中国新媒体发展报告No. 10(2019)	中国社会科学院新闻与传播研究所	中国社会科学院智库	北京
2	中国移动互联网发展报告(2019)	人民网研究院	媒体和媒体智库	北京
3	中国城市发展报告No. 12	中国社会科学院城市发展与环境研究所	中国社会科学院智库	北京
4	澳大利亚发展报告(2018～2019)	北京外国语大学澳大利亚研究中心	高校和高校智库	北京
5	德国发展报告(2019)	同济大学德国研究中心	高校和高校智库	上海
6	甘肃县域和农村发展报告(2019)	甘肃省社会科学院、甘肃省统计局	地方社会科学院智库、党政部门及其智库	甘肃

续表

序号	书名	研创单位	类型	地理位置
7	广州经济发展报告（2019）	广州市社会科学院	地方社会科学院智库	广州
8	广州社会发展报告（2019）	广州市社会科学院	地方社会科学院智库	广州
9	中国文化发展报告（2019）	湖北大学高等人文研究院、中华文化发展湖北省协同创新中心、湖北文化建设研究院	高校和高校智库、企业和企业智库	湖北
10	京津冀发展报告（2019）	首都经济贸易大学	高校和高校智库	北京
11	中国法治发展报告 No. 17（2019）	中国社会科学院法学研究所	中国社会科学院智库	北京
12	中国未成年人互联网运用报告（2019）	中国社会科学院新闻与传播研究所、中国少年儿童发展服务中心	中国社会科学院智库、其他	北京
13	四川依法治省年度报告 No. 5（2019）	中国社会科学院法学研究所	中国社会科学院智库	北京
14	中国法院信息化发展报告 No. 3（2019）	中国社会科学院法学研究所	中国社会科学院智库	北京
15	广州创新型城市发展报告（2019）	广州市社会科学院	地方社会科学院智库	广州
16	中国媒体融合发展报告（2019）	北京市新闻工作者协会	行业智库	北京
17	广州农村发展报告（2019）	广州市社会科学院	地方社会科学院智库	广州
18	中国社会心态研究报告（2019）	中国社会科学院社会学研究所	中国社会科学院智库	北京
19	中国新能源汽车产业发展报告（2019）	中国汽车技术研究中心、日产（中国）投资有限公司、东风汽车有限公司	企业和企业智库	天津
20	2019 年河南经济形势分析与预测	河南省统计局	党政部门及其智库	河南
21	2019 年中国高职高专生就业报告	麦可思研究院	企业和企业智库	北京

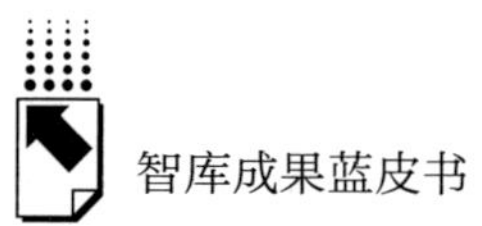

续表

序号	书名	研创单位	类型	地理位置
22	2019 年中国本科生就业报告	麦可思研究院	企业和企业智库	北京
23	中国未来媒体研究报告(2019)	厦门理工学院、福建省高校人文社科研究基地未来媒体发展研究中心、福建省社会科学研究基地文化产业研究中心、福建省高校新型特色智库两岸文创研究院	高校和高校智库、其他	福建
24	中国文化产业供需协调检测报告(2019)	云南省社会科学院文化发展研究中心	地方社会科学院智库	云南
25	中国文化消费需求景气评价报告(2019)	云南省社会科学院文化发展研究中心	地方社会科学院智库	云南
26	中国公共文化投入增长测评报告(2019)	云南省社会科学院文化发展研究中心	地方社会科学院智库	云南
27	中国农村经济形势分析与预测(2018～2019)	中国社会科学院农村发展研究所、国家统计局农村社会经济调查司	中国社会科学院智库、党政部门及其智库	北京
28	北京公共服务发展报告(2018～2019)	北京市社会科学院管理研究所	地方社会科学院智库	北京
29	中国餐饮产业发展报告(2019)	世界中餐业联合会、昆明学院	行业智库、高校和高校智库	北京
30	中国连片特困区发展报告(2018～2019)	吉首大学“武陵山片区扶贫与发展”协同创新中心	高校和高校智库	湖南
31	广州城市国际化发展报告(2019)	广州市社会科学院国际问题研究所	地方社会科学院智库	广州
32	贵州房地产发展报告 No. 6(2019)	贵州财经大学贵州省房地产研究院	高校和高校智库	贵州
33	中国金融科技发展报告(2019)	中国金融学会金融科技专业委员会	企业和企业智库	北京
34	中国房地产发展报告 No. 16(2019)	中国社会科学院城市发展与环境研究所	中国社会科学院智库	北京
35	中国区块链发展报告(2019)	北京中科金财科技股份有限公司	企业和企业智库	北京
36	中国监管科技发展报告(2019)	中国人民银行货币政策司	企业和企业智库	北京

续表

序号	书名	研创单位	类型	地理位置
37	甘肃社会发展分析与预测(2019)	甘肃省社会科学院	地方社会科学院智库	甘肃
38	甘肃舆情分析与预测(2019)	甘肃省社会科学院	地方社会科学院智库	甘肃
39	甘肃文化发展分析与预测(2019)	甘肃省社会科学院	地方社会科学院智库	甘肃
40	甘肃经济发展分析与预测(2019)	甘肃省社会科学院	地方社会科学院智库	甘肃
41	河南经济发展报告(2019)	河南省社会科学院	地方社会科学院智库	河南
42	2019年世界经济形势分析与预测	中国社会科学院世界经济与政治研究所	中国社会科学院智库	北京
43	全球政治与安全报告(2019)	中国社会科学院世界经济与政治研究所	中国社会科学院智库	北京
44	甘肃商贸流通发展报告(2019)	甘肃省社会科学院、甘肃省商务厅	地方社会科学院智库、党政部门智库	甘肃
45	中国城市公共安全感调查报告(2019)	中国应急管理学会、中国矿业大学	行业智库、高校和高校智库	北京
46	中国老年人生活质量发展报告(2019)	中国老龄科学研究中心	党政部门及其智库	北京
47	广州国际商贸中心发展报告(2019)	广州市社会科学院、广州市商务局、广州商业总会	地方社会科学院智库、党政部门及其智库	广州
48	北京社会治理发展报告(2018~2019)	北京市社会科学院首都社会治安综合治理研究所	地方社会科学院智库	北京
49	粤港澳大湾区建设报告(2019)	广东省社会科学院、粤港澳大湾区研究院	地方社会科学院智库	广州
50	中国省域经济综合竞争力发展报告(2017~2018)	全国经济综合竞争力研究中心福建师范大学分中心	高校和高校智库	福建

2. 2019年版皮书媒体影响力排名前50位的研创机构类型分析

如表20所示，媒体影响力排名前50位的研创机构以地方社会科学院智库、中国社会科学院智库、高校和高校智库为主，三者共计38家，占比高达76%，如广州市社会科学院、甘肃省社会科学院、中国社会科学院法学研究所、首都经济贸易大学、同济大学等；其次是企业和企业智库、行业智库、党政部门及其智库等机构，如麦可思研究院、北京市新闻工作者协会、河南省统计局等，占比为24%。皮书的主要研究力量集中在社会科学院和高校，上述机构中的皮书作者和主编具有一定的知名度，且在各自研究领域中有较大影响力。

表20　2019年版皮书媒体影响力排名前50位的研创机构类型分析

排名	类型	数量(家)
1	地方社会科学院智库	19
2	中国社会科学院智库	11
3	高校和高校智库	10
4	企业和企业智库	7
5	党政部门及其智库	6
6	行业智库	3
7	其他	2
8	媒体和媒体智库	1

由表19可知，排名前10位的研创机构中，有5种皮书隶属社会科学院系统，社会科学院系统拥有雄厚的学术资源背景和丰富的媒体资源，占据了Top10中50%的比重。有4种皮书属于高校系统——同济大学、首都经济贸易大学、北京外国语大学、湖北大学。第一，同济大学德国研究中心成立于1985年，“德国蓝皮书”的研创正是依托这样一个实体建制的研究机构进行皮书研创的。课题组在发布会的时间点选择上与该国大事件紧密联系，如每年6月、7月举行发布会，在发布会上传递一些媒体可能较为关注的话题信息，加强与媒体的联动和合作。同时，课题组还举办“德国内政外交及中德关系”研讨会，扩大了“德国蓝皮书”在中国、德国及欧洲学界的社会影响力。此外，课题组也尝试与媒体开展深度合作，开设专栏。比如，在“澎湃新闻”开设《同观·德国》，通过媒体平台传递皮书相关信息；利用微信公众号、微博等在线传播平台宣传“德国蓝皮书”，与受众形成了良好

的互动。第二，“京津冀蓝皮书”依托首都经济贸易大学首都圈研究团队，对首都圈和京津冀协同发展进行了持续、系统、深入研究。在蓝皮书宣传方面，研究团队在《光明日报》《经济日报》等国家级媒体发表了多篇京津冀协同发展的文章。近些年，首都经济贸易大学首都圈研究团队不断整合京津冀研究领域的专家力量，积极参与政府课题，最终促成“京津冀蓝皮书”逐渐成为京津冀研究领域极具影响力的品牌和代表。值得一提的是，人民网研究院作为唯一进入媒体影响力前10位的媒体智库，曾于2017年入选中国核心智库榜单，其影响力十分可观。

四　2019年版皮书媒体影响力存在问题分析

（一）未召开发布会的皮书课题组对媒体评价重视程度不够

从目前的统计数据看，如表21所示，2019年评价的419种皮书，共计268种召开了发布会，占比达63.96%，媒体影响力平均分为68.06分，远高于总平均分46.60分，略低于2018年已召开发布会的皮书媒体影响力平均分70.18分。因此，发布会依旧是提升皮书媒体影响力的重要手段。其中，媒体影响力得分低于10分的124种皮书，有118种未召开发布会（见表22）。未召开发布会的皮书课题组对媒体评价重视程度不够，造成媒体影响力得分较低。

表21　2019年版皮书已开与未开发布会的媒体影响力平均分对比

项目	品种(种)	百分比(%)	平均分(分)
出版总量	419	100	46.60
已开发布会	268	63.96	68.06
未开发布会	151	36.04	8.51

由表22可知，低于10分的行业类皮书数量最多，占比高达37.18%。其次是地方发展类、文化传媒类皮书，分别占比32.43%、30.77%。值得

注意的是，2019 年低于 10 分的地方发展类皮书较 2018 年相比，占比下降了 9.24 个百分点。说明地方皮书课题组充分意识到媒体宣传的短板，在最近的一年，加大了皮书宣传力度。建议低于 10 分的皮书统一加强发布会管理，行业类皮书课题组积极组织召开发布会。

表 22　2019 年版皮书媒体影响力得分低于 10 分的皮书（按类别）

单位：种，%

类别	出版总量	低于 10 分数量	占比
行业	78	29	37.18
地方发展	148	48	32.43
文化传媒	39	12	30.77
社会政法	46	11	23.91
经济	59	14	23.73
国际问题	49	10	20.41

（二）出版时间不规律影响皮书媒体影响力评价结果

受此次新冠肺炎疫情的影响，2019 年版皮书评价的截止时间推迟到 2020 年 6 月，较往年延迟了 4 个月，因此，不存在跨年出版影响评价结果的问题。而在 2020 年 3～6 月出版的 2019 年版皮书多达 58 种，对于出版时间与评价时间接近的皮书，皮书研究院无法监测到相关报道，媒体得分相对较低。

由此可见，出版规范性在皮书媒体影响力评价中需要重点关注，课题组应尽量做到连续出版和按期出版。尤其是按期出版方面，课题组应高度注重时效性，避免滞后出版现象。

（三）传统媒体宣传力度不够

根据 2019 年版皮书媒体影响力各项指标的统计结果（见表 11），6 项指标均未达到及格分数。其中，传统媒体曝光率指标的均值为 26.20 分，低于 2018 年版均值 26.45 分。视频检索量、网页检索量指标得分较其他指标偏低，其均值分别为2.70分、4.04分，但同比高于2018年的得分2.53分、3.34分。

（四）新媒体运营能力较弱

结合表11的监测数据，得知2019年版皮书媒体影响力微博传播能力和微信传播能力指标的平均分分别为5.78分和7.42分，均未达到及格分数9分。说明课题组未充分制定宣传方案，也未重视皮书微博/微信公众号的开通情况和运营能力，没有在规定时间内推送更多与皮书内容相关的信息。

五 提升皮书媒体影响力的对策建议及未来媒体评价方向

（一）加强皮书发布会管理，规范传统媒体宣传报道标题

从目前的监测结果来看，2019年，共计268种皮书召开了发布会，并产生了一定的规模效应。从召开发布会的皮书媒体影响力得分来看，发布会所产生的效果不同。以下就如何提升传统媒体影响力给予五点建议，供课题组参考。第一，及时告知发布会时间。课题组在与媒体协商后，联系人应及时告知皮书研究院召开发布会的时间，以免错过最佳监测时间（15天之内）。第二，规范皮书新闻稿标题，以书名或丛书名作为标题，尽量不采用单篇报告名称作为标题，以便于皮书研究院进行检索。第三，建议在新闻稿中增加研创机构和主要编撰人员信息，有助于扩大皮书及皮书课题组的社会影响力。第四，新闻稿长度适中，观点鲜明，能够突出发布会主题。第五，将新闻通稿与分类新闻稿区分，结合皮书报告的主题内容进行报道，突出各个新闻点。

（二）加强皮书新媒体运营能力，完善微博和微信公众平台运营机制

碎片化时代的到来使得人们要寻求迎合大众口味的传播方式，冗长的文

字信息加重了阅读的负担，令受众无法耐心品读。媒体大变革正在发生，融媒体时代悄然来临。文字、图片、声音、视频的完美融合，生动而简洁，深受大众喜爱。

皮书课题组通过开通微博公众号实现自身价值，重视在内容发布上的战略措施。此外，课题组还创造具有独特魅力的内容，形成独特品牌，从而打造知名度，实现了好的媒体宣传效果。在微博的平台上，信息获得、信息传播极其便捷。微博传播信息的速度要远远超过报纸、期刊、电视等传统媒体。皮书课题组可以发布140字以内的文字，助力皮书的宣传，还可以发布图片、视频，甚至通过直播皮书发布会与其他微博用户进行互动，从而达到理想的宣传效果。这样的宣传方式及时、有效。

微信公众号平台的创建为皮书的宣传拓展了传播渠道，受众的阅读模式由大屏幕转向了小屏幕。在融媒体时代，皮书课题组确立多元化的微信公众号运营思维是十分有必要的。课题组不应拘泥于内容制造，而应在内容生产的基础上，将创新思维运用到技术、互动和传播的过程中，以此提升皮书的媒体影响力。皮书课题组可以由传统的文字、视频的推送方式转向多角度、多渠道的系列报道方式，结合皮书内容的深度报道，将其穿插于各公众号的文章推送中，扩大视频范围和视频优势。

（三）探索皮书多元化发布模式，线上发布会与视频宣传相结合

面对2020年初突发的新冠肺炎疫情，为响应国家疫情防控号召，建议课题组探索皮书多元化发布模式，与视频宣传相结合，将皮书发布会由线下转为线上召开。以下两点建议仅供参考。第一，皮书课题组可以录制短而精的宣传片，借助微信朋友圈的最新功能“视频号”将部分信息传递出来，满足受众的需要，提高其对皮书的关注度。此外，书店人流量大，也是信息传播的重要场所，课题组可进一步拓展传播途径，利用显示屏进行信息播报。第二，建议课题组考虑“文字+视频”的直播方式，邀请皮书主编做客人民网、中国网，与网民在线交流，对网民的疑义给予详细的回应。皮书的官方微博也可进行直播，发布主编与网民的互动内容，以及访

谈摘录。这种直播方式可为网友提供清晰的皮书热点解读，进一步扩大影响力。

（四）整合传统媒体与新媒体的优势，做好“三个融合”

目前，中国的传统媒体在新闻报道方面带有较多的官方色彩，更为专业、严肃、客观。传播渠道依靠点对点的形式，目标受众为一对一或一对多。而新媒体的信息传播则更显随意性，近年来发展迅速，不仅可以快速传递信息，而且可以促使更多的受众参与传播的各个环节。各皮书课题组可以充分结合二者的优势，取长补短，扩大皮书的社会影响力。以下三点可供参考。第一，信息融合。在进行传统媒体与新媒体之间的融合时，可以整合二者的优势。比如，传统媒体可借助新媒体恰当使用网络新词，严肃的传播性质结合网络新词的使用必然可以引起更多的关注度。第二，内容融合。传统媒体可借鉴新媒体传播，在内容方面多创新，结合各种新闻数据和新闻视频，使观众了解的信息更为全面。第三，途径融合。皮书课题组可以开通微博、官网等平台，及时进行信息传播的公告，从而引起更多人的关注；此外，还可以借助各种网络视频平台（如今日头条、抖音、快手等平台）进行信息播报。

（五）关注媒体影响力反馈结果，促进皮书课题组与皮书评价工作的双向互动

媒体评价的工作是双向进行的。建议皮书课题组注重媒体影响力的复核工作，关注媒体影响力结果的反馈。需要说明的是，具体评价人员不掌握相关素材，需要皮书课题组提供，通过课题组对评价结果的反馈，可有助于提升皮书的媒体影响力。

对比分析2017～2019年皮书课题组的反馈情况，由表23可知，2017年皮书课题组就媒体评价反馈情况：76个；2018年反馈情况：86个；2019年反馈情况：76个。2017～2019年都有反馈的课题组有26个。从活跃度占比来看，2017年最高，为20.32%；2018年与2017年基本持平；2019年最

低，为18.14%。说明课题组就媒体评价反馈积极度不够，建议各皮书课题组能够充分重视评价结果，实时跟进媒体评价的反馈情况，加强与媒体评价人员的互动，在每次收到评分反馈的邮件后，能做到积极、主动地为媒体评价结果提供补充材料并给予建议。

表23　2017～2019年皮书课题组就媒体评价反馈的情况

年份	2017年	2018年	2019年	2017～2019年*
有反馈的课题组（个）	76	86	76	26
参评皮书数量（种）	374	426	419	—
活跃度占比（%）	20.32	20.19	18.14	—

*2017～2019年均有反馈的课题组共有26个。

通过表24可知，2017～2019年均有反馈的26个课题组，有21个课题组获得过“优秀皮书奖”。其中，“新媒体蓝皮书”课题组获奖次数多达9次。“城市蓝皮书”“德国蓝皮书”“华侨华人蓝皮书”课题组分别获得8次奖项。

表24　2017～2019年均有反馈的26个课题组皮书获奖情况

单位：次

序号	丛书名	书名	获奖次数
1	新媒体蓝皮书	中国新媒体发展报告No.10（2019）	9
2	城市蓝皮书	中国城市发展报告No.12	8
3	德国蓝皮书	德国发展报告（2019）	8
4	华侨华人蓝皮书	华侨华人研究报告2019	8
5	广州蓝皮书	2019年中国广州社会形势分析与预测	7
6	移动互联网蓝皮书	中国移动互联网发展报告（2019）	6
7	广州蓝皮书	广州经济发展报告（2019）	5
8	北京蓝皮书	北京经济发展报告（2016～2017）	5
9	广州蓝皮书	中国广州文化发展报告（2019）	4
10	北京蓝皮书	北京公共服务发展报告（2018～2019）	4
11	新能源汽车蓝皮书	中国新能源汽车产业发展报告（2019）	4
12	广州蓝皮书	2019年中国广州经济形势分析与预测	3
13	文化蓝皮书	中国文化消费需求景气评价报告（2019）	3
14	广州蓝皮书	广州创新型城市发展报告（2019）	2
15	健康城市蓝皮书	北京健康城市建设研究报告（2019）	2

续表

序号	丛书名	书名	获奖次数
16	英国蓝皮书	英国发展报告(2018~2019)	2
17	贵州房地产蓝皮书	贵州房地产发展报告 No. 6(2019)	2
18	中亚黄皮书	中亚国家发展报告(2019)	2
19	健康城市蓝皮书	中国健康城市建设研究报告(2019)	1
20	以色列蓝皮书	以色列发展报告(2019)	1
21	法治蓝皮书	中国法院信息化发展报告 No. 3(2019)	1
22	医疗器械蓝皮书	中国医疗器械行业发展报告(2019)	0
23	商务中心区蓝皮书	中国商务中心区发展报告 No. 5(2019)	0
24	澳大利亚蓝皮书	澳大利亚发展报告(2018~2019)	0
25	文化蓝皮书	中国文化产业供需协调检测报告(2019)	0
26	文化蓝皮书	中国公共文化投入增长测评报告(2019)	0

（六）重视皮书报告期刊发表情况指标，固定皮书出版时间与发布会时间

由于学术期刊影响力指标考查发表周期，并且高质量的文章审稿周期一般较长（半年左右），因此一些出版时间较晚的皮书在皮书报告期刊发表情况这一指标的得分会受影响，此项指标与其他五项指标相比分数偏低。建议课题组在当年尽早出版皮书，在今后的评价中给予此项指标充分重视，在核心期刊上发表与皮书内容相关的文章。具体情况如表 25 所示。

表 25　2017~2019 年版皮书学术期刊影响力发表情况

年份	篇数(篇)	数量(种)	占比(%)
2017	1	9	2. 41
	≥2	29	7. 75
2018	1	14	3. 29
	≥2	28	6. 57
2019	1	15	3. 58
	≥2	31	7. 40

此外，建议皮书在当年出版，固定出版时间与发布会时间，二者建议有15天左右的时间差，以确保皮书得到更好的宣传。

参考文献

华文：《媒介影响力经济探析》，《国际新闻界》2003年第1期。

袁薇佳：《媒介影响力与品牌打造》，《当代传播》2004年第4期。

刘卓群：《媒体融合时代提升主流电视媒体影响力的路径探析——以“央视新闻”微信公众号为例》，《新闻采编》2019年第4期。

王冬清：《全媒体时代传统媒体与新媒体的深度融合探析》，《传媒论坛》2019年第22期。

邢兆星：《新媒体时代下个人微博公众号的营销策略分析》，《通讯世界》2017年第10期。

唐绪军：《审慎设置议程，切实掌握话语——〈中国新媒体发展报告〉宣传推广的体会》，载谢曙光主编《皮书与中国话语体系建设》，社会科学文献出版社，2016。

谢曙光主编《皮书手册——写作、编辑出版与评价指南》（第三版），社会科学文献出版社，2018。

郑春荣：《以皮书研创为抓手　努力推进学术共同体建设》，选自同济大学德国研究中心主任郑春荣在第二十次全国皮书年会上的讲话。

叶堂林：《以皮书研创为抓手打造首都高端智库——“京津冀蓝皮书”的一些做法分享》，选自首都经济贸易大学特大城市经济社会发展研究院执行副院长叶堂林在第六期全国皮书研创高级研修班上的讲话。

B.9

皮书内容重复率检测分析报告（2020）

张铭晏*

摘　要： 皮书的内容重复率是检测皮书报告原创性的手段，也是检验一部皮书品质的标准之一，皮书的内容重复率检测结果，可以影响皮书的质量和社会影响力。报告基于对2019版皮书的内容重复率检测结果数据，从总体情况、内容分类、皮书研究功能等角度对皮书内容重复率和扣分情况进行数据统计分析，发现非作者首发、每年框架雷同和引用公开发表文章是皮书内容重复率未达标的三个原因。同时，根据2019版皮书的单篇报告内容重复率检测结果数据，分析皮书单篇报告未达标情况，并且通过对研创单位和未达标原因进行交叉深入分析，发现高校和科研院所的皮书作者常引用个人发表的成果，党政部门皮书作者更倾向于在皮书报告中引用政府工作报告和政策文件。基于以上数据统计和分析结果，从皮书作者角度和编辑角度提出了未来降低皮书报告内容重复率的对策建议。首先要重点强调皮书报告的作者首发性；其次要加强创新性，避免每年使用同一框架、只更改数据；最后要加强原创能力，降低引用他人公开发表文章的篇幅。

关键词： 皮书评价　内容重复率　学术规范

* 张铭晏，社会科学文献出版社皮书研究院助理研究员，主要研究方向为智库成果评价、项目评价与可持续发展。

一 皮书内容重复率评价指标说明

（一）皮书内容重复率评价

原创性是皮书最重要的品质之一。皮书内容重复率是指皮书可检测的正文中引用政府公文、媒体报道、他人论文、著作，以及作者本人已发表或部分发表报告的字数占该报告总字数的比例。皮书内容重复率检测分为印前内容重复率检测、印后内容重复率检测两种。印前内容重复率检测在皮书预审阶段进行，其检测参照核心期刊的标准，即低于15%，是皮书顺利发稿、出版的前提；印后内容重复率检测在皮书出版后进行，是皮书评价、评奖的依据。

（二）重复率检测标准

部分皮书内容重复率过高，影响了皮书的质量和社会影响力。为进一步提升皮书内容质量，社会科学文献出版社严格执行内容重复率检测标准：

（1）皮书内容重复率的检测范围为皮书的正文（不含技术报告），不包括序言、目录、主要编撰者简介、附录和大事记等。

（2）印前和印后内容重复率检测中，领导专题文章或领导讲话如放在目录前，不进行单篇内容重复率检测（放在正文里则进行重复率检测），但不超过2篇。

（3）印前和印后内容重复率检测中，由于皮书附录多为年度性研究总结、年度性最新行业规定，虽然大多已在正式媒体发布，但是皮书按照一定思路将其统一整理，对于学术研究和行业发展来说，具有很高价值。因此，皮书附录不作为单篇计入内容重复率检测范围，但附录字数不能超过全书内容的10%。如有特殊情况的必须写申请，报相关领导审批。

（4）皮书内容重复率合格标准为：印前整本皮书和单篇报告内容重复

率不超过 15%（地方发展类皮书不超过 20%），印后整本皮书和单篇报告内容重复率不超过 20%（地方发展类皮书不超过 25%）。

（三）检测内容重复率的技术工具

皮书内容重复率检测统一使用中国知网学术不端文献检测系统 5.3，并对知网检测结果进行人工加工和计算后，得出最终的内容重复率报告。人工加工和计算规则如下：

（1）为增强内容重复率检测的准确性、科学性和可操作性，印后内容重复率检测时，凡连续标红字数不超过 50 字的，不计入重复内容。但连续标红 50 字以上的段落，均累计算作重复内容。

（2）皮书相关报告内容如出版发布后提前在学术期刊发表的，发表时间不早于皮书出版日期前 15 天的，不计入内容重复率范围。

（3）在出版日期前，提前在报纸上发表的计入内容重复率范围，但出版社为皮书发布进行新闻预热的除外，不计入内容重复率范围。

（4）皮书出版后，被其他期刊、报纸等引用，其重复的文字，不计入内容重复率范围。

（四）皮书内容重复率与核心期刊学术不端检测的区别

国内核心期刊同样使用中国知网学术不端检测系统，在进行学术不端检测时，侧重检测论文作者引用他人学术成果的情况，此种情况为学术不端现象，对于引用论文作者本人曾经出版的成果，不算作学术不端检测的重复比例，一般国内核心期刊的学术不端检测标准为重复率在 15% 或 20% 以下。

皮书的内容重复率概念由社会科学文献出版社皮书研究院在皮书管理中首先提出，皮书的内容重复率检测是在使用中国知网学术不端检测系统的基础上，进行人工加工和计算。皮书报告作者引用作者本人出版的成果，在皮书内容重复率检测中也算作重复内容。相较于中文核心期刊，皮书研创更加注重作者的首发性以及原创性，鼓励作者依据社会热点和社会形势，提出个人思考和论证，避免引用或大篇幅加入本人曾经公开发表的文章和著作。

二　皮书内容重复率变化趋势分析

（一）2019版皮书内容重复率现状分析

1. 2019版皮书内容重复率总体情况统计

参与内容重复率评价的2019版皮书共有427部①，其内容重复率均值为9.69%，相较于2018版皮书的内容重复率均值9.9%下降了0.21个百分点，整体内容重复率情况有所降低。其中内容重复率结果最低值为0，最高值为66%。表1是2019版皮书内容重复率频数和占比统计，图1为2019版皮书内容重复率占比情况。在427部进行内容重复率检测的2019版皮书中，有288部皮书的内容重复率在0～10%，占比为67.4%；有115部皮书的内容重复率在11%～20%，占比为26.9%；内容重复率在21%～30%的皮书有15部，占2019版皮书的3.5%；内容重复率在31%～40%的皮书有4部，占2019版皮书的0.9%；内容重复率在41%～50%、51%～60%、61%～70%的皮书分别有1部、2部、2部，分别占2019版皮书的0.2%、0.5%、0.5%。综上所述，在427部2019版皮书中，内容重复率在20%以下的皮书占比接近95%，并且随着内容重复率数值的增加，频数呈大幅度减少的趋势，内容重复率较高的区间，其频数均为个位数。

表1　2019版皮书内容重复率频数和占比统计

内容重复率范围	频数(部)	占比(%)
0～10%	288	67.4
11%～20%	115	26.9
21%～30%	15	3.5
31%～40%	4	0.9
41%～50%	1	0.2
51%～60%	2	0.5
61%～70%	2	0.5

数据来源：皮书研究院。

① 2019版皮书共有427部，均进行重复率检测。其中419部参与2019版皮书评价。

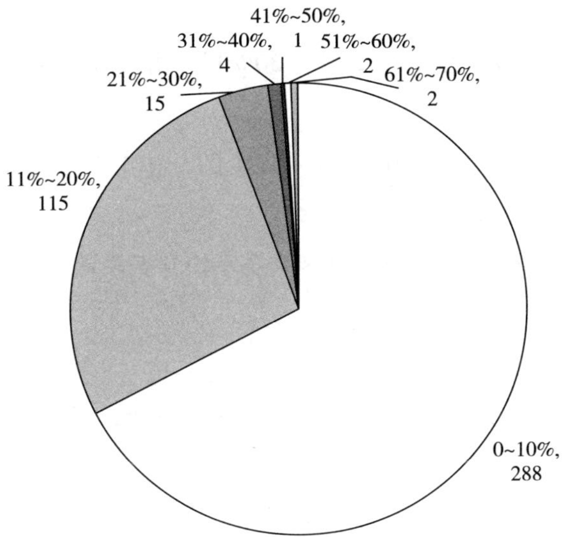

图 1　2019 版皮书内容重复率占比情况

数据来源：皮书研究院。

2. 2019版皮书内容重复率扣分情况统计

在皮书评价过程中，内容重复率超过要求会做相应的扣分处理，内容重复率得分总分 15 分，扣至 0 分为止，扣分规则如下：

地方发展类皮书扣分规则如下：

（1）全书内容重复率在 25%（含）以下的，不扣分。

（2）全书内容重复率在 26% ~35% 的，扣 10 分；全书内容重复率在 36% 及以上的，扣 15 分。

（3）总报告内容重复率在 26% ~35% 的，扣 3 分；总报告内容重复率在 36% 及以上的，扣 5 分。

（4）分报告内容重复率在 26% ~35% 的，扣 1 分；分报告内容重复率在 36% 及以上的，扣 2 分。

除地方发展类以外的其他皮书扣分规则如下：

（1）全书内容重复率在 20%（含）以下的，不扣分。

（2）全书内容重复率在 21% ~30% 的，扣 10 分；全书内容重复率在

31%及以上的，扣15分。

（3）总报告内容重复率在21%～30%的，扣3分；总报告内容重复率在31%及以上的，扣5分。

（4）分报告内容重复率在21%～30%的，扣1分；分报告内容重复率在31%及以上的，扣2分。

全书内容重复率和单篇报告内容重复率扣分需累计，但每本皮书最高扣15分。

其他规则如下：

（1）全书使用评价评级或社会调查方法进行分析，每年仅更新数据的（与联合对比库重复），不计算单篇报告的内容重复率，全书内容重复率在21%～60%的，扣5分；在61%～80%的，扣10分；在81%及以上的，扣15分。

（2）在整本皮书中，允许有10%的文章内容重复率超过20%，不计入扣分范围。

在2019版的427部皮书的内容重复率检测中，有419部皮书参加了本年度的皮书评价。其中，未做扣分处理即扣分为0的皮书有323部，占参与评价的419部皮书的77.1%；扣分范围为1～5分的皮书有77部，占2019版参与评价皮书的18.4%；扣分范围为6～10分的皮书有4部，占参与评价的419部皮书的1.0%；扣分范围在11～15分的皮书有15部，占2019版参与评价皮书的3.6%（见图2）。

3. 2019版皮书内容重复率按内容分类统计

皮书最新的内容分类有11类，分别为宏观经济、产业经济、区域与城市经济、行业及其他、社会政法、地方发展－经济、地方发展－社会、地方发展－文化、文化传媒、国别与区域、国际问题与全球治理。2019版皮书内容重复率均值和扣分均值按内容分类统计如表2、图3和图4所示，宏观经济和文化传媒类皮书的内容重复率均值较高，分别为13.90%和13.10%；其次内容重复率均值较高的为社会政法、产业经济和行业及其他，其重复率均值分别为11.43%、10.80%和10.18%；其他类皮书的重复率均值均低于全部皮书的重复率均值9.9%，国别与区域类皮书重复率均值最低，为6.15%。

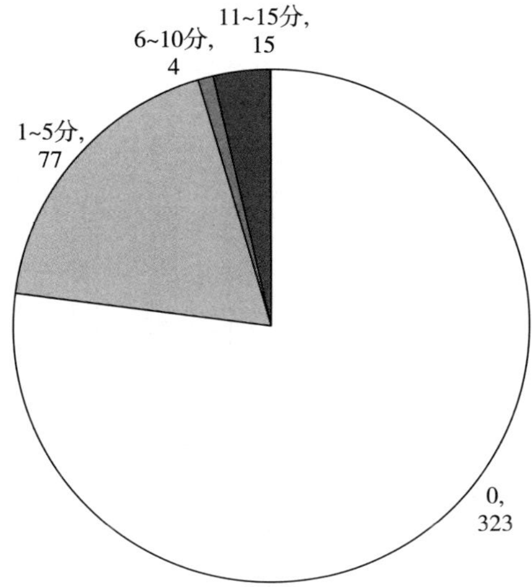

图 2　2019 版皮书内容重复率扣分情况

数据来源：皮书研究院。

从各类别的扣分均值来看，宏观经济类作为内容重复率均值最高的类别，其扣分均值也是最高，为 2.90 分；其他类别的扣分均值均低于 2 分；扣分均值最低的为地方发展 - 文化类，为 0.06 分。

表 2　2019 版皮书内容重复率均值和扣分均值按内容分类统计

内容分类	总部数	内容重复率均值	参与评价部数	扣分均值
宏观经济	10	13.90%	10	2.90
产业经济	30	10.80%	29	1.67
区域与城市经济	21	9.81%	20	1.67
行业及其他	79	10.18%	78	0.91
社会政法	46	11.43%	46	1.83
地方发展 - 经济	80	8.80%	77	0.44
地方发展 - 社会	51	8.22%	50	0.42
地方发展 - 文化	21	8.05%	21	0.06
文化传媒	40	13.10%	39	1.41
国别与区域	27	6.15%	27	0.52
国际问题与全球治理	22	8.39%	22	1.18

数据来源：皮书研究院。

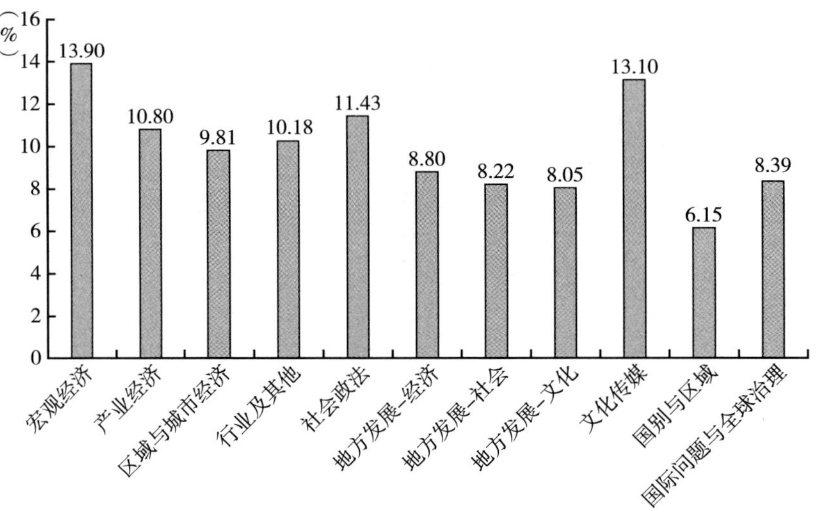

图 3　2019 版皮书内容重复率均值按内容分类统计（427 部）

数据来源：皮书研究院。

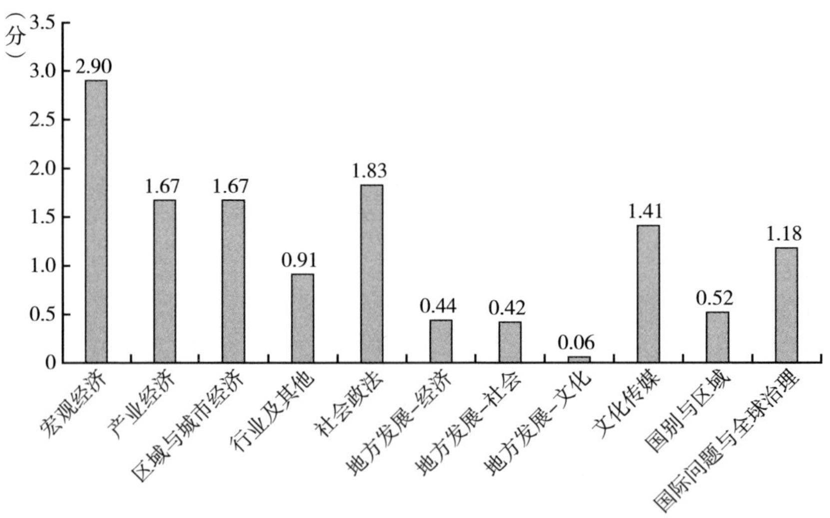

图 4　2019 版皮书扣分均值按内容分类统计（419 部）

数据来源：皮书研究院。

按照内容重复率检测标准，地方发展类皮书的全书内容重复率超过25%即为未达标，其他类皮书的内容重复率超过20%即为未达标。在参与内容重复率检测的427部2019版皮书中，有21部皮书的检测结果为未达标，按内容分类统计如图5所示，检测未达标数量最多的是文化传媒类皮书，有6部，占比28%；社会政法类和行业及其他类，分别有5部和4部皮书检测未达标，占比分别为24%和19%；宏观经济类有2部皮书未达标；产业经济、区域与城市经济、地方发展－经济、国际问题与全球治理这四类皮书，每类均只有1部皮书内容重复率检测未达标；而地方发展－社会、地方发展－文化、国别与区域这三类皮书的内容重复率检测结果较好，所有的皮书均达到了合格。

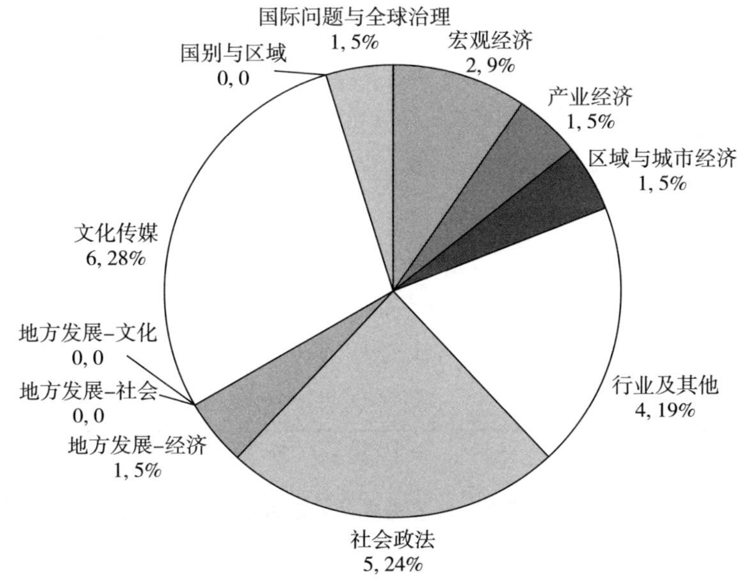

图5　2019版皮书中内容重复率检测未达标皮书统计

数据来源：皮书研究院。

按照内容分类统计皮书内容重复率的频数统计如图6～16所示，所有类别的皮书内容重复率在20%以下的皮书频数均较高，只有个别皮书有较高的内容重复率，其中内容重复率超过50%的皮书分别有行业及其他类1部和文化传媒类3部。

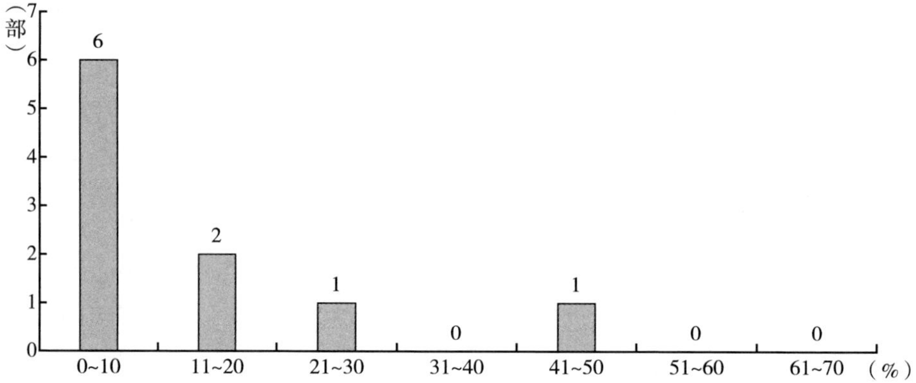

图6　2019版宏观经济类皮书内容重复率频数统计

数据来源：皮书研究院。

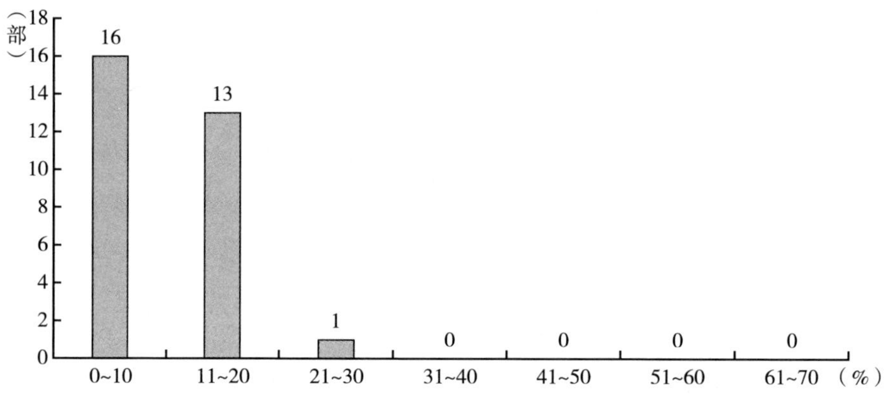

图7　2019版产业经济类皮书内容重复率频数统计

数据来源：皮书研究院。

4. 2019版皮书内容重复率按研究功能统计

按照报告研究功能和研究方法来分类，可以将皮书报告分为四类，分别为分析预测型、评估评价型、发展报告型、研究报告型。其中分析预测型主要是对上一年总体发展形势的回顾，对本年度及下一年度的发展形势进行预测与展望，并提出可行性的政策建议。评估评价型是通过构建模型和评价指标体系，采用实证分析的方法对某一领域的发展现状

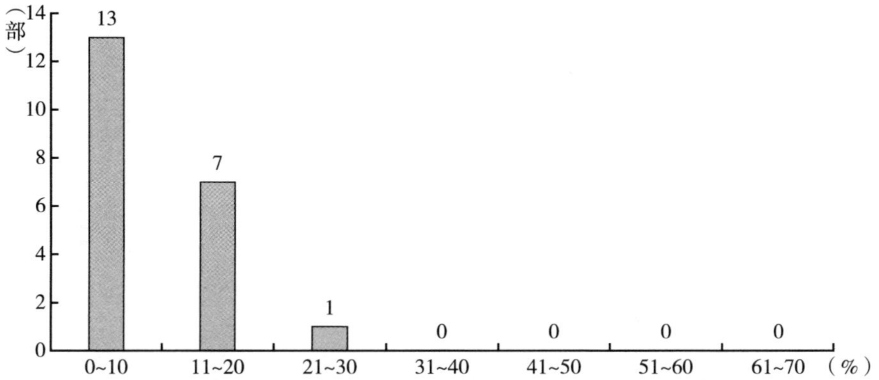

图 8　2019 版区域与城市经济类皮书内容重复率频数统计

数据来源：皮书研究院。

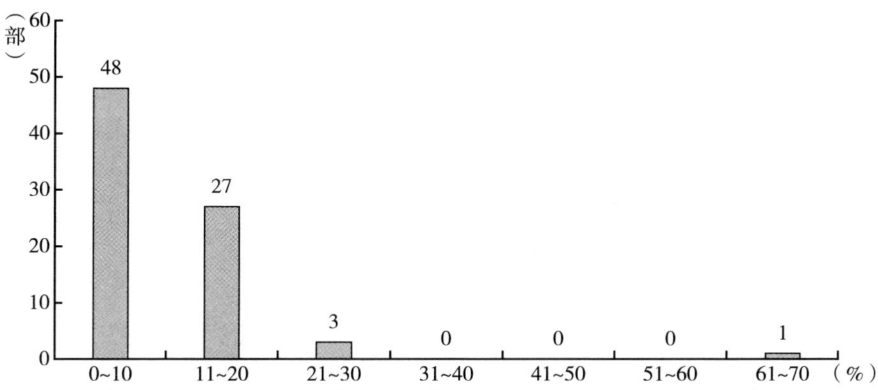

图 9　2019 版行业及其他类皮书内容重复率频数统计

数据来源：皮书研究院。

进行分析，并揭示其特征，根据分析结果和特征提出一定的政策建议。发展报告型则侧重于对区域（或领域）整体的状况描述、问题分析以及提出相应的对策建议。研究报告型主要是从学术研究角度对某一行业、某一领域进行调查研究，通过调查研究结果对该行业、领域未来发展提出相应的对策建议。

2019 版皮书按照四种研究功能统计，占比最高的为发展报告型，有 365

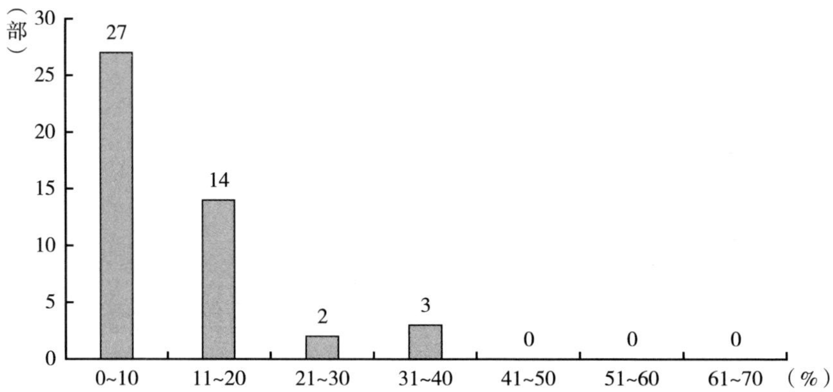

图 10　2019 版社会政法类皮书内容重复率频数统计

数据来源：皮书研究院。

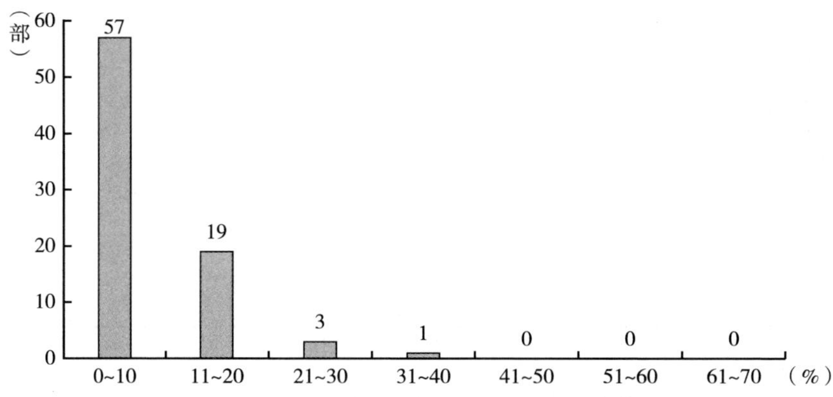

图 11　2019 版地方发展－经济类皮书内容重复率频数统计

数据来源：皮书研究院。

部，其内容重复率均值为 9.67%，扣分均值为 1.02 分；研究报告型和分析预测型分别有 33 部和 22 部，其内容重复率均值分别为 8.42% 和 7.68%，扣分均值分别为 0.79 分和 0.82 分；评估评价型的数量最少，仅有 7 部，但其内容重复率均值最高，为 24.29%，且已超过内容重复率的达标线 20%，其扣分均值为 2.57 分，也超过其他类型的扣分均值，其原因是评估评价型

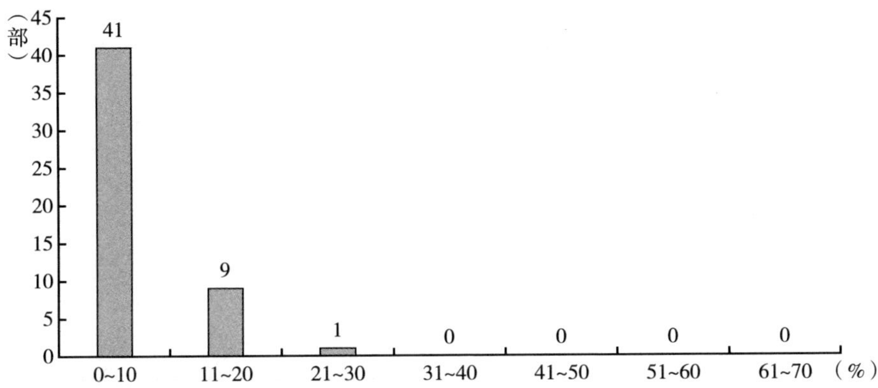

图 12　2019 版地方发展 – 社会类皮书内容重复率频数统计

数据来源：皮书研究院。

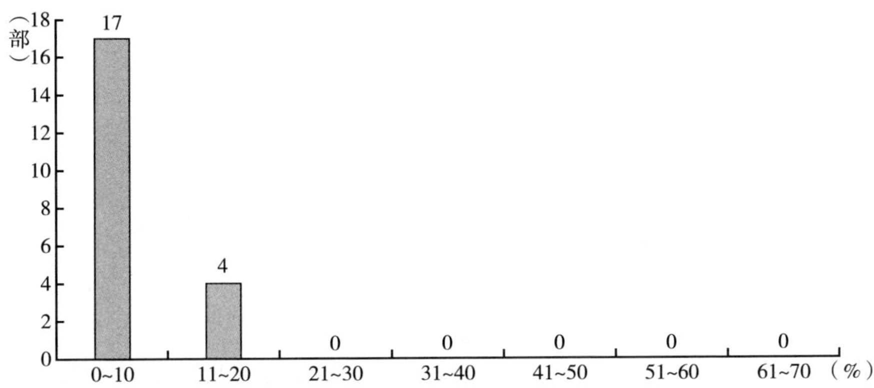

图 13　2019 版地方发展 – 文化类皮书内容重复率频数统计

数据来源：皮书研究院。

多采用评价评级或社会调查方法，沿用上一年度的内容框架，只修改当年的数据，由此造成其内容重复率较高（见图 17）。

（二）2019版皮书单篇报告内容重复率未达标分析

1. 2019版皮书单篇报告内容重复率未达标原因分析

按照内容重复率检测标准，地方发展类皮书的全书内容重复率超过

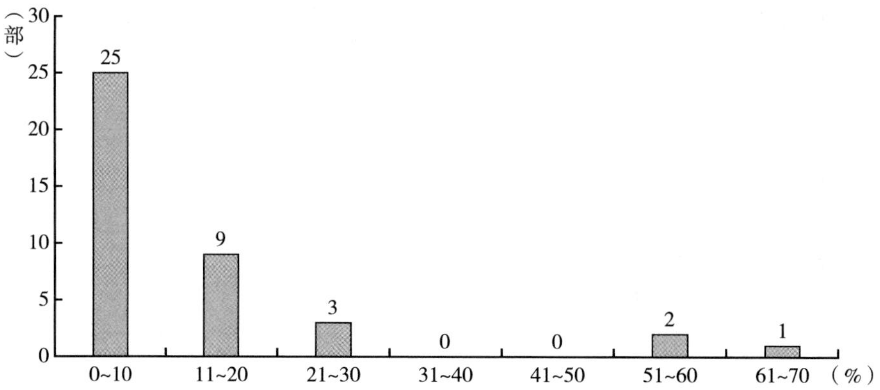

图 14　2019 版文化传媒类皮书内容重复率频数统计

数据来源：皮书研究院。

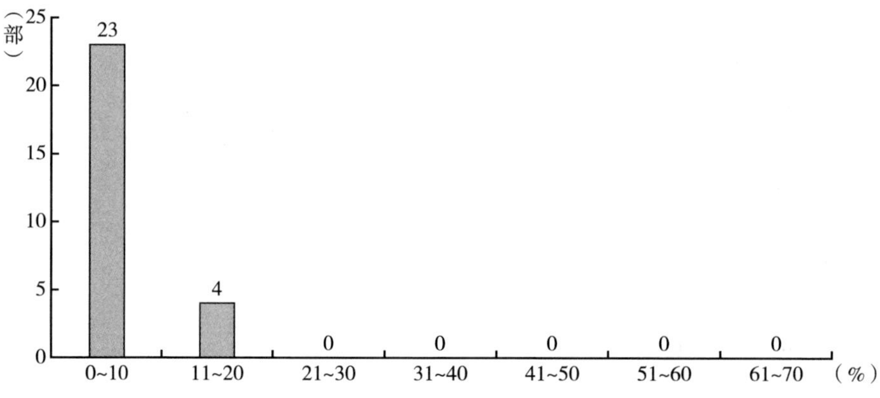

图 15　2019 版国别与区域类皮书内容重复率频数统计

数据来源：皮书研究院。

25% 即为未达标，其他类皮书的内容重复率超过 20% 即为未达标，单篇报告内容重复率检测超过 20% 即为未达标。在参与内容重复率检测的 427 部 2019 版皮书中，有 21 部皮书的检测结果为未达标。检测结果为不达标的单篇报告有 219 篇，其中有 17 篇总报告，占比 7.8%；202 篇分报告，占比 92.2%。

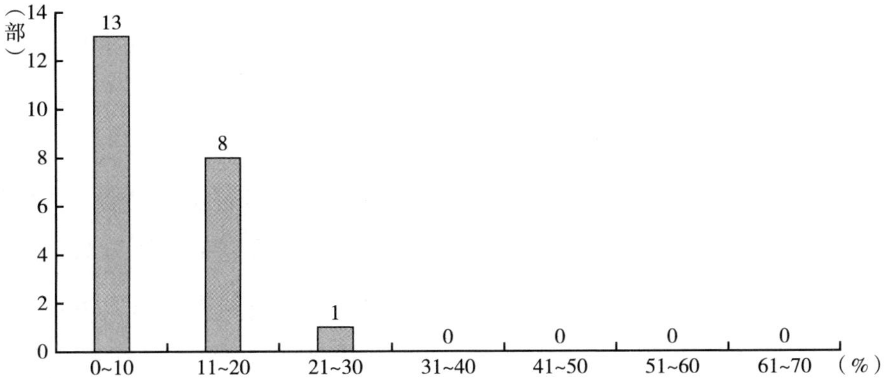

图16　2019版国际问题与全球治理类皮书内容重复率频数统计

数据来源：皮书研究院。

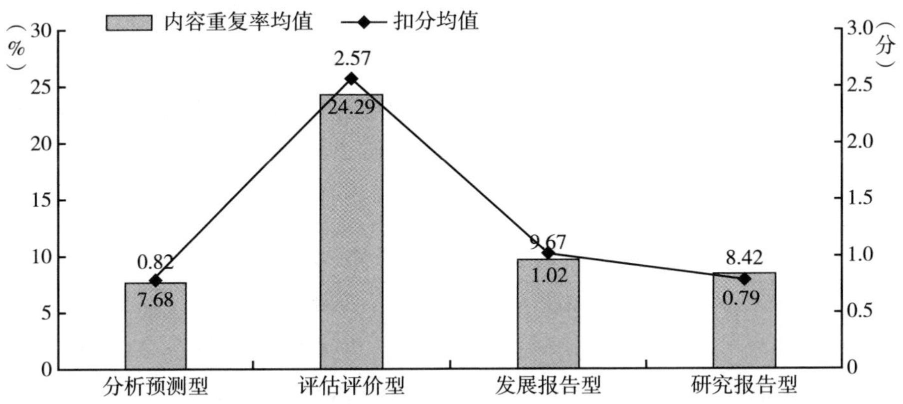

图17　2019版皮书内容重复率均值和扣分均值按研究功能统计

数据来源：皮书研究院。

针对内容重复率检测未达标皮书中的未达标单篇报告，其未达标原因分为三类：非作者首发、每年框架雷同、引用公开发表文章。非作者首发是指皮书报告作者在该本皮书出版前，优先将报告内容发表在其他公开出版的期刊或网络上，或皮书报告作者将自己本人曾经公开发表过的论文经过加工修改重新以皮书报告的形式出版。每年框架雷同是指部分皮书采用评价评级或社会调查方法，每年更新本年度的数据，但内容框架雷同，导致内容重复率检测结果显示与以往年度出版的自身皮书重合。引用公开发表文章是指根据中国知网（CNKI）学术不端检测规则，被检测正文引用政府公文、媒体报道、他人论文、著作、网络新闻等内容。

219 篇报告未达标原因统计如表 3 所示，由非作者首发造成的不达标报告有 23 篇，占 219 篇不达标报告的 10.50%，内容重复率均值为 63.59%；每年框架雷同的报告有 138 篇，占比 63.01%，内容重复率均值为 56.27%；引用公开发表文章的报告有 58 篇，占比 26.48%，内容重复率均值为 42.39%。非作者首发的报告篇数虽然在这三类中最少，但其内容重复率均值最高，每年框架雷同的报告篇数最多，且内容重复率均值居于第二，这两种情况皆是皮书报告作者自身可控的，且未来在皮书研创时需要重点关注并避免的。引用公开发表文章而造成的内容重复率过高降低难度相对较大。例如，部分报告因其功能性需要解读一些政策文件等，或在皮书报告研创过程中必要地引用他人公开发表的成果等，但这也是所有皮书报告作者在未来研创过程中需要注意并降低其重复率比例的。

表 3　2019 版皮书单篇报告未达标原因统计

原因类型	篇数	占比	内容重复率均值
非作者首发	23	10.50%	63.59%
每年框架雷同	138	63.01%	56.27%
引用公开发表文章	58	26.48%	42.39%
合计	219	—	—

数据来源：皮书研究院。

2. 2019版皮书单篇报告内容重复率未达标按研创机构统计

现有皮书的研创单位按照智库类别可以分为九类，分别为中国社会科学院智库、高校和高校智库、地方社会科学院智库、党政部门及其智库、行业智库、社会智库、企业和企业智库、媒体和媒体智库及其他。

2019 版皮书单篇报告内容重复率不达标情况按研创机构与未达标原因交叉分析见表 4，因部分报告的作者为多个单位共同署名，故报告总数超过 219 篇。

表 4　2019 版皮书报告内容重复率未达标按研创机构和原因交叉分析

研创单位类型	非作者首发	每年框架雷同	引用公开发表文章
中国社会科学院智库	13	15	18
高校和高校智库	6	37	26
地方社会科学院智库	0	65	0
党政部门及其智库	6	0	10
行业智库	0	0	19
社会智库	0	3	1
企业和企业智库	0	24	0
媒体和媒体智库	0	0	0
其他	0	0	0

数据来源：皮书研究院。

研创单位属于中国社会科学院智库、高校和高校智库的报告，均出现了非作者首发、每年框架雷同和引用公开发表文章三种未达标情况。

首先，中国社会科学院智库、高校和高校智库的研创单位均是专业学术研究机构，其作者中绝大多数为科研人员和专家学者，作者的科研成果和公开发表文章较多，且因其科研工作性质，也会更加了解同领域的最新研究现状和其他专家学者的研究进展，由此可能会出现在出版皮书之前优先发布自身科研成果，或皮书报告借鉴自身以往科研成果，以及引用他人公开发表论文的情况。

其次，从纵向分析，每年框架雷同造成的内容重复率未达标报告的研创单位，大多集中于中国社会科学院智库、高校和高校智库、地方社会科学院智库以及企业和企业智库。这些研创单位的研究方向及研究内容需要通过评价评级或社会调查方法得出年度性的数据和报告，或其报告因领域及受众有固定的格式和内容，只需每年更新相应的数据，例如通过固定评价体系完成的国家性、地方性智库报告或行业评价报告。

党政部门及其智库作为研创单位的报告，不达标原因分别为非作者首发和引用公开发表文章。党政部门及其智库与决策者有密切的联系，了解决策需求，能够尽快将研究成果及时报送给中央领导和国家。因其智库的特殊性，报告作者会紧跟最新国家决策和政策发布政策解读文章、工作报告和相关科研论文，因此可能出现非作者首发的情况。同样，党政部门及其智库作为研创单位出版的皮书，与国家决策更为接近，多数会与政府部门政策或文件内容相关，无法避免引用公开发布的政策文件和政府文件，所以党政部门及其智库的皮书报告会出现引用公开发表文章较多的情况。

行业智库、社会智库作为皮书研创机构研创的皮书报告同样有此情况，其研创的皮书聚焦本行业的现状和未来发展情况，所以会出现引用本行业法律法规、行业政策以及行业报告等情况，由此造成皮书报告内容重复率较高。

三　降低皮书内容重复率的对策建议

（一）注重作者的首发性

皮书在出版前的预审阶段和出版后均需进行内容重复率检测，其设置的根本依据为皮书的“原创性”。皮书报告最重要的特点就是原创性，这也是学术出版中最基本的要求，所以皮书作者在进行皮书研创的过程中，应优先注重皮书报告的首发性。

注重皮书报告的首发性和原创性，要求皮书作者禁止一稿多投，如本人早期公开发表的学术论文、著作和早期皮书报告，以及政府政策解读文章、工作报告或政策研究型论文①。同时，要求出版社编辑注重与皮书课题组的

① 此处将作者在参评皮书出版日期前 18 个月公开发表的论文或著作称为作者较早时期发表的论文或著作。

沟通，注重皮书前端管理工作，了解皮书作者早期研究方向和与皮书相关方向的学术成果，及时检测并反馈给作者报告的印前内容重复率检测结果，争取在报告研创阶段与作者共同把握报告的原创性。另外，皮书作者应明确皮书报告的性质，皮书报告是围绕当今经济、社会、文化、行业、生态、教育、医疗等多领域热点话题，及时提出该领域的发展政策及建议的智库型报告，智库报告不同于注重文章学术性、研究性和理论性的期刊论文、专著，更不同于政府工作报告、注重文笔的文学作品等，智库报告的落脚点是为社会发展、行业发展或热点事件提出切实可行以及及时的政策建议。

首先，建议科研院所和高校的皮书作者避免将自己以往的学术成果修改加工成皮书报告，政府部门的皮书作者避免将自己的政策解读文章修改加工成皮书报告。其次，建议皮书作者明确皮书报告的年度性和该领域关注热点，通过开发自身的数据库、实地调研、建立自身指标体系并使用权威数据、事实案例等方法，结合各自皮书侧重的内容，融入思考，提出政策建议，再根据写作规范来研创，保证皮书报告的规范性、首发性、原创性。

（二）避免每年延续使用相同框架

部分皮书采用评价评级或社会调查方法，延续使用以往的内容框架，只更新年度数据，从而导致皮书内容重复率过高，这是由于皮书报告缺乏“创新性”。皮书报告注重年度的发展和热点，所以每年的皮书应根据当年发展情形或热点及时修改和设置框架目录，以保障皮书的年度延续性和创新性，这就对使用评价评级或社会调查方法的皮书提出了更高的质量要求。

首先，建议皮书作者应时刻关注本皮书当年侧重主题的社会热点。基于特定模型框架和数据来源的皮书，不做强制要求，但建议在固定框架结构下，根据社会热点寻求不同的主题，以提高创新性。以《就业蓝皮书》为例，《就业蓝皮书》迄今已连续出版 12 年，且此蓝皮书系列每年有 2 种皮书出版，此前因其使用评价评级和社会调查方法写作，每年有固定的格式，且使用章节体进行撰写，内容重复率较高。而最新的 2020 版《就业蓝皮书》，打破了其旧有的章节体形式，从体例规范上进一步完善成为皮书的篇章报告体，且单篇报告的研究内容紧扣本年度的就业最新政策和社会热点，在不影响《就业蓝皮书》原本研究和撰写方向的前提下，做到了研究内容年度的创新性和体例的创新性，有效降低了其内容重复率。

其次，加强与出版社编辑的全流程沟通交流，关注一年一度的皮书评价，了解皮书评价指标体系的设置和评价结果。在历年的评价中，使用评价评级和社会调查方法的皮书，因其有评价指标体系的自创性和创新性，出版社鼓励作者进行评价评级指标的原创，可以作为加分指标处理。但部分此类皮书在多年的研创中，过于注重固有的评价体系，而忽略了研究内容和报告撰写的创新性，由此造成目录框架雷同、内容重复率高的情况，所以在2019年的皮书评价中取消了使用评价评级或社会调查方法的加分指标。建议此类皮书课题组在未来的皮书研创过程中，不但保证研究方法和评价指标体系上的自创性和原创性，而且也要每年完善皮书报告的内容和目录框架，不断提高此类皮书的内容质量。

最后，建议皮书作者积极参与皮书高级研修班，通过系统、理论的课程学习，从研创规范、设置主题、内容框架设置等方面，提高自身皮书报告研创能力；积极参与皮书年会等皮书盛会，加强各个课题组之间的交流互动，共同进步。

（三）避免大篇幅引用公开发表文章

由引用公开发表文章而造成的内容重复率结果较高有两种情况，一是大篇幅引用政府政策文件，此种报告写作多与工作报告类似，建议此类皮书报告作者加强皮书研创能力，避免堆砌政策报告原文，提炼政府政策的重点。但个别具有特定主题和有特定受众、必须加入政策原文和解读内容的皮书除外。二是大篇幅引用他人公开发表文章、著作或网络文章，从而造成内容重复率较高。皮书研创应注重原创性，减少大篇幅引用他人公开发表的文章。建议出现此类情况的皮书作者，加强自身对社会热点、社会现象、行业或领域现状等的自我思考和自我解读，对于他人公开发表的学术成果，如有引用的必要，也建议在不影响他人论点和表述逻辑的情况下，尽量缩短引用篇幅，或提炼和拆解引用内容，从而减少引用他人文章的篇幅，降低内容重复率。

参考文献

谢曙光主编《中国皮书发展报告（2019）》，社会科学文献出版社，2019。

谢曙光主编《皮书手册——写作、编辑出版与评价指南》（第三版），社会科学文献出版社，2018。

B.10
皮书学术规范性分析报告（2020）

孙慧娟*

摘　要： 学术规范是促进学术增量、实现学科发展的重要保障。作为学术规范的重要组成部分，皮书学术规范既包含学术规范的一般性要求，也有其自身特点，是皮书高质量发展的重要保障。报告以2019年已出版的427部皮书为样本进行数据分析，从皮书著述方式、皮书要件规范性、皮书报告内容质量规范性三个方面对皮书的学术规范性情况进行考察，发现2019年部分皮书在以上三个方面尚存在学术不规范的问题。对此，报告从严格出版社学术规范审查流程、提高出版社和创作者学术规范性意识方面提出建议，以期为进一步促进皮书学术规范化建设、提高皮书质量和扩大皮书影响力提供借鉴。

关键词： 皮书　著述方式　皮书要件　内容质量

一　引言

学术规范是学术共同体应共同遵守的准则①，学术伦理规范、学术法律

* 孙慧娟，法学博士，助理研究员，社会科学文献出版社、中国社会科学院法学研究所联合培养博士后，研究方向为法学学术规范。

① 文传浩、程莉、张桂君、夏宇等编著《经济学研究方法论：理论与实务》，重庆大学出版社，2015。

规范和学术技术规范①是构成学术规范的三大组成部分。其中学术技术规范是学术研究者以作者身份公开发表论文、专著等研究成果时应遵循的出版标准、体例规范等，是学术研究、学术出版和学术传播的立基之本。首先，严格的学术技术规范是作者写作应遵循的基本准则，是学术研究走向职业化、专业化的必然要求；其次，统一完善的学术技术规范是学术出版的基本要求，是编辑核查引文资料、鉴别学术继承和创新、判断学术成果价值含量的标准和依据；最后，学术技术规范的严格践行，可以明晰作者、其他研究者、出版社之间的权责义务，是研究成果得以合法、有效传播和扩大影响力的前提。目前我国已初步形成了基本的学术技术规范，各个出版社也形成了适用于其自身的期刊和图书学术技术规范。作为一种出版形态，皮书自1990年在中国发端，1997年经社会科学文献出版社专业化、系列化、品牌化运作，在历经二十余年精心打磨之后，社会科学文献出版社（简称社科文献）已建立了较为完善的皮书学术规范体系。可以说，正是在严谨的学术规范体系以及皮书专业的角度、专家的视野、实证研究方法的保驾护航之下，社科文献皮书才得以在二十余年的时间内迅猛发展，成为国内外研究中国和世界发展和热点问题、某一领域或区域现状与发展态势的公开出版物。本报告以2019年已出版的427部皮书为样本，对皮书学术规范性进行数据分析，并以《皮书手册——写作、编辑出版与评价指南》《作者手册》《编辑手册》为标准分析当前皮书在学术规范性方面存在的问题，并在问题意识指引下提出建议，以期进一步加强皮书学术规范化建设，提高皮书质量、扩大皮书影响力。

作为学术规范的重要组成部分，皮书学术规范既包含学术规范的一般性要求，也有其独特要求。本报告着重从皮书著述方式、皮书要件规范性、皮书报告内容质量规范性三个方面对2019年皮书的学术规范性进行考察。

---

① 何立芳、郑碧敏、彭丽文编著《青年学者学术信息素养》，浙江大学出版社，2015。

二　2019年皮书著述方式考察

著述方式是对作品创作形式、责任主体及署名信息的界定，不同出版物形式基于其作品形式的不同对著述方式的要求也不同。作为一种特殊的出版物形式，皮书在著述方式上有其独特的要求，根据这一要求本报告对2019年出版皮书的著述方式进行全面考察。

（一）皮书著述方式的基本形式

作为一种以年度为时间单元，关于某一门类、地域或领域社会科学资讯类的连续出版物，皮书由一系列能够定期、持续出版的年度性研究报告组成。皮书研创是由一个或多个单位业务领导或学术带头人牵头下组成的课题组组织下具体落实和执行，以本单位（高校、研究院所、中心）部分科研人员为基础，整合本学科、本领域知名专家合力创作而成，也就是说皮书一般为集体劳动的成果。基于这种特殊的创作方式，为了更好体现皮书报告的原创性、实证性、专业性，皮书在著述方式上有其独特的要求，主要有研创、主编、编、编著、著、主审、编辑策划（组织策划）、顾问、名誉主编、总编几种著述方式。研创是目前皮书所倡导的著述方式。尤其是著作权人为机构时，建议标明“研创”。

（二）2019年皮书著述方式规范性分析

“主编”是全书报告的主要策划者和实际负责人，是皮书研创的第一责任人。皮书“主编”原则上可由多人担任，但一般不超过3人，鉴于其承担的责任，皮书对主编在政治素质、理论水平、科研能力、组织领导、时间、精力方面都有较高要求。427部2019年版皮书中共有400部著述方式为“主编”，占比93.7%，与2016年相比，这一比例提升了3.8个百分点；另外5.9%皮书的著述方式较为简单，主要有“著、编、研创”三种形式，还有两本图书没有标明著述方式（见图1）。

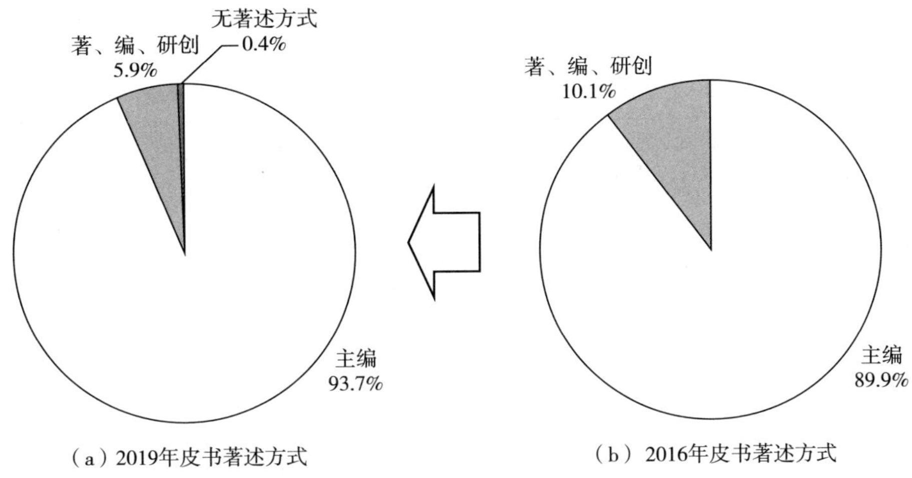

（a）2019年皮书著述方式

（b）2016年皮书著述方式

图1　皮书著述方式分类变化

1. 著

“著”指的是写文章，写书，这是一种被皮书所认可、可采用的规范性著述方式和署名方式。皮书中“著”指的是原创性写作，其对独创性要求极高，其责任主体通常为个人。2019 年以“著”为著述方式的皮书见表 1。

表1　2019 年以“著”为著述方式的皮书

丛书名称	书名	著述方式	署名主体	规范性处理建议
京津冀蓝皮书	京津冀发展报告(2019)	祝合良、叶堂林等著	个人	可采用
西部蓝皮书	中国西部发展报告(2019)	任保平、岳利萍、何爱平、郭晗等著	个人	可采用
中央商务区蓝皮书	中央商务区产业发展报告(2019)	蒋三庚、张杰等著	个人	可采用
青年蓝皮书	中国青年发展报告 No. 4	廉思等著	个人	可采用
政府互联网服务能力蓝皮书	中国地方政府互联网服务能力发展报告(2019)	汤志伟、李金兆等著	个人	可采用
白酒行业蓝皮书	中国白酒企业竞争力指数报告(2019)	杨宏恩、王东、辛士波、徐玲、王康著	个人	可采用

续表

丛书名称	书名	著述方式	署名主体	规范性处理建议
地理标志品牌蓝皮书	中国地理标志品牌发展报告（2019）	李涛、王思明、高芳著	个人	可采用
中国上市公司蓝皮书	中国上市公司发展报告（2019）	中国社会科学院上市公司研究中心、张鹏、张平、杨耀武、张磊、黄胤英著	机构+个人	可采用
北京养老服务蓝皮书	北京养老服务发展报告（2019）·养老机构	张航空、江华、王永梅、张立龙著	个人	可采用
四川哲学社会科学蓝皮书	四川哲学社会科学发展报告（2019）	四川省社会科学界联合会、西华大学四川学术成果分析与应用研究中心著	机构	可采用
交通蓝皮书	中国城市交通绿色发展报告（2019）	林晓言著	个人	可采用
京津冀蓝皮书	京津冀经济社会发展报告（2019）	张贵等著	个人	可采用

数据来源：皮书数据库。

本报告通过对2019年皮书著述方式进行数据分析，发现“著”是除“主编”外皮书最重要的著述方式。从其使用情况来看，其责任主体有“个人”“机构”“机构+个人”三种形式，其中“著”的主体以个人为主，占92%，“机构”和“机构+个人”合占8%。根据《皮书著述方式及责任主体署名规范性研究报告》，“著”的责任主体可以为“机构”或“机构+个人”。

2. 研创

研创是“研究创作”的简称，是近些年来被皮书所广泛使用的著述方式，其责任主体主要是“机构”。2019年以“研创”为著述方式的皮书见表2。

表 2　2019 年以“研创”为著述方式的皮书

丛书名称	书名	著述方式	署名主体	规范性处理建议
机器人产业蓝皮书	中国机器人产业发展报告(2019)	哈工大机器人(山东)智能装备研究院、中智科学技术评价研究中心研创	机构	可采用
汽车蓝皮书	中国汽车品牌发展报告(2019)	中国汽车报社有限公司、博世(中国)投资有限公司、中国汽车技术研究中心有限公司数据资源中心研创	机构	可采用
汽车与保险蓝皮书	中国汽车与保险大数据发展报告(2019)	中国汽车技术研究中心有限公司、中国银行保险信息技术管理有限公司研创	机构	可采用
氢能汽车蓝皮书	中国车用氢能产业发展报告(2019)	中国汽车技术研究中心有限公司、荷兰皇家壳牌集团研创	机构	可采用
公共安全感蓝皮书	中国城市公共安全感调查报告(2019)	中国应急管理学会、中国矿业大学研创；王义保、许超、曹明主编	机构	可采用
“三农”舆情蓝皮书	中国“三农”网络舆情报告(2019)	农业农村部信息中心研创	机构	可采用
网络文艺蓝皮书	中国网络文艺发展研究报告(2018～2019)	中国文联网络文艺传播中心研创	机构	可采用
城投蓝皮书	中国城投行业发展报告(2019)	全国城投公司协作联络会、中国城市投资网、江苏现代资产投资管理顾问有限公司联合研创；李东坡、李丹、丁伯康主编	机构	可采用

续表

丛书名称	书名	著述方式	署名主体	规范性处理建议
中葡经贸合作蓝皮书	中国与葡语国家经贸合作发展报告(2018～2019)(全二册)	商务部国际贸易经济合作研究院、澳门科技大学社会和文化研究所研创;顾学明、林广志主编;许英明、陈思敏、于会春副主编	机构	可采用
工程建设蓝皮书	中国工程建设行业发展报告(2019)	中国施工企业管理协会研创;尚润涛主编	机构	可采用
北京社会企业发展蓝皮书	北京社会企业发展报告(2019)	北京社会企业蓝皮书课题组研创	机构	可采用

数据来源：皮书研究院。

本报告对皮书著述方式进行数据分析，发现“研创”在2019年皮书著述方式中大约占2.5%。从其使用情况来看，2019年皮书著述方式为“研创”的责任主体均为机构，其使用较为规范。

3. 编

“编”的词义是“编辑、创作”，指的是对现有资料、文献进行加工和整理而形成的文章，其责任主体一般为机构。2019年以“编”为著述方式的皮书见表3。

表3　2019年以“编”为著述方式的皮书

丛书名称	书名	著述方式	署名主体	规范性处理建议
进博会蓝皮书	中国国际进口博览会发展报告(No. 1)	上海研究院项目组编	机构	不再采用,改为“主编”
北京社会心态蓝皮书	北京社会心态分析报告(2018～2019)	北京市社会心理服务促进中心编	机构	不再采用,改为“主编”

数据来源：皮书研究院。

本报告通过对皮书著述方式进行数据分析，发现“编”在2019年著述方式中所占比例非常小，大约占0.5%，2019年著述方式为“编”的皮书，其责任主体均为机构。根据2016年《皮书著述方式及责任主体署名规范性研究报告》给出的规范性处理，建议不再采用“编”这种著述方式，而改为“主编”。

4. 没有标明著述方式

本报告以2019年已出版的427部皮书为样本进行数据分析，发现还有一类只有署名而未标明著述方式的皮书，这一类皮书的署名主体均为机构。著述方式是皮书的必备要件，著述方式的缺少将影响对作品创作形式、责任主体及署名信息的准确判断，可能引发诸多利益纠纷，影响皮书的广泛传播。2019年没有标明著述方式的皮书见表4。

表4　2019年没有标明著述方式的皮书

丛书名称	书名	著述方式	署名主体	规范性处理建议
长江经济带蓝皮书	长江经济带高质量发展研究报告(2019)	国务院参事室长江经济带发展研究中心、中国宏观经济研究院	机构	建议补充著述方式
中关村企业蓝皮书	中关村上市公司竞争力(2019)	中关村上市公司协会	机构	建议补充著述方式

数据来源：皮书研究院。

本报告对皮书著述方式进行数据分析，发现皮书著述方式集中在“主编”“著”“研创”“编”这四类，其中除了“编”以外都是被皮书所认可的规范性著述方式。从上述数据分析来看，大多数皮书都可以区分著述方式、明确责任主体，著述方式使用较为规范。但仍有极少数皮书存在著述方式使用不规范或者没有标明责任主体的情况。著述方式使用不规范将破坏皮书的学术规范性，影响皮书的整体质量。皮书创作者应重视皮书著述方式的规范性，皮书编辑在审稿过程中应及时发现和纠正上述问题。

三　皮书篇章架构及要件构成考察

不同于其他出版形式，皮书是由独立的研究报告组成，因此在篇章体例和要件构成方面有其自身的独特性要求，本报告按照皮书的特殊要求从皮书篇章架构、皮书要件构成两个方面对2019年皮书进行全面考察。

（一）皮书篇章架构考察

1. 皮书篇章架构要求

在篇章体例上皮书一般不采用章节体，而是沿着“总报告—分报告—专题篇—案例篇”或“总报告—行业篇—区域篇—中外比较篇”的方式按不同主题、不同类别将全书划分为相对清晰、严谨的3～6篇，其中每篇由3～5个主题相近、类别相似的报告组成。因此在篇章架构设置上应避免将主题相近的皮书报告归入不同的篇，避免将不同主题、不同性质的研究报告归入同一篇。

2. 皮书篇章架构考察

本报告以2019年已出版的427部皮书为样本，对其篇章体例情况进行考察。通过数据分析可知，当前皮书在篇章架构上已较为规范，只有极个别皮书采用的是章节体形式，所占比例非常小。

（二）皮书要件构成考察

作为一种出版形式，皮书由丛书名、书名、主要编撰者简介、全书中英文摘要、全书中英文关键词、中英文目录、资料来源以及参考文献（脚注或文后）几大要件组成，对每一构成要件，皮书又有其独特的要求。

1. 皮书要件基本要求

皮书要件及规范要求如表5所示。

表5　皮书要件及规范要求

要件	定义	规范要求
丛书名	研究领域相似、主题相近的一种或几种皮书固定、专用的称谓	一个丛书名一般对应多个书名；名称应与准入通过后一致，如有变化需出具书面意见
书名	由时间（年份）、序号、空间区域、研究主题等几种要素组成	名称应与准入通过后一致，如有变化需出具书面意见
编委会（课题组）名单	皮书研创的学术指导机构	一般应设立，如不具备条件也可不设立，但课题组须设立，其在皮书中的位置应放在全书摘要前
主要编撰者简介	由作者姓名、学历、学位、职称、研究方向、学术经历、主要学术成就（含学术成果、代表作、贡献）等构成	主编、副主编及重要报告作者均可以有简介，应客观、简明扼要，一般不使用形容词，不包含与学术无关的内容
全书中英文摘要	提供皮书报告的主要观点，是对皮书报告不加注释和评论的简短陈述；由全书摘要和单篇报告摘要组成	全书摘要中文1000字左右为宜，放在中文目录前；单篇报告中文500字左右为宜，统一放在书后
全书中英文关键词	明确皮书研究的主题、全面反映研究报告的整体内容，便于皮书检索、查阅和利用	分全书关键词和单篇报告关键词，3～5个，关键词之间用空格分开，置于摘要内容下方
中英文目录	由总报告名、篇名、报告名、作者姓名和对应的页码构成	格式应符合皮书手册要求
资料来源以及参考文献	是在学术研究过程中，对某一著作或论文的整体的参考或借鉴	格式应符合皮书手册要求
皮书单篇报告	由报告名称、作者简介（职务、职称、工作单位、研究方向等）、单篇报告中英文摘要、单篇报告中英文关键词几大要素构成	格式应符合皮书手册要求

资料来源：谢曙光主编《皮书手册——写作、编辑出版与评价指南》（第三版），社会科学文献出版社，2018。

2. 2019年皮书要件考察

按照上述皮书要件的基本要求，本报告抽取丛书名、书名、编委会、皮书单篇报告几个指标对2019年皮书要件构成进行分析。

（1）丛书名和书名

皮书丛书名是指研究领域相似、主题相近的一种或几种皮书固定、专用的称谓。书名作为出版物名称，一般由时间（年份）、序号、空间区域、研究主题等几大要素组成，书名应简短而具有明确的指向性，以帮助受众快速明确皮书的研究主题、限定皮书的研究范围，是皮书专业化写作的重要保证。

（2）编委会

作为皮书研创的学术指导机构，皮书一般应设立编委会，编委会的设立是保障皮书学术规范性的有力支撑，编委会一般不在封面而在内文中单独列出。2019 年版的大部分皮书均设立了编委会，未设立编委会的皮书只有 9 部，占 2.1%。

（3）皮书单篇报告

作为皮书的组成部分，单篇报告可看作是一个独立、完整的体系，其基本要素由报告名称、作者简介、中英文摘要、中英文关键词几大要素构成，这些要素的完备性直接关系皮书的质量和传播。中文摘要是对皮书报告主要信息简单、明确、易懂、精辟的总结，可以帮助读者使用最少的时间和精力来判断是否有必要对皮书全文进行阅读，便于二次文献的选录、汇编，有利于信息交流。中文关键词是从皮书全文中提炼出来，用以反映皮书中心内容的名词或词组，是专门为标引或检索皮书文献而设计的一种人工语言，中文关键词的使用有利于节省读者时间和便于学术交流。2019 年参与“优秀皮书报告奖”的 533 篇总报告、237 篇分报告中，有 7 篇报告欠缺中文摘要和关键词。作者简介包含作者姓名、职务、职称、工作单位、研究方向等基本信息，是明确著作权主体、明晰著作权法律关系以及解决知识产权纠纷首先要解决的问题，此外作者简介还可以帮助读者了解作者基本信息从而增强对其所阐发思想的理解，是皮书的重要组成部分。2019 年版中有 27 篇皮书单篇报告缺少作者简介（见图 2）。

参考文献作为皮书报告的重要组成部分，是作者论点的有力支撑，可增加皮书的信息量，提高皮书报告的信息价值，方便皮书检索，有利于学术资源共享，便于编辑、审稿专家和读者对皮书报告进行鉴别，因此参考文献对皮书具有非常重要的意义。2019 年版中有 28 篇皮书单篇报告缺少参考文献，占比为 3.6%。此外，有些皮书报告参考文献较少，很难有效反映作者对所写研究领域的认知程度。之所以出现上述问题，主要有两方面的原因：一是与皮书创作方式有关，鉴于皮书是关于某一门类、地域或领域社会科学资讯类的连续出版物，其写作素材大多来源于实证调查的一手资料；二是有些创作者没有充分理解参考文献对皮书报告的价值和意义，未对皮书参考文献给予足够重视。

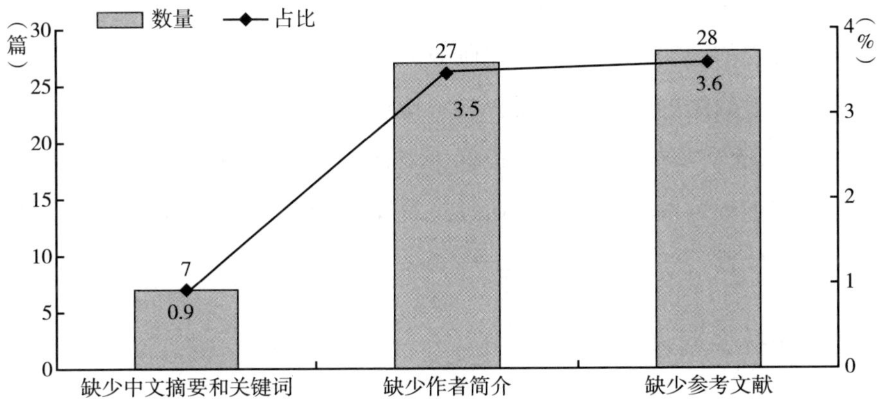

图 2　2019 年皮书单篇报告缺项情况分析

数据来源：皮书研究院。

四　皮书报告内容规范性分析

作为应用型智库成果，皮书以应对“不确定性”、提供专业有效信息为研创宗旨。鉴于此，皮书在内容规范性方面具有较高要求，皮书内容质量涉及研究领域、研究主题、研究方法、数据来源几方面，鉴于 2019 年皮书报告数量众多，本报告在 2019 年已出版的 427 部皮书中选

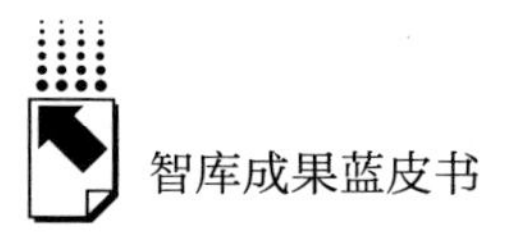

取参与2019年“优秀皮书报告奖”评选的533篇总报告、237篇分报告为样本，使用优秀皮书评选中社会调查、数据支撑、对策建议、重复率、篇幅五个指标来通过一定数目、比例对2019年皮书内容质量规范性进行数据考察。

在研究领域和研究主题方面，皮书是对当前中国与世界热点问题进行的年度监测，其选题兼具理论和现实意义：皮书可以根据社会科学的研究范畴进行选择，从而实现其在本学科领域内的理论价值；皮书可以根据经济社会发展中的现实问题聚焦于某一个群体、某一个产业或某一个实践领域开展研究，在科学调查、研究基础上提出客观、可行的对策建议，以期成为有关中国发展、中国经验、中国道路的哲学社会科学重要研究成果，实现皮书研创的现实价值。皮书在研究方法选择上强调使用实证的研究方法，侧重于对数据的分析。本报告参考使用了“优秀皮书报告奖”中社会调查、数据支撑、对策建议三个指标来对皮书研究领域、主题、方法和数据来源的质量规范性进行考察，通过重复率和篇幅的设置对内容质量规范性进行数据分析。

（一）社会调查

在社会调查方面，有10篇皮书报告存在社会调查不规范的情况，如问卷太少、不足一百份，没有对抽样方法进行介绍等，其比例约为1%。

（二）数据支撑

作为皮书的基本元素，数据分析是皮书研创的基本要义，数据使用是考量皮书质量规范性的另一评价指标。皮书的研究以定量为主，需要在对数据的获取、分析基础上得出结论，因此皮书数据来源不仅应真实、可信、可靠，而且最好使用拥有自主知识产权的第一手资料。在皮书研创基础上构建基础数据库和成果数据库，是皮书质量的重要保证，同时也是皮书价值的重要体现。如果使用的是二手数据，则应遵守严格的学术规范，标记资料来源。2019 年参与“优秀皮书报告奖”评选的报告中，共有 52 篇皮书报告缺少数据支撑，影响了皮书的整体质量。

（三）对策建议

作为皮书报告的最后一部分，对策建议是在立论基础上做出的有建设性、针对性的建议，是整个皮书的灵魂和社会价值所在。发现共有 43 篇皮书报告存在缺乏对策建议或者对策建议过于简单和空泛的问题。

（四）重复率

为了提升学术质量，皮书对学术前沿性和原创性要求较高，要求皮书所有报告必须遵循原创性和首发性。“皮书内容重复率”是指皮书正文中引用政府公文、媒体报道、他人学术成果、作者本人已公开发表学术成果字数占所撰写皮书报告总字数的比例。为了促进皮书报告的原创性、首发性，皮书对重复率有着严格的要求：印前皮书全书内容重复率的检测结果不应超过 15%（地方发展类皮书不超过 20%），单篇报告内容重复率同全书标准要求。2019 年共有 86 篇皮书报告内容重复率超过了规定要求，占 10% 左右，皮书内容重复率的问题依然严峻。

（五）篇幅

篇幅是衡量皮书质量的一项重要指标，发现共有 30 篇皮书报告存在篇幅过短的问题。篇幅过短将导致皮书阐释无法深入开展，因此皮书报告以 5000～10000 字为宜，篇幅过短或过长都将影响皮书的质量。

五　对未来皮书学术规范性建设的建议

皮书学术规范性建设是一项系统工程，需要创作者和出版社共同努力，因此未来要从提高创作者、出版社学术规范性意识和严格学术规范审查体系三个方面来加强皮书学术规范性建设。

（一）从创作者角度来讲，要增强学术规范的自觉性

创作者要以学术规范为准绳，自觉、自发成为学术规范的实践者。学术规范是皮书提升自身影响力的重要保证，只有不断加强学术规范建设，才能实现皮书长久健康的发展，因此皮书创作者要提高对学术规范建设的重视程度，并且有意识地增强学术规范性建设，通过定期召开选题会、审稿会，加强自身对皮书学术规范的严格审查；此外皮书创作者要充分利用皮书年会、皮书高级研修班等平台，加强与业界同行和编辑的沟通交流，了解皮书学术规范的要求和重要性，对自身存在的学术规范性问题形成清晰的认识，从而为加强自身学术规范建设、提升学术规范水平奠定基础。

（二）从出版社角度来讲，要发挥好最后守门员的作用

出版社是从知识生产走向知识传播的最后一个环节，因此要进一步提高学术规范意识，发挥其作为学术规范建设最后守门人的作用。首先，出版社应从品牌管理的角度，从皮书与国际接轨、提高智库报告影响力的角度提升整个业界对皮书学术规范的重视程度。其次，加强对皮书学术规范的研究、宣传，通过定期召开皮书高级研修班等形式对皮书创作者进行皮书学术规范方面的系统培训，通过会议平台加强创作者之间、创作者与编辑之间信息交流与反馈，从而使创作者认识到自身尚存在的学术规范问题、明晰皮书学术规范的要求、理解皮书学术规范的价值和意义。此外，在出版流程上，应加强作者和编辑深度的学术规范交流，提升科研人员和编辑的学术规范水平。

（三）严格出版社学术规范审查体系

经二十余年之努力，社科文献通过设立作者自检环节、建立严格完善的皮书出版流程、设置预审预处理程序形成了较为完善的学术规范审查体系。

首先，为了加大对皮书的规范性审查，社科文献设立了作者自检环节。在皮书交稿自检表中设置了篇幅、质量、要件、篇名、报告标题、报告层

次、脚注/尾注、图、表格、参考文献、版权与伦理几个指标，将学术规范审查关口前移，通过作者自检程序的设置在皮书正式出版前发现问题，并改正问题（见表6）。

表6　皮书交稿自检表

文档格式	Word 文档	□
篇幅	皮书篇幅一般在10万字到25万字之间(Word字符数)	□
质量	文章已审稿,被编辑组编辑过,无重大敏感问题,无学术不端问题	□
要件	中英文丛书名	□
	中英文书名	□
	封面署名和著述方式	□
	编委会名单	□
	主要编撰者简介 全书中英文摘要、关键词	□ □
	目录(中英文)	□
	单篇报告摘要、关键词(中英文)	□
	单篇报告作者及作者简介	□
篇名	围绕本书主题,符合逻辑性	□
报告标题	标题简洁明了,反映文章核心主题	□
报告层次	层次清晰,且全书基本统一	□
脚注/尾注	只在确实需要的地方使用脚注或尾注	□
图	高质量、清晰	□
	按文章标明序号	□
	无版权问题	□
	有出处	□
表格	格式与要求相一致,要件齐全	□
	数据准确,且与正文中表述一致;有出处	□
参考文献	完整性	□
	准确性	□
	一致性	□
版权与伦理	单篇报告已获得作者许可或者原出版商许可	□

数据来源：谢曙光主编《作者手册》，社会科学文献出版社，2020，第105页。

其次，社科文献建立了“皮书准入—选题填报—合同网签—原稿提交—预审预处理—三审三校—最终修改及印前质检—印前确认审核—印刷出版”一系列较为完善的皮书出版流程（见图3）。其中“皮书准入”和“选题填报”环节通过引入同行评议制度和专家论证制度来保证皮书选题、框架的质量：“皮书准入”申请表经由同行专家组成的皮书编辑委员会评审后，再提交社编辑委员会论证，审议通过后才可申报皮书选题。“皮书准入”环节有通过、暂缓、否决三种结果，在这一过程中皮书编辑将会把评审结果及时反馈给课题组，从而指导课题组根据专家意见进行修改以符合准入要求。只有准入通过，才能进入出版社选题论证环节。这一工作流程的建立为皮书学术规范性建设提供了程序上的支持和保证。

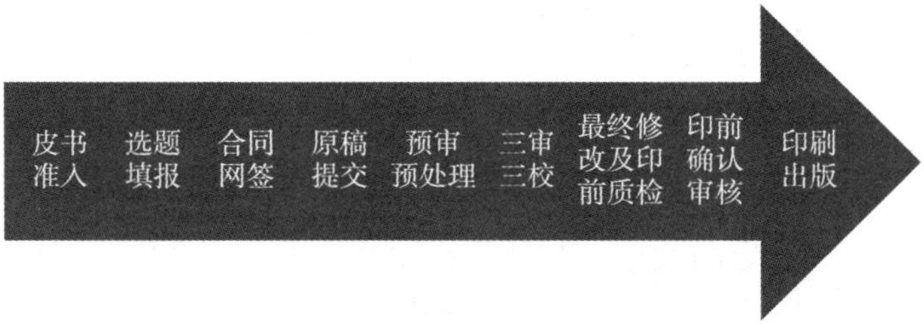

图3　皮书出版流程

再次，社科文献还建立了“预审预处理”程序用来保证皮书质量。原稿提交之后“预审预处理”程序会从皮书要件的完备性（丛书名、书名、编委会名单、主要编撰者简介、全书中英文摘要、全书中英文关键词、中英文目录、资料来源以及参考文献），全书框架结构合理性，书稿内容，皮书内容重复率几个方面来进行审查。在这一程序中编辑会给出预审预处理意见供作者参考，预审预处理意见考核的指标包括报告名、摘要、关键词、脚注、参考文献是否符合皮书规范，全书研究对象是否明确，全书框架设置是否合理，全书单篇报告内容质量如何，内容重复率检测几项指标，从指标设置来看皮书预审预处理程序涵盖了皮书学术规范性的基本要求，这一程序的设立加强了对皮书学术规范性的严格审查，保证了皮书的质量。

从目前程序来看，社会科学文献出版社已建立了相对严格、完善的学术规范审查体系。在之后的皮书出版过程中，应继续完善和改进现有的皮书出

版流程，在内容、体例上对皮书进行严格的学术规范审查，最大限度发挥流程的功能性价值，从程序上实现对出版流程的严格监管。

参考文献

《芝加哥手册——写作编辑和出版指南》（第16版），吴波译，高等教育出版社，2014。

谢曙光主编《作者手册》，社会科学文献出版社，2020。

谢曙光主编《编辑手册》，社会科学文献出版社，2020。

谢曙光主编《皮书手册——写作、编辑出版与评价指南》（第三版），社会科学文献出版社，2018。

蔡鸿程：《编辑作者实用手册》，中国标准出版社，2009。

谢曙光等：《学术出版研究》，社会科学文献出版社，2018。

谢曙光主编《中国皮书发展报告（2019）》，社会科学文献出版社，2019。

The University of Chicago Press Editorial Staff, *The Chicago Manual of Style*, *The Essential Guide for Writers*, *Editors*, *and Publishers*, 17th Edition, The University of Chicago Press, 2017.

热点报告

Hot Spot Reports

B.11

皮书数字化发展报告（2020）

刘 姝*

摘 要： 2019年以来，皮书数字化向着深度融合的方向加速迈进，多元化数字出版业务格局带来了良好的市场叠加效应，皮书数据库内容资源质量和规模不断提升，用户规模和平台流量快速增长，用户画像日益清晰。同时，皮书数字化仍面临着外部环境快速变化、用户眼光日益“挑剔”、优质内容规模仍待扩大、精准的场景化知识服务能力仍待提升等挑战。未来，皮书数字化将继续以皮书数据库为核心，立足内容本质，大力整合优质资源，打造世界领先的智库成果整合发布与知识服务平台；以新技术运用为支撑，为皮书研创及智库研究提供资料、数据、规范、传播、评价等多方位的专业服务；不

* 刘姝，社会科学文献出版社数字出版分社副总编辑，研究方向为数字出版、编辑出版。

断创新跨界载体和跨界营销模式，增强数字时代皮书品牌社会影响力的深度与广度。

关键词： 皮书　数字化　皮书数据库　深度融合

皮书数字化是互联网、大数据时代增强皮书生命力、扩大皮书影响力的必然选择。2019 年以来，在国家推动数字出版向“深度融合”“高质量发展”迈进，5G、区块链等新技术发展应用，新冠肺炎疫情加速推动数字出版深化转型升级等多轮驱动下，社会科学文献出版社（简称“社科文献”）加速推动、持续深化皮书数字化发展，以皮书数据库为核心，借力不断发展的新技术，打造世界领先的智库成果整合发布与知识服务平台。经过多年建设，已成为海内外智库机构和学者研究当下中国发展、实现成果转化、扩大成果影响力绕不开的专业平台。

一　皮书数字化发展现状概述

2019 年以来，皮书数字化能力持续提升，发展效益不断提高，以皮书数据库、中国皮书网、皮书电子书、皮书音视频共同服务于用户的皮书数字化业务格局基本形成，带来了良好的市场叠加效应，以内容、服务和运营创新为核心动能的动力机制正在形成。

皮书数字化以皮书数据库为核心展开，皮书数据库的发展是皮书数字化不断发展的主要推动力，基本能代表皮书数字化的发展趋势，故本报告以皮书数据库为切入点分析皮书数字化发展情况。

2019 年，皮书数据库继续坚持“分析解读当下中国发展变迁的智库产品和知识服务平台”的产品定位，从内容资源整合、专题产品建设、精细知识服务三方面着力，不断提升平台双效和影响力，并成为第一批荣获“国家新闻出版署数字出版精品遴选推荐计划 2019 年度入围项目”的 95 个平台之一。截至2020年6月30日，皮书数据库收录图书突破1万本，报告19.4万篇，字数44.7亿字，内容涉及41个一级学科100多个行业，覆盖80余个国家、30个国际区域及国际组织，以及中国的34个省级行政区；用户遍及12个国家，机构用户已超过1500家，个人用户达16.6万人；累计PV[①]达2308万次，各项指标较上年度都有较大提升。

二 2019~2020年皮书数据库资源数据分析[②]

在资源建设方面，皮书数据库立足中国社会科学院的专家学者资源，以“皮书系列”品牌资源为基础，全面整合分析解读当下中国发展变迁的智库报告和研究成果，积极促成与聚焦当下中国研究的智库机构及专家学者的资源合作。截至2020年4月30日，“皮书系列”占资源总量的33.8%；聚合专家学者5.7万名，研创机构804家，积极打造学术共同体。

（一）内容资源

1. 资源量

2019年5月1日至2020年4月30日，皮书数据库新入库图书615本报告1.1万篇，较去年同期降幅较大，这主要是新冠肺炎疫情影响了相关成果出版周期所致。预计2020年下半年，资源入库量将有较大幅度增长。

本年度[③]皮书数据库继续坚持资源协同、优势互补，积极与一流智库机构强强联手，以资源合作共促成果价值最大化；与首都经济贸易大学特大城市经济社会发展研究院、上海国际邮轮经济研究中心2家机构达成资源合作，累计合作机构达到5家；吸纳了京津冀研究系列智库报告和课题成果、

① PV即页面浏览量，是评价网站流量最常用的指标之一，页面被刷新一次计算一次，多次打开同一页面则浏览量累计。

② 除特别说明外，本报告关于皮书数据库的数据均来自皮书数据库后台统计分析系统。

③ 下文若无特别说明，本年度均指2019年5月1日至2020年4月30日。

上海国际邮轮经济研究中心 2012 年至今的政府咨询课题成果等优质资源入驻皮书数据库。

2. 主题分布

主题是皮书数据库划分资源的重要维度、整合资源的重要标尺之一。皮书数据库根据“皮书系列”的内容分类设置六大基本子库，“一网打尽”中国经济、社会、行业、区域、文化传媒及世界经济与国际关系六大主题研究成果。本年度入库资源仍以中国社会、经济主题研究成果为主，分别占各主题资源量之和的 28.8% 和 28.7% （见图 1）。从变化趋势来看，中国经济主题研究成果的占比较去年同期提升较多，中国区域、文化传媒主题研究成果的占比较去年同期有所减少，跨学科、跨主题研究成果继续保持增长态势。

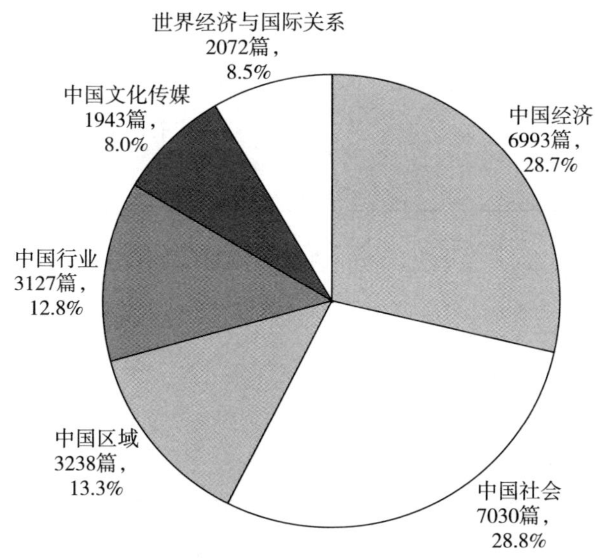

图 1　2019～2020 年度皮书数据库资源量（报告）主题分布

注：由于将跨学科资源计入多个主题，故各主题资源量之和大于年度入库资源总量。

数据来源：皮书数据库。

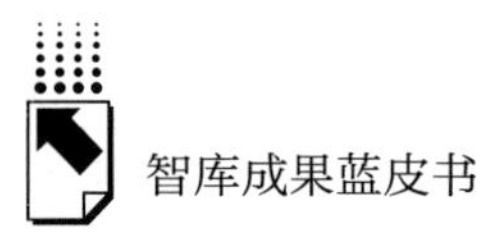

从使用量①来看，中国社会主题资源最受用户关注，紧随其后的是中国经济主题资源，这与资源量主题分布态势基本一致。

3. 学科分布

皮书数据库所收录资源涉及 41 个一级学科，一级学科覆盖率达 70.7%，涉及 179 个二级学科，二级学科覆盖率达 25.8%。

截至 2020 年 4 月 30 日，资源量排名前五的学科与去年相同。其中，经济学的报告数量超过 10 万篇，政治学、社会学、管理学的报告数量均超过 5 万篇，是皮书数据库的主要资源（见表 1）。从本年度新增情况看，经济学、社会学、管理学资源增幅排名前三。

表 1　截至 2020 年 4 月 30 日皮书数据库学科资源量（报告）排名

单位：篇

序号	一级学科	报告量
1	经济学	105024
2	政治学	72301
3	社会学	59518
4	管理学	51453
5	法　学	13070

注：跨学科资源在各学科统计中各计入 1 次。

数据来源：皮书数据库。

（二）研创力量

1. 专家学者分布

皮书数据库聚合社科院系统专家学者 5700 余名、国内高校专家学者 12700 余名、政府机构专家学者 1270 余名。本年度在皮书数据库发布研究成果的专家学者近万名，从发文量来看，第一作者无明显集中度。这与智库报告一般为集体劳动成果，且当下中国研究的涵盖面较广，参与的专家学者

① 指皮书数据库用户通过浏览、在线阅读或下载阅读任何一种方式阅读使用报告的次数统计，即：使用量 = 浏览次数 + 在线阅读次数 + 下载阅读次数。

较多有关。专家学者“百花齐放”，说明智库报告专业化程度很高，也说明“皮书系列”是一个作者、研究机构和出版社全力打造的优秀集体品牌。

2. 研究机构分布

皮书数据库聚合的研究机构类型分布基本保持稳定，以社科院智库、高校智库、党政智库等官方或半官方智库为主，同时聚合一批行业领军企业、社会组织等民间智库，与中国特色新型智库发展新格局整体规划基本一致；从数量上看，仍是高校、政府研究部门、社科院系统机构位列前三，分别为342 家、157 家和 132 家（见图 2）。

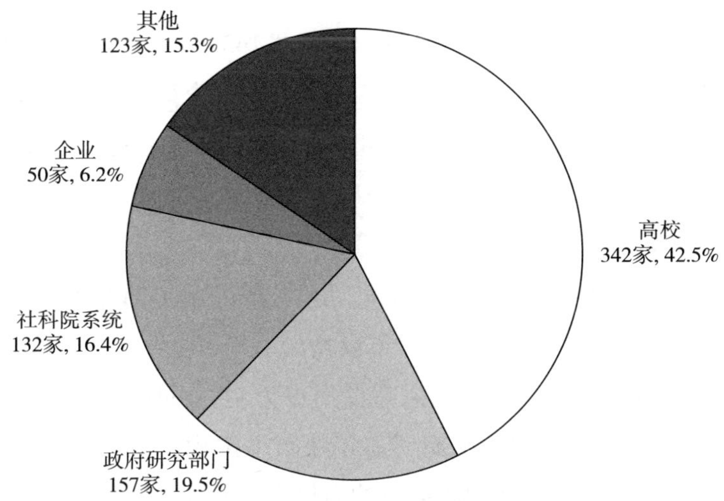

图 2　截至 2020 年 4 月 30 日皮书数据库累计研究机构类型分布

注：（1）“其他”包括社会组织、行业协会和独立研究机构；（2）独立研究机构指不从属于高校和政府的研究机构。

数据来源：皮书数据库。

三　2019 ~2020 年皮书数据库用户数据分析

皮书数据库的核心用户为智库研究从业者、党政领导干部、相关专业师生、新闻工作者、投资者等，其基本特征为：知识分子阶层，以硕士博士为主，一般具有较强支付能力；以研究为业，研究费用多由所在单位提供；专业性强，对专业知识，尤其是基础数据、文献资料有较强需求；既是内容提供者，又是内容接收者。从购买主体角度，可划分为机构用户和个人用户；从区域角度，可划分为国内用户和海外用户。截至2020年4月30日，皮书数据库机构用户遍及12个国家，国内机构用户超过1400家，海外机构用户近百家；个人用户达14.8万人。

（一）国内机构用户分析

1. 用户规模及类型、区域分布

截至2020年4月30日，国内机构用户共1431家。其中，正式用户246家，遍及全国28个省份；试用用户1185家，遍及全国34个省份。

本年度皮书数据库新增正式机构用户18家，续费正式机构用户104家。受新冠肺炎疫情影响，2020年第一季度成交量剧减，故本年度的正式机构用户数较去年同期呈下降态势，二者分别减少6家和7家；但新增试用机构用户107家，较去年同期增长24.4%，这主要得益于湖北市场开拓成效，湖北地区新增试用机构56家，占全部新增的一半以上。

目前，国内机构用户类型仍以高校用户为主，占比达到66.1%（见图3）。本年度新增高校用户106家，占年度新增国内机构用户数的84.8%，这说明皮书数据库在高校用户中的影响力仍在不断提升。本年度新增正式机构用户主要分布在华东、西南和华南地区，新增试用机构用户主要分布在华中和华东地区，华东和华中区域市场开拓成效较为显著（见图4）。

2. 重点市场占有率

截至2020年4月30日，皮书数据库累计正式机构用户共246家，985高校覆盖率46.2%，211高校覆盖率35.9%，“双一流”高校覆盖率47.6%，皮书研创单位覆盖率11.8%，集刊出版单位覆盖率24.6%，出版社学术资源建设基地覆盖率47.1%（见表2）。皮书数据库因其资源权威、前沿、原创、连续等特点，受到众多知名高校和研究机构的关注和认可，重点市场占有率在同类产品中处于领先地位。

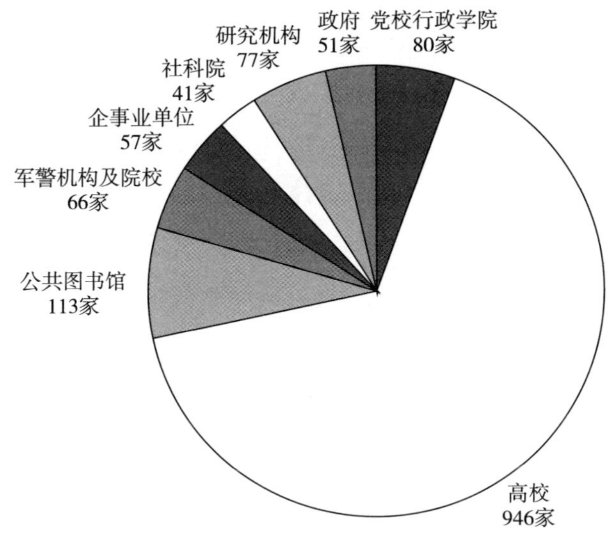

图 3　截至 2020 年 4 月 30 日皮书数据库累计国内机构用户类型分布

数据来源：社会科学文献出版社数字出版分社。

本年度有 5 家皮书研创机构成为皮书数据库正式用户，是数量增长最多的重点市场用户类型；未来，皮书数据库将进一步深化与皮书研创单位的全方位合作，不断优化产品和服务，面向其研创需求提供更加全面精准的服务。

表 2　皮书数据库正式用户重点市场占有情况

单位：家，%

重点市场	市场规模	累计机构数	占有率	本年度新增机构数同比增长率
985 高校	39	18	46.2	20.0
211 高校	117	42	35.9	10.5
“双一流”高校	42	20	47.6	17.6
皮书研创单位	440	52	11.8	10.6
集刊出版单位	167	41	24.6	—
学术资源建设基地	17	8	47.1	14.3

注：（1）皮书研创单位市场规模统计数据从去年的 572 家减少为 440 家，是因为本年度将同属一个上级单位的院所和课题组统计为 1 家；（2）211 高校市场规模从去年的 116 家增长至 117 家。

数据来源：社会科学文献出版社数字出版分社。

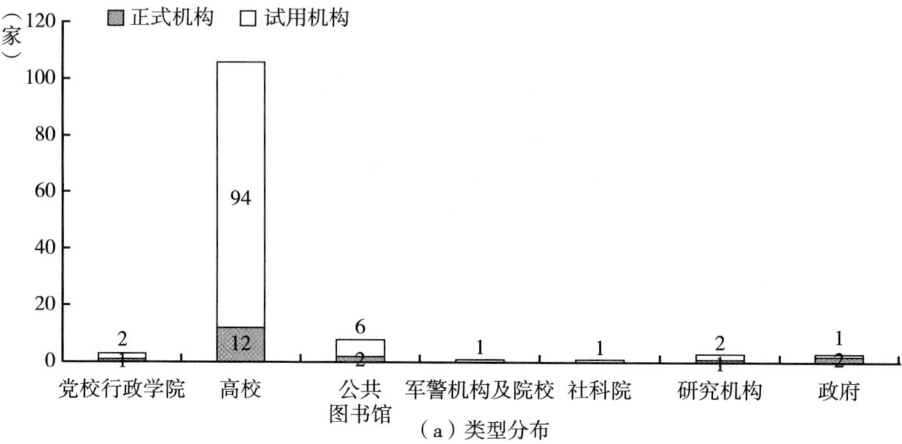

（a）类型分布

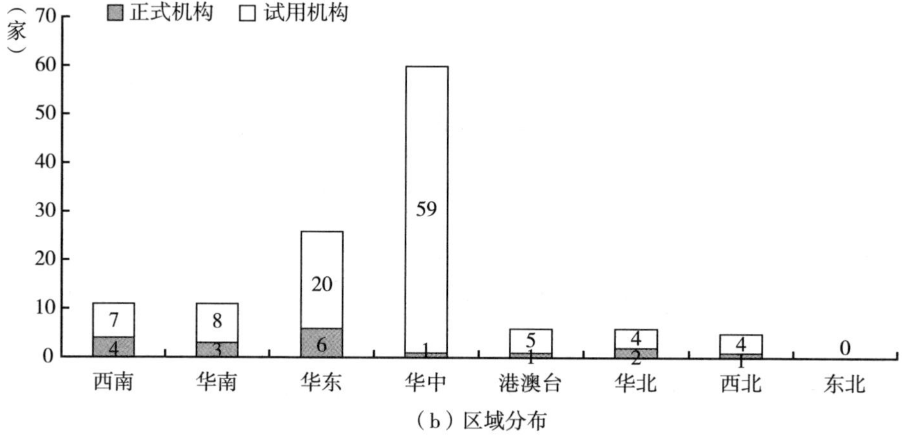

（b）区域分布

图4　2019～2020年度皮书数据库新增国内机构用户类型及区域分布

数据来源：社会科学文献出版社数字出版分社。

（二）海外机构用户分析

截至2020年4月30日，皮书数据库拥有近百家海外机构用户，其中正式用户26家。用户遍布美国、加拿大、英国、德国、法国、荷兰、澳大利亚、日本、新西兰、新加坡、比利时、以色列12个国家，用户类型以高校图书馆、政府机构和公共图书馆为主。

皮书数据库海外正式用户主要分布在美国，共 18 家，占海外正式用户总数的 69. 2%（见图 5）。美国国会图书馆、美国外交关系协会等政府机构，哈佛大学、密歇根大学等美国当代中国研究的主要机构都是皮书数据库多年的忠实用户。美国高度关注中国发展问题，是当下中国研究的海外重镇，一直以来也是皮书数据库“走出去”的重点市场。但本年度美国市场无新增正式机构用户，这可能与中美贸易摩擦有一定关系。2018 年 4 月美国发布 500 亿美元加征关税商品清单以来，中美贸易摩擦已经历多个阶段，多个行业受到影响，数字内容产业也难以置身事外。

皮书数据库海外市场开拓目前以代理合作方式为主。2020 年 1 月，社科文献与中国国际图书贸易集团有限公司、中国教育图书进出口有限公司达成数据库海外销售代理合作，开启了数据库海外销售的新篇章，助力中国文化“走出去”。自达成合作以来，海外机构开通试用量增幅明显，主要集中在北美地区，从区域分布来看，新开拓了法国及荷兰市场。

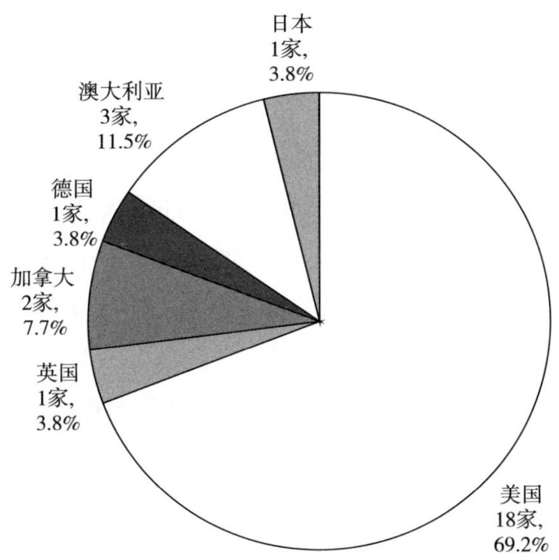

图 5　截至 2020 年 4 月 30 日皮书数据库海外正式用户区域分布

数据来源：社会科学文献出版社数字出版分社。

（三）个人用户分析

截至2020年4月30日，皮书数据库个人用户注册数达14.8万人，继续保持逐年增长态势。

本年度皮书数据库新增个人用户4.3万人，同比增长168.8%。2020年新冠肺炎疫情期间，为便于各高校及研究机构人员足不出户做科研，充实社会公众居家精神文化生活，皮书数据库全库免费向社会公众开放。活动期间（2月1日～4月30日），皮书数据库新增个人用户2.5万人，较去年同期增长397%，3月的个人用户新增量更是突破1万人，创下历史新高。从终端设备来看，PC端仍然是专业类数据库产品的主要使用终端，本年度通过PC端注册的个人用户数为4.1万人，占比达95.3%。

在用户购买方面，本年度共6984位个人用户有购买行为，同比减少18.5%，这主要是受疫情期间限免活动影响；总订单数为39540条，同比减少1.3%，但消费金额同比增长45%。这说明用户的付费能力较强，高质量中长篇报告对用户的吸引力最强。

在支付方式上，本年度共有充值订单1883笔，同比增长53.2%，由此带来的充值后消费订单有28643笔，同比减少10.1%；即时支付订单10897笔，同比增长56.2%。由此可见，充值消费仍是用户常用的消费方式，但本年度大额充值有所减少；即时支付订单数量增长很快。

从消费时段看，除春节前后，各月订单数基本稳定，但8月、10～12月出现了小高峰，这一定程度说明订单数增长与大型营销和促销活动、皮书出版及发布会举办高峰期呈正相关（见图6）。

四　2019～2020年皮书数据库流量数据分析

互联网时代，流量成为衡量影响力的重要指标；流量背后的用户行为数

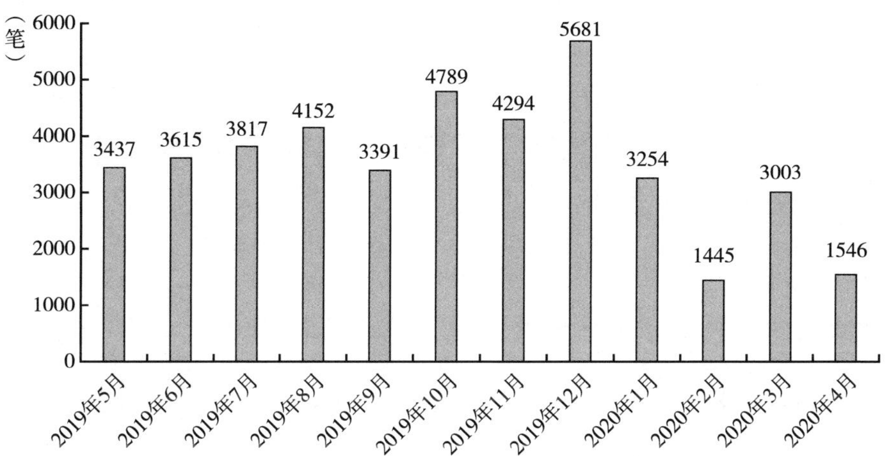

图6　2019 年 5 月 ~2020 年 4 月皮书数据库个人用户消费订单数月度分布

数据来源：皮书数据库。

据成为分析用户行为，实现精准营销和服务的关键。皮书数据库统计分析系统已实现对用户基本信息和使用轨迹等数据的记录，项目组也从 2020 年开始定期发布《皮书数据库影响力报告》，面向广大用户和皮书研创机构提供数据报告服务。

自皮书数据库上线以来，尤其是 2014 年新版皮书数据库上线以来，皮书数据库的影响力持续快速提升。截至 2020 年 4 月 30 日，皮书数据库累计 PV 达 2102 万次，年均增长率 74.4%；累计 UV①1241.4 万次，年均增长率 111.7%。

（一）全库使用数据及分析

1. PV 量、UV 量

2019 年 5 月 1 日至 2020 年 4 月 30 日，皮书数据库 PV 量 916.4 万次、

① UV 即独立访客量，访问网站的一台电脑客户端为一个访客，一天内相同客户端只计算一次。

UV 量 634.4 万次，同比增速分别达 95.3% 和 69.0%，继续保持快速增长态势。

从 PV 量月度分布来看，峰值出现在 2019 年 10～11 月，第二个高峰出现在 2020 年 2～4 月（见图 7）；结合图 6 的消费订单数月度分布可知，付费转化的峰值出现在 2019 年 12 月。

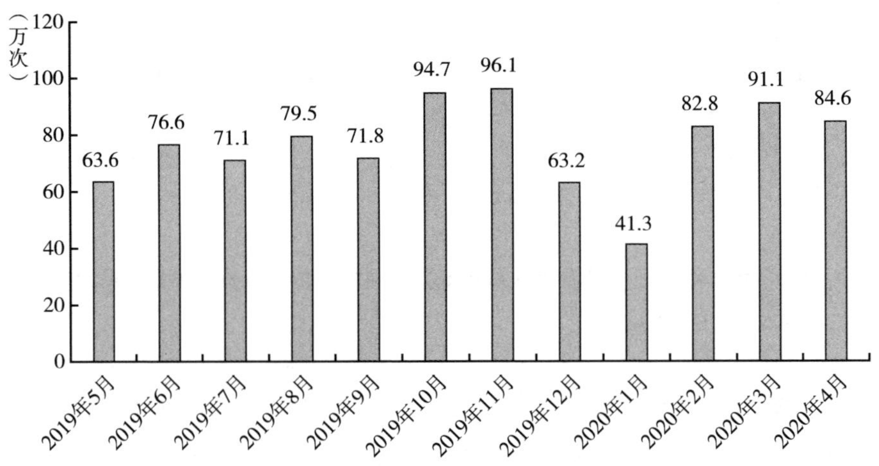

图 7　2019 年 5 月～2020 年 4 月皮书数据库 PV 量月度分布

数据来源：皮书数据库。

从地域分布看，北京和广东贡献绝大多数使用量的格局有所变化，整体分布更加均衡。本年度北京和广东两地贡献了 45.4% 的 PV 量，较去年同期减少了 29.6 个百分点；河北和湖南表现突出，前者从第 17 名超越广东跃居第二，后者从第 11 名上升至第 4 名（见图 8）。总体来看，皮书数据库的 PV 量主要集中在高校和研究机构更为聚集的经济发达地区，这与目标用户的区域分布基本一致。河北、湖南的“异军突起”很大程度上是新冠肺炎疫情期间的数据库限免活动带动的，从 2020 年 2 月起，这两地的 PV 量涨幅明显（见图 9）。

2. 用户忠诚度分析

用户忠诚度反映了用户对产品或服务的“依附性”偏好，本报告从访

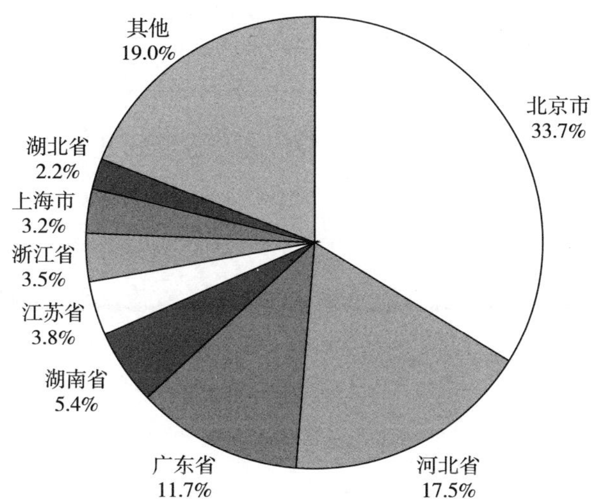

图8　2019 年 5 月 ~2020 年 4 月皮书数据库 PV 量地域分布

数据来源：皮书数据库。

问页数①、访问深度②、访问时长③、上次访问时间④四个维度来分析皮书数据库的用户忠诚度。

从访问页数看，96.8% 的访客访问页数为 1 ~10 页，这一比例较去年同期呈增长态势，增长量与访问页数为 11 ~20 页的访客数占比减少量基本相当，而访问页数为 21 页及以上的访客数占比与去年同期基本持平（见表3）。从访问深度看，93.9% 的访客访问深度为 5 页及以下，占比同比增长了 1.7 个百分点，访问深度为 6 ~10 页的占比减少了 1.3 个百分点；变化趋势与访问页数基本一致（见表 4）。

从访问时长看，平均访问时长为 3 分 45 秒，新访客平均访问时长为 3 分 07 秒，老访客为 5 分 48 秒。与去年同期相比，老访客平均访问时长基本持平，新访客平均访问时长则有所下降。访问时长为 3 分钟以内的访问次数

① 访问页数：指访客一次访问会话中的页面浏览量，即同一页面多次被浏览累计。

② 访问深度：指访客一次访问会话中浏览的不同页面数。

③ 访问时长：指访客一次访问会话的页面停留时长。

④ 上次访问时间：指最近一次访问与上一次访问的时间间隔，为本年度新增维度，仅适用于分析老访客。

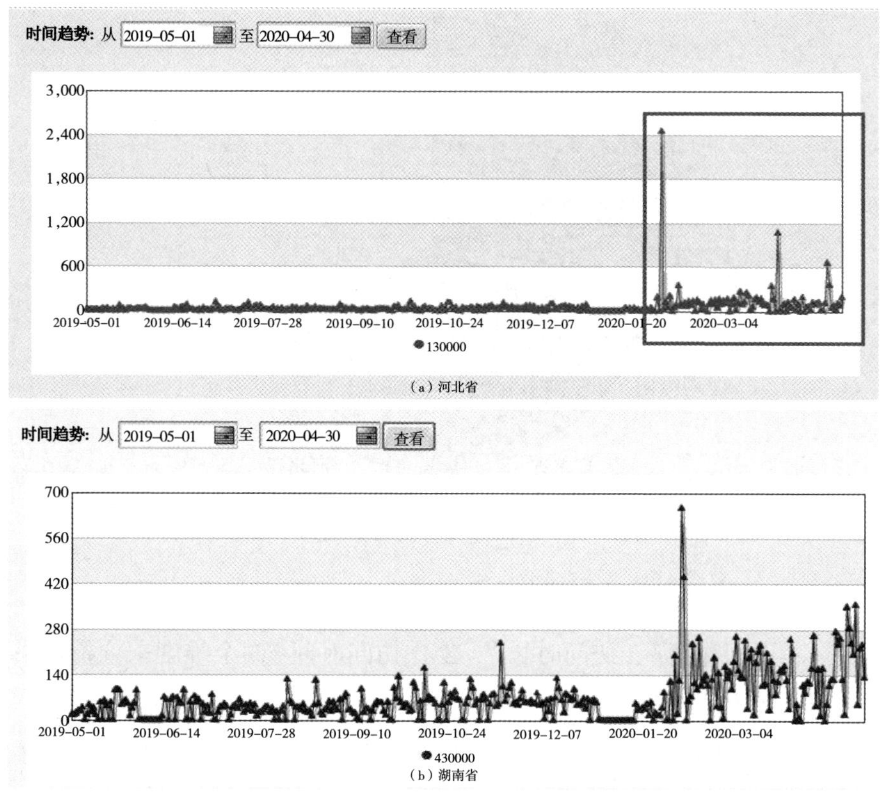

图 9　2019 年 5 月 ~2020 年 4 月河北省、湖南省 PV 量时间分布趋势

数据来源：皮书数据库。

占访问总次数的 81.6%（见表 5）；而本年度皮书数据库面向用户的使用习惯调研结果显示，73.7% 的用户阅读一篇 2 万字以内的中文报告，平均用时为 10 分钟以上（见图 10）。由此可推测，用户主要阅读方式仍是下载到本地后阅读。从上次访问时间来看，用户使用习惯更偏向某一时段集中使用，也说明用户对内容资源的需求比较明确（见表 6）。

从以上四个维度数据及一年来的变化趋势可以看出，用户对所阅读内容的需求更加有针对性，而且查找资源时越来越缺乏“耐心”，阅读广度的“两极分化”现象日益严重。新访客贡献的访问次数高于老访客，但老访客的访问深度明显高于新访客。

表3　2019年5月~2020年4月皮书数据库访问页数区间分布

单位：次，%，个百分点

访问页数	全部访客			新访客			老访客		
	访问次数	占比	占比同比增长量	访问次数	占比	占比同比增长量	访问次数	占比	占比同比增长量
1~10页	1492023	96.8	0.6	1162516	97.9	0.5	329507	92.9	0.7
11~20页	32340	2.1	-0.5	16807	1.4	-0.5	15533	4.4	-0.7
21~50页	13843	0.9	-0.1	6567	0.6	-0.1	7276	2.1	-0.1
50页以上	4045	0.3	0.0	1634	0.1	-0.1	2411	0.7	0.0

数据来源：百度统计。

表4　2019年5月~2020年4月皮书数据库访问深度区间分布

单位：次，%，个百分点

访问深度	全部访客			新访客			老访客		
	访问次数	占比	占比同比增长量	访问次数	占比	占比同比增长量	访问次数	占比	占比同比增长量
1~5页	1448449	93.9	1.7	1139496	96.0	1.4	308953	87.1	2.5
6~10页	57077	3.7	-1.3	30770	2.6	-1.0	26307	7.4	-2.0
11页以上	36725	2.4	-0.4	17258	1.5	-0.3	19467	5.5	-0.5

数据来源：百度统计。

表5　2019年5月~2020年4月皮书数据库访问时长区间分布

单位：次，%，个百分点

访问时长	全部访客			新访客			老访客		
	访问次数	占比	占比同比增长量	访问次数	占比	占比同比增长量	访问次数	占比	占比同比增长量
1分钟及以内	544529	43.5	0.9	433443	45.4	0.6	111086	37.4	-1.5
1~3分钟	476460	38.1	3.0	364496	38.2	2.9	111964	37.7	3.4
3~10分钟	117682	9.4	-1.8	81515	8.5	-1.9	36167	12.2	-0.6
10~30分钟	86990	6.9	-1.9	62810	6.6	-1.3	24180	8.1	-1.5
30~60分钟	21657	1.7	-0.1	11139	1.2	-0.1	10518	3.5	0.0
60分钟以上	4923	0.4	-0.1	1937	0.2	-0.1	2986	1.0	0.0

数据来源：百度统计。

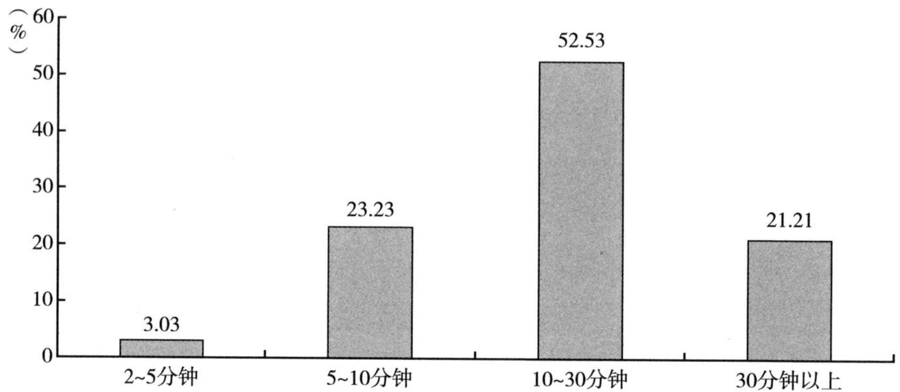

图 10　阅读 2 万字以内中文报告的平均阅读时长分布

数据来源：社会科学文献出版社数字出版分社。

表 6　2019 年 5 月 ~2020 年 4 月皮书数据库上次访问时间区间分布

上次访问时间	访问次数（次）	占比（%）
1 天内	344914	97.2
1 ~2 天前	4791	1.4
3 ~7 天前	2922	0.8
8 ~15 天前	1216	0.3
16 天前及以上	884	0.3

数据来源：百度统计。

3. 重点子库使用量

皮书数据库 6 大基本子库和本年度新建专题库的使用量如表 7 所示，中国社会发展和中国经济发展 2 个子库的使用量都达到百万左右，远高于其他子库，这说明社会类、经济类资源仍然是用户关注的重点。行业发展和文化传媒 2 个子库，其使用量同比增速都超过 200%，在这两类资源入库数量减少的情况下，仍实现了使用量的大幅提升，这一方面体现了用户的关注度提升，另一方面也印证了这两类主题的皮书研创质量有所提升，内容吸引力加强。本年度新建专题库的使用量较去年也有较大提升，尤其是“全国两会重点推荐”专题，可见，发布结合时事热点的特色专题产品是较为有效的引流方式。

表 7　2019 年 5 月～2020 年 4 月皮书数据库 6 大基本子库和新建专题库使用量

数据库名称	使用量(次)	增长率(%)
中国社会发展数据库	1079969	168.6
中国经济发展数据库	993696	176.8
中国行业发展数据库	687035	210.2
中国区域发展数据库	479991	55.8
中国文化传媒数据库	647234	285.7
世界经济与国际关系数据库	284469	104.1
旅游专题库(2019 年 4 月上线)	128168	—
社会救助(2019 年 12 月上线)	66475	—
全国两会重点推荐(2020 年 3 月上线)	43788	—

数据来源：皮书数据库。

4. 报告使用量

2019 年 5 月 1 日至 2020 年 4 月 30 日，全库报告使用量为 181.9 万次，同比增长 110.6%。其中，皮书报告使用量为 125.7 万次，占全库报告使用量的 69.1%，使用量及其占比均呈增长态势，皮书报告的影响力明显高于其他智库报告，并在不断增强。本年度新入库报告共产生 47.9 万次使用量，占全库报告使用量的 26.3%，这从侧面反映了年度连续性发布的高质量皮书报告除了时效性价值高，也具有较强的学术研究价值，其价值生命周期较长。

5. 受访页面分析

本报告从页面平均停留时长和贡献下游使用量两方面对受访页面进行分析。本年度的页面平均停留时长较去年同期提升明显；从内容上看，用户对文化教育、经济类主题的皮书阅读深度更深（见表 8）。从贡献下游使用量来看，排除首页这一特殊页面外，高级检索页、皮书分类页排名靠前，这说明用户对快速精准定位所需资源的需求越来越强；从内容上看，《2019 年中国本科生就业报告》《中国城乡老年人生活状况调查报告（2018）》《中国分省份市场化指数报告（2018）》的贡献下游使用量分列第四、第七和第八名，可见数据类智库报告对用户的吸引力很强（见表9）。

表8　2019年5月～2020年4月皮书数据库页面平均停留时长TOP10

单位：秒

排名	平均停留时长	页面内容
1	411	图书详情页:《文化产业专题研究报告(上)》
2	382	图书详情页:《中国中小学教师发展报告(2014)》
3	361	图书详情页:《中国城投行业发展报告(2019)》
4	359	图书详情页:《澳大利亚发展报告(2017～2018)》
5	336	图书详情页:《全球传播生态发展报告(2018)》
6	331	图书详情页:《“一带一路”文化产业合作发展报告(2019)》
7	326	图书详情页:《中国民办教育产业发展报告(2019)》
8	315	丛书展示页:《工业和信息化蓝皮书》
9	311	图书详情页:《中国城市竞争力报告 No. 13》
10	302	图书详情页:《中国省域经济综合竞争力发展报告(2017～2018)》

注：仅统计图书和报告展示相关页面。
数据来源：百度统计。

表9　2019年5月～2020年4月皮书数据库贡献下游使用量TOP10

单位：次

排名	贡献下游使用量	页面内容
1	129091	首页
2	9198	高级检索页
3	6192	皮书分类页
4	4481	图书详情页:《2019年中国本科生就业报告》
5	2738	IFC易瑞授权访问系统
6	2723	最新图书页
7	2620	图书详情页:《中国城乡老年人生活状况调查报告(2018)》
8	2541	图书详情页:《中国分省份市场化指数报告(2018)》
9	2416	清华大学图书馆校外访问系统
10	1620	中国经济发展数据库

数据来源：百度统计。

（二）国内外机构使用数据及分析

1. 国内机构使用量 TOP10

本年度使用量排名前十的国内非公共图书馆机构如表 10 所示，其中有 9 家是皮书研创单位，且这些机构研创的皮书数量也相对较多。皮书研创和皮书数据库使用量总体呈正相关关系，反映了皮书数据库对皮书研创具有较强的资料支撑作用。

值得关注的是，除了北京大学、中国人民大学等以人文社科相关学科为主要优势学科的机构之外，理工类学科更占优势的清华大学、浙江大学等机构使用量也很高，这一定程度说明皮书数据库不仅在服务人文社科领域研究方面优势突出，也是高校学生正确认识了解当下中国发展中各种经济社会现象的重要工具。

表 10　2019 年 5 月 1 日～2020 年 4 月 30 日国内机构使用量 TOP10（不含公共图书馆）

排名	机构名称	皮书研创情况		
		皮书系列数量(种)	2019 年出版皮书数量(部)	累计出版皮书数量(部)
1	北京大学	9	3	21
2	中国人民大学	8	2	12
3	浙江大学	4	4	14
4	清华大学	6	3	31
5	复旦大学	0	0	0
6	中国社会科学院	133	71	873
7	深圳大学	4	4	23
8	中共中央党校(国家行政学院)	3	3	18
9	厦门大学	3	0	8
10	武汉大学	7	4	20

数据来源：社会科学文献出版社数字出版分社、皮书研究院。

2. 海外机构使用量 TOP5

本年度使用量排名前五的海外机构如表 11 所示，这些机构主要分布在美国，大多为多年稳定续费的忠实客户，平均使用时间超过 5 年，加利福尼亚大学圣迭戈分校更是连续购买 7 年。值得注意的是，南加州大学为 2018 年新成交客户，本年度使用量便跃居第二，该校作为美国西海岸最古老的顶尖私立研究型大学、美国本科最难录取的大学之一，对皮书数据库的大量使用也一定程度佐证了数据库的高质量和专业度。从排名前五的榜单可以看出，皮书数据库对海外知名高校的覆盖率高，这为皮书研创机构及作者的研究成果扩大海外影响力提供了很好的渠道。

表 11　2019 年 5 月 1 日 ~ 2020 年 4 月 30 日海外机构使用量 TOP5

排名	用户名称	所在地区	机构类型
1	德国柏林图书	德国	公共图书馆
2	南加州大学	美国	高校
3	约翰斯·霍普金斯大学	美国	高校
4	乔治·华盛顿大学	美国	高校
5	加利福尼亚大学圣迭戈分校	美国	高校

数据来源：社会科学文献出版社数字出版分社。

（三）皮书报告使用量 TOP100 及其分析

皮书报告使用量 TOP100 既体现了皮书报告及其作者的影响力，也反映了用户的兴趣偏好。由于篇幅所限，本报告仅展示指标体系和分析结论，报告排名情况详见附录。

1. 指标体系

本年度继续沿用上一版的指标体系，仍然设置使用量和使用深度 2 个一级指标，分别赋予 0.6 和 0.4 的权重；设置月均使用量、浏览次数、在线阅读次数、下载阅读次数 4 个二级指标。

使用量指皮书数据库用户通过浏览、在线阅读或下载阅读任何一种方式阅读使用报告的次数之和，即：使用量 = 浏览次数 + 在线阅读次数 + 下载阅读次数。为了规避不同入库时间造成的使用量在总量上的差异，我们采取月均使用量来衡量报告的使用量情况，即：月均使用量 = 使用量/入库累计月份。

使用深度采用对报告的阅读使用方式来衡量。在使用深度指标上，通过对三种阅读使用方式的数据总量分析，赋予浏览、在线阅读和下载阅读的权重分别为0.2、0.3和0.5，即：使用深度 = 浏览次数 ×0.2 + 在线阅读次数 ×0.3 + 下载阅读次数 ×0.5。各指标权重详见表12。

表12　皮书数据库影响力指数之报告使用量指标体系

一级指标	一级指标权重	二级指标	二级指标权重
使用量	0.6	月均使用量	—
使用深度	0.4	浏览次数	0.2
		在线阅读次数	0.3
		下载阅读次数	0.5

2. 使用量TOP100的分析解读

（1）关注当下热点的经济、社会、产业发展报告更受青睐，聚焦湖北和武汉发展的报告成为本年度“黑马”

本报告对使用量TOP100的皮书报告摘要进行了词频分析，发展、中国、经济、社会、老年人、产业、城市、增长、康养、服务成为本年度词频排名前十的热词（见图11）。可见关于宏观经济发展、社会民生问题、重点和热门产业发展的智库报告更受用户青睐。

从细分主题来看，经济类报告中，中国宏观经济、世界经济形势关注度很高，TOP100中的经济类报告，84%出自2020版的《经济蓝皮书》和《世界经济黄皮书》，显现出“长尾效应”，这从某种程度上反映出经济预测类皮书发展不够均衡。值得注意的是，数字经济、互联网经济的主题报告首次上榜。2018年9月，国家发改委等19个部门联合印发《关于发展数字经济稳定并扩大就业的指导意见》，各省区市也纷纷出台数字经济规划。可见，结合政策热点、关注助力经济高质量发展的新引擎的报告吸引力在不断增强。

在社会类报告中，老年人生活质量及照护研究最受关注，有9篇报告上榜，均出自2018版和2019版的《老龄蓝皮书》。此外，关于大学生就业、

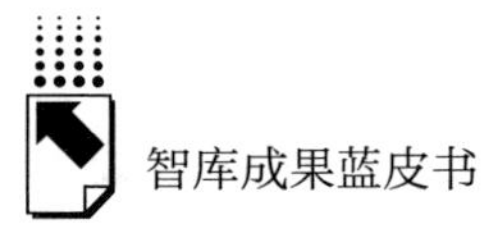

留学归国人员发展、残疾人事业等特殊群体问题的研究受关注度也很高。

在产业类报告中，邮轮产业、康养产业、机器人产业、数字创意产业等主题报告表现亮眼，这既与本年度热门行业基本相符，也与营销推广力度不无关系。例如，2019 年 10 月，社科文献与上海国际邮轮经济研究中心围绕近 10 年政府咨询课题成果及邮轮绿皮书，在皮书数据库中联合策划国内首个邮轮产业专题数据库，并在 2019 亚太邮轮大会上正式发布，被国内外主流媒体争相报道，带来了很好的引流效果。

聚焦湖北和武汉发展的报告中 4 篇入选使用量 TOP100，其中 2 篇排名前 20，成为本年度“黑马”。这可能与新冠肺炎疫情有较大关系，疫情让大家对湖北和武汉的经济发展、产业发展、就业形势关注度明显提升。

图 11　使用量 TOP100 皮书报告摘要词频分布

图片来源：微词云制图。

（2）内容越新、连续性越强的报告越受关注

入选使用量 TOP100 的报告中，有 77 篇出自 2019 年以来出版的皮书，虽然较去年的榜单减少了 6 篇，但仍呈现内容越新越受用户关注的特点。本

年度榜单中，出现了连续多年的同一主题系列研究报告上榜的新特点，如《社会蓝皮书》中的《中国互联网舆论分析报告》，2020 版、2019 版、2018 版报告分列榜单第 12、第 1 和第 67 位。这体现了本年度以来，建议皮书研创者对上一版重要数据和观点进行回溯的举措，在用户端已显现出较好效果。对同一主题持续关注研究带来的价值放大效应日益凸显。

（3）皮书总报告出类拔萃，优质分报告、专题报告吸引力在增强

使用量 TOP100 报告来自 59 部皮书，其中 31 部皮书的总报告榜上有名，占总来源皮书的 52.5%。皮书总报告作为呈现本皮书主要观点、体现皮书主要价值的首要报告，是整本皮书最精华的部分所在，其较高的上榜率也是顺理成章的。但本年度总报告数量占比从去年的 77.6% 降至 52.5%，这说明关注热点前沿主题的优质分报告和专题报告对用户的吸引力在增强。

（4）用数据说话的报告独具魅力

使用量 TOP100 中，以调研数据为支撑，通过指标体系、研究模型等对数据进行多方位科学分析，得出研究结论或进行分析预测的报告有 74 篇。由此可见，无论是在研究端还是应用端，数据及其分析的价值和吸引力都是巨大的，用数据说话是皮书的本质特征，也是皮书的核心竞争力所在。

（5）皮书作者、研究机构“百花齐放”

本年度 TOP100 报告的作者、研究机构重复率仍然不高，无明显集中度，仅有 7 位作者各有 2 篇以第一作者发表的报告上榜。这与皮书研究领域涵盖面较广，皮书是集体智慧的成果有关，也体现出皮书作者、研究机构在报告撰写质量方面都很重视，整体水平较高，相互之间差距较小。

五　皮书数字化的趋势分析

（一）发展环境分析

1. 国家推动数字出版向“深度融合”“高质量发展”迈进

2019 年 1 月 25 日，习近平总书记在主持中央政治局第十二次集体学习

时强调推动媒体融合向纵深发展，提出“四全媒体”重要论断，将融合出版进一步推进到深度融合的境界。2019 年 8 月，科技部、中宣部等六部门联合发布了《关于促进文化和科技深度融合的指导意见》，提出要从加强文化共性关键技术研发、完善文化科技创新体系建设、加快文化科技成果产业化推广、加强文化大数据体系建设等方面着力，到 2025 年基本形成覆盖重点领域和关键环节的文化和科技融合创新体系，实现文化和科技深度融合。从 2019 年起，国家新闻出版署实施数字出版精品遴选推荐计划，每年集中奖励推介一批优秀数字出版产品和服务项目，以精品示范带动数字出版高质量发展。2019 年 6 月，中央文化企业国资预算资金拨付也更加鲜明地体现了“扶优扶强、注重示范”的特点。2019 年以来，国家在数字出版宏观调控领域的这一系列新举措启迪着出版业转换发展动力，将创新作为重要驱动力，提高发展质量和效益。

2. 5G 将对数字出版各环节带来深刻影响，或将创造数字出版新生态

2019 年可谓 5G 元年。2019 年 10 月 31 日，在 2019 年中国国际信息通信展览会上，工信部与中国移动、中国联通、中国电信三大运营商举行 5G 商用启动仪式，这标志着中国正式进入 5G 商用时代。5G 技术是移动通信从以技术为中心逐步转向以用户为中心的成果，具备高速率、低延时、高密度连接、大容量、低功耗等性能优点，注定将对数字出版内容策划、产品建设、营销推广、版权管理等各个环节带来变革性影响。如何借助 5G 东风，创新产品开发、服务模式和商业模式，成为出版单位打造竞争力的重中之重。

3. 疫情加速线上知识消费习惯养成，数字出版或将迎来新增长点

2020 年初，突如其来的新冠肺炎疫情，导致多国图书出版业受到重创，实体书店关门停业，纸书销量严重下滑。与此同时，人们线上工作学习的习惯加速养成，数字出版迎来“逆势生长”的机遇。2020 年 2 ~4 月皮书数据库个人用户新增数同比增长近 400%。根据艾瑞咨询发布的数据，从疫情后阅读市场走势来看，86. 2% 的用户表示疫情后会继续保持阅读习惯，其中 57. 1% 的用户表示“会继续阅读，并且将持续一段时间”，29. 1% 的用户表

示“会继续阅读，但不会持续太久”。① 由此可以推测，一些反应迅速、能持续推出精品内容，并提供符合用户习惯的场景化服务等新模式的企业或产品，有望在疫情后获得更高的用户留存率，迎来新一轮增长。

4. 跨界融合趋势渐显，合作模式日益清晰

随着人工智能、大数据等技术的高速发展，消费升级不断催生新需求，不同领域之间的壁垒逐渐被打破，跨界融合趋势渐显。数字出版企业的跨界融合能力不断增强，跨行业、跨品类、跨场景融合的案例日益增多。在知识付费等领域，还呈现出从线上运营拓展至线下运营的趋势。② 2019 年，出版单位与大型互联网平台（如喜马拉雅、得到等）跨界合作的意愿日益强烈，合作模式也越来越清晰。未来，出版单位还需立足内容本质，创新跨界融合模式，激发出版产业新动能。

（二）皮书数字化未来建设方向

未来，皮书数字化将立足内容本质，围绕当下中国研究主题，大力整合优质智库研究成果，打造世界领先的智库成果整合发布与知识服务平台；以新技术运用为支撑，将数字产品与服务、用户、数据等融为一体，为皮书研创及智库研究提供资料、数据、规范、传播、评价等多方位的专业服务；探索引流新模式，不断创新跨界载体和跨界营销模式，延伸数字时代皮书品牌社会影响力的深度与广度。

1. 聚焦“当下中国”研究领域，全方位聚合优质内容资源

在当前 IP 市场逐渐趋于理性的形势下，深耕内容成为提升价值的关键。皮书数字化将紧紧围绕分析解读当下中国发展变迁这一主题，加大社外智库资源整合力度，探索对已有资源的多方位深度开发。一方面，以皮书数据库为核心，通过打造皮书投约稿平台、预出版平台等方式，多渠道、全方位聚合研究经济社会发展重大问题、事件的单篇智库报告等优质研究成果。另一

① 转引自《疫情下的全球阅读市场》，《国际出版周报》2020 年 4 月 27 日，第 1 版。

② 张立等：《2018 ~ 2019 中国数字出版产业年度报告》，中国书籍出版社，2019。

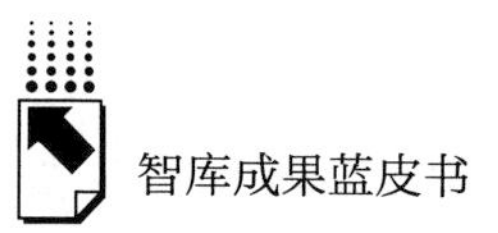

方面，与知名智库机构强强联合，探索双方多方位的深度学术资源合作模式，共促成果价值最大化，共探成果商业化运营路径。此外，通过流媒体、大数据、人工智能等新技术运用，探索有声书、网络视频、机器人写作等基于现有优质资源的内容多次开发模式，实现内容多次增值。

2. 推进数据能力建设，提供智库成果评价服务

2020 年第一季度《皮书数据库影响力报告》首次发布，基于内容数据、用户数据和使用数据，以用户真实感知和反馈为原点，展示皮书数据库及其库内资源的影响力。未来，我们将面向以皮书研创机构、皮书作者为核心的智库研创主体，全面集成皮书数据库使用及引证数据、出版社评价数据、第三方合作评价方法和结果数据、媒体报道等各种相关数据，打造“智库成果影响力指数”，并实现指数报告发布的制度化、流程化、自动化、市场化。

3. 探索引流新模式，纵深提升社会影响力

流量反映了研究成果触达用户的广度与深度，已成为互联网时代衡量皮书社会影响力的重要指标。皮书数字化不仅是产品和服务形态的数字化，而且是从生产端到销售端的全流程数字化。2019 年以来，社会科学文献出版社与喜马拉雅、得到等互联网平台跨界营销合作的流量红利效果初显。未来，社会科学文献出版社将打造皮书数字化营销生态圈，构建皮书学术共同体，积极借力第三方合作伙伴在渠道与推广领域的优势，全方位、最大限度聚合流量，纵深延伸皮书的社会影响力。

参考文献

谢曙光主编《皮书手册——写作、编辑出版与评价指南》（第三版），社会科学文献出版社，2018。

刘姝：《运用大数据思维盘活“小数据”价值——浅析皮书数据库的大数据应用尝试》，《出版广角》2020 年第 6 期。

张立、吴素平：《中国数字内容产业市场格局与投资观察（2019～2020）》，社会科

学文献出版社，2020。

张新新：《传统出版与新兴出版深度融合，推进数字出版高质量发展——2019 年度数字出版盘点》，《科技与出版》2020 年第 3 期。

盘冠员：《第五代移动通信技术特征及市场前景》，《中国国情国力》2019 年第8 期。

张立等：《2018 ~ 2019 中国数字出版产业年度报告》，中国书籍出版社，2019。

《疫情下的全球阅读市场》，《国际出版周报》2020 年 4 月 27 日，第 1 版。

B.12
皮书传播力研究报告（2020）

张雯鑫*

摘　要： 报告通过对皮书传播过程中的四个重要元素——媒体、发行渠道、皮书年会、读者进行分析，试图描绘当下皮书传播的新形势和新特点。2019 年的皮书报道高峰出现在 6 月和 12 月，但结合出版品种数来看，1 月是媒体报道效率最高的月份。由于受到疫情影响，2020 年皮书的发行面临严峻考验，而出版社自营平台在疫情中开始逆势崛起。皮书年会作为皮书发展的重要承载平台，经历 20 年的发展，见证了中国智库成果从觉醒萌芽到转型崛起不断吸收、反思、构建的历程。通过分析自营渠道的读者和销售数据，报告对皮书的读者购买行为有了更加清晰的认识，经济发达城市、受过高等教育的读者是皮书的重要客户群。在未来皮书传播力建设上，加强自有平台建设，将媒体流量和读者数据掌握在自己手中的需求愈发凸显。

关键词： 媒体　读者画像　自营平台　皮书年会

当前，出版业进入了一个细分市场迅速发展的阶段，图书数量越来越多，读者需求越来越细化，图书渠道越来越多元化，图书市场的竞争越来越激烈。皮书作为一种资讯类图书，如何在激烈的市场竞争中不断求新求变，

---

* 张雯鑫，社会科学文献出版社学术传播中心副主任，研究方向为智库成果传播。

突破原有出版的传播形态和模式，需要持续深入研究其在传播和读者购买行为上的独特性。

针对皮书传播形式，经过20余年的发展，皮书不断适应新变化，从纸质书到电子书再到数据库，内容承载形式不断拓展，传播形式不断创新。2020年由于受新冠肺炎疫情影响，大大加快了以内容制作为核心，丰富线上传播形式的步伐。但是仍然存在传播渠道构建不成熟、盈利模式不健全等问题。

针对皮书的传播对象，出版社力图通过建立自营渠道，获取终端数据，并逐步描绘皮书的读者画像，更有针对性地进行图书营销活动。

一　皮书传播情况概览

（一）皮书发布报道情况

1. 2019版皮书媒体报道情况

从图1、图2可见，2019版皮书从2018年12月开始集中出版，皮书的媒体报道在2019年6月和12月形成高峰。2020年初由于疫情部分时间段和春节重合，皮书的报道在2月的低谷值相较于2019年春节略低；疫情对皮书报道的主要影响出现在3月，报道量为2019年的50%（3月没有2020版皮书进行发布）；4月开始恢复到往期水平。

由于皮书的发布大多和出版同步，因此可对单月出版皮书的发布影响力指数进行估算（见图3）。与总体趋势不同的是，2020年初春节前的1月是一年中单本皮书发布报道效率最高的时间段。这段时间虽然出版品种少，却是年初时效性最强的时候，皮书的内容得到了充分报道。出版集中的月份，发布会也集中，有时甚至出现一天同一时间出现4场皮书发布会的情况，这样媒体的报道无形中就被稀释了，每个皮书品种报道的效果没有实现最大化。

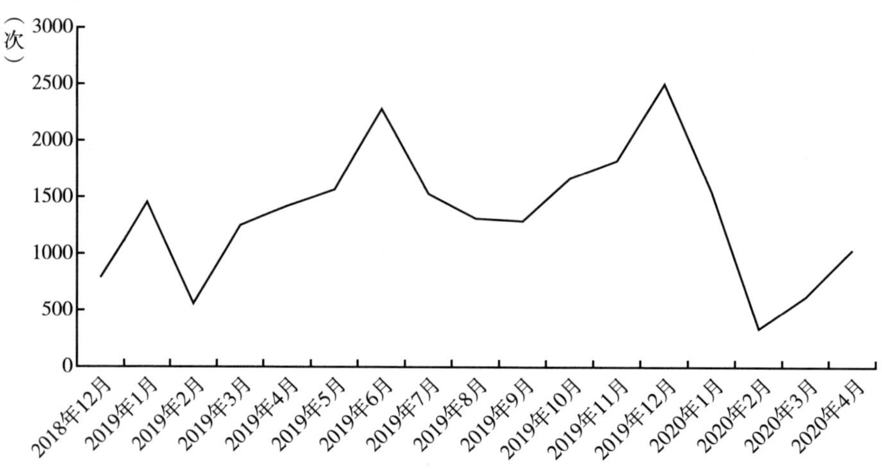

图1　2019版皮书媒体报道情况

资料来源：迅库全网舆情监测系统，以“皮书”“社会科学文献出版社”为共同关键词进行检索。

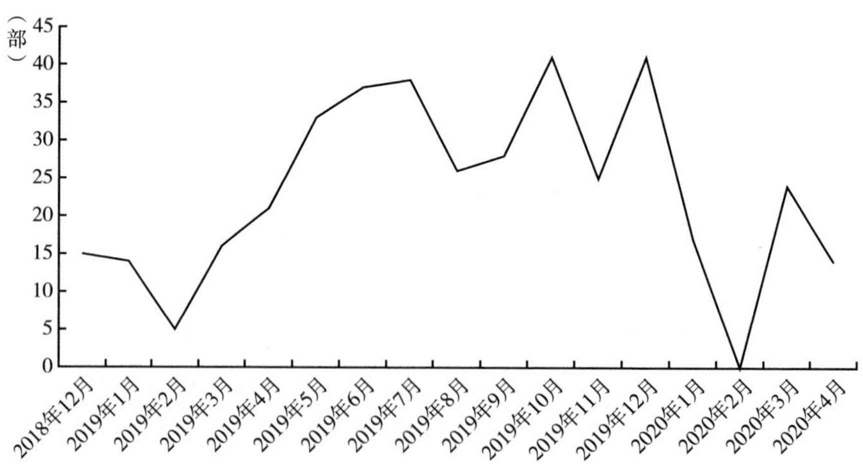

图2　2019版皮书出版情况

2. 皮书发布与自媒体直播平台建设

2020年初，受新冠肺炎疫情影响，皮书的线下发布活动一直处于停滞

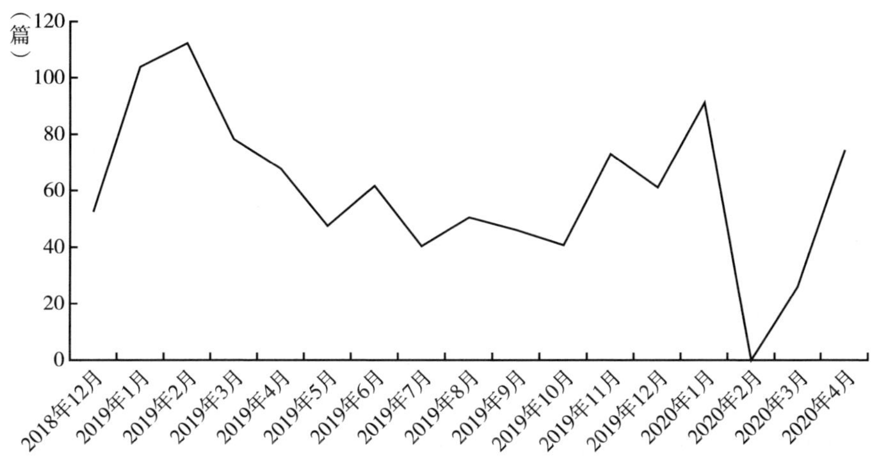

图3　2019 版皮书月度媒体发布报道效率情况

状态。因此促使出版社开始拓展线上发布形式，经过一段时间的实践，目前主要有三种线上发布形式。

第一种是录播，将主编发布会的主旨演讲提前录好视频，在发布当天上传到线上，如腾讯视频、哔哩哔哩（B 站）等，进行播放。同时，撰写文案通过微博、微信等渠道推广视频链接。2019 版《机器人产业蓝皮书》的发布使用录播形式上传发布视频，该视频在腾讯视频上的浏览量超过 10000 次。

第二种是直播，直播共分为两种，其中一种是内部直播，类似于将之前的线下发布会直接复制到线上，参与者只有嘉宾和媒体，比如用腾讯会议等平台直播。皮书的发布可将内部直播和录播相结合，将主编的直播画面录制下来，经后期加工后再上传网络。

第三种是面向大众读者，通过出版社新浪微博直播、今日头条、抖音、淘宝、京东，以及媒体或经销商的直播平台等多个渠道一起进行直播，读者可以在看直播的同时下单买书。2020 年 3 月 28 日，《邮轮绿皮书》主编针对新冠肺炎疫情对邮轮业的影响进行了一场直播，有 8.7 万人当天线上观看，加上回放量一共 9.4 万人观看了直播。

无论采用哪种线上发布形式，新闻稿及相关文字资料都会沿用线下发布会的模式，同步发给相关媒体，便于媒体采编。

疫情期间，网上各类直播风生水起；疫情过后，这种视频直播的形式不仅可以作为线下发布会的有益补充，而且更多发布会可以直接使用线上的发布形式。此外，在发布会结束后还可以将直播视频素材剪辑为 3～5 分钟的短视频，放在相关平台，提升传播效果。

（二）皮书发行情况

1. 整体发货数据分析

将 2018～2020 年出版的皮书置于同一时间轴上可以发现，当年出版皮书在 12 月形成高峰，次年 1 月销售逐渐走低。2020 年受疫情影响，发货量始终在低位徘徊（见图 4）。

2. 特色渠道发货数据分析

（1） 图书馆馆藏

从表 1 来看，2017 年公共图书馆在前十中占据五席，2018 年占四席，2019 年仅占三席。

表 1　2017～2019 年出版皮书馆藏机构 TOP10

码洋排名	2019 年出版皮书馆藏机构	2018 年出版皮书馆藏机构	2017 年出版皮书馆藏机构
1	浙江图书馆	湖北省图书馆	湖北省图书馆
2	云南大学	云南大学	云南民族大学
3	湖北省图书馆	浙江图书馆	云南大学
4	中央财经大学	云南财经大学	佛山市图书馆
5	北京电子科技职业学院	湖北大学	中国政法大学
6	苏州市图书馆	苏州市图书馆	厦门大学
7	中国政法大学	浙江工商大学	苏州市图书馆
8	黄淮学院	厦门大学	浙江图书馆
9	上海交通大学	中国政法大学	广州市从化区图书馆
10	厦门大学	湖南省图书馆	广东海洋大学

资料来源：武汉云图天翼数字传媒有限公司提供。

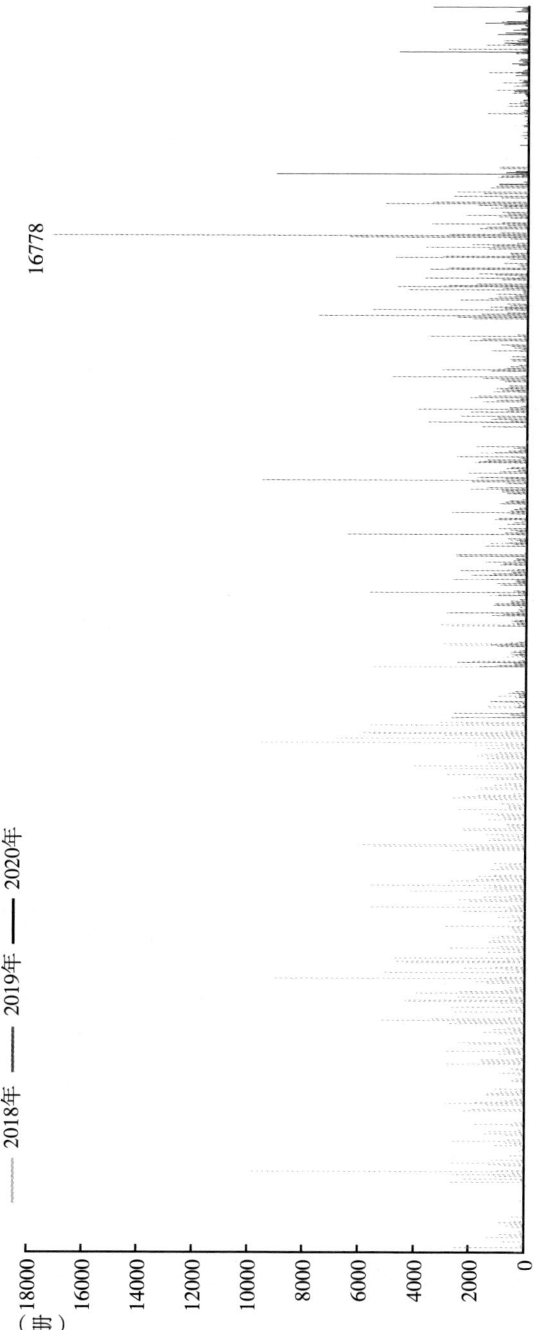

图4　2018～2020年出版皮书发货情况

2017～2019年，经济类、大数据类、"一带一路"对外投资类报告始终占据榜单前列（见表2）。

表2　2017～2019年出版皮书图书馆馆藏对比

码洋排名	2019年皮书书名	2018年皮书书名	2017年皮书书名
1	"一带一路"建设发展报告（2019）	2019年中国经济形势分析与预测	2018年中国经济形势分析与预测
2	2018～2019年中国旅游发展分析与预测	2018年中国经济前景分析	2018年中国社会形势分析与预测
3	中国就业发展报告（2019）	2019年中国社会形势分析与预测	2018年世界经济形势分析与预测
4	中国文旅产业发展报告（2019）	中国"一带一路"投资安全研究报告（2018）	中国可持续发展遥感监测报告（2016）
5	中国社会保障发展报告（2019）No. 10	2017～2018年中国旅游发展分析与预测	中国对外直接投资与国家风险报告（2017）
6	中国大数据发展报告 No. 3	中国大数据应用发展报告 No. 2（2018）	中国大数据发展报告 No. 1
7	2019年中国经济前景分析	"一带一路"跨境通道建设研究报告（2017～2018）	中国移动互联网发展报告（2017）
8	丝绸之路经济带发展报告（2019）	中国大数据发展报告 No. 2	中国教育发展报告（2017）
9	中国数字创意产业发展报告（2019）	中国移动互联网发展报告（2018）	中国产业竞争力报告（2016）No. 6
10	中国医疗人工智能发展报告（2019）	2019年世界经济形势分析与预测	中国大数据应用发展报告 No. 1（2017）

资料来源：武汉云图天翼数字传媒有限公司提供。

从表3可以看出，重庆市是皮书馆藏码洋排名第一的区域，财经类图书馆是皮书馆藏码洋排名第一的图书馆类型。

表 3　2019 年出版皮书馆藏区域及图书馆排名

码洋排名	区域名称	图书馆类型
1	重庆市	财经
2	贵州省	政法
3	山西省	理工
4	北京市	公共馆(省、市)
5	河南省	综合
6	海南省	师范
7	云南省	
8	福建省	
9	宁夏回族自治区	
10	湖北省	

资料来源：武汉云图天翼数字传媒有限公司提供。

（2）机场渠道

2019 年皮书在机场渠道发货 70 个品种，占全部发货品种的 18%。从表 4 可以看到发货数量前 10 名主要集中在“经济蓝皮书”“社会蓝皮书”“世界经济黄皮书”同一系列出现两个年份的品种，区块链主题出现两本类似蓝皮书。前 10 名中仅有《中国商业发展报告（2019 ~ 2020）》的主题完全没有与其他书重合。2019 年皮书机场发货品种在北京机场 T3 航站楼全部均有陈列，占出版社在 T3 发货总品种的 41%，其中前 10 名皮书发货品种与整体的机场头部品种大体一致。

表 4　2019 年皮书机场渠道发货 TOP10

序号	机场全渠道发货皮书品种	北京机场 T3 航站楼发货皮书品种
1	2020 年中国经济形势分析与预测	2020 年中国经济形势分析与预测
2	2019 年世界经济形势分析与预测	2019 年中国经济形势分析与预测
3	2020 年中国社会形势分析与预测	2019 年世界经济形势分析与预测
4	2020 年世界经济形势分析与预测	2020 年中国社会形势分析与预测
5	2019 年中国经济形势分析与预测	2020 年世界经济形势分析与预测
6	中国区块链发展报告(2019)	2019 年中国社会形势分析与预测

续表

序号	机场全渠道发货皮书品种	北京机场T3航站楼发货皮书品种
7	中国商业发展报告(2019~2020)	全球政治与安全报告(2020)
8	2019年中国经济前景分析	中国区块链发展报告(2019)
9	中国区块链应用发展研究报告(2019)	人工智能发展报告(2018~2019)
10	2019年中国社会形势分析与预测	2019年中国经济前景分析

（3）邮发渠道

2015年起，社科文献借助报刊发行资源，开始与北京报刊发行局合作皮书的全国征订发行工作，这一举措具有战略意义。对于个别品种的皮书而言（如"一带一路"建设发展报告、战略性新兴产业发展报告），邮发渠道已经成为最重要的发行渠道之一：2019年64个品种入邮发，其中16个品种全社发货排第1名，占25%；27个品种发货为全社渠道前3名，占42%（见表5）。

表5　2015~2019年皮书邮发渠道发行量

单位：种

期发行量	2015年	2016年	2017年	2018年	2019年
0~50册	50	24	26	20	17
51~100册	11	21	15	17	19
101~200册	3	14	17	20	15
201~300册	1	2	4	4	10
301~400册	0	1	1	1	2
401~500册	0	0	0	1	0
500册以上	0	0	0	0	1
合计	65	62	63	63	64

邮发渠道订户对于皮书整体的认知度在提高：2015年邮发渠道建立伊始，有50个品种的皮书发行量在50册以下（其中有24个品种的发行量在10册以下）；2019年，51~200册成为订数主要区间，并且出现高订数区间品种，2019年"经济蓝皮书"订数首次突破500册。

（三）皮书年会与智库建设

2019 年 8 月，第 20 次皮书年会在黑龙江省哈尔滨市召开。皮书年会自 2000 年 8 月在辽宁省葫芦岛市首次举办，已经成为皮书人共同的学术家园，不仅对皮书研创产生了巨大影响，也为皮书成为中国乃至世界知名的智库成果品牌发挥了不可替代的作用。

从皮书年会的讨论主题和内容可以看出中国智库成果逐渐走向大众、走向世界的发展路径，自“皮书”一词开始作为一种学术成果出版形态进入公共话语体系，质量和规范问题多次成为皮书年会主要议题（见表 6）。2012 年后，随着党的十八大提出加强新型智库建设，“智库”开始成为皮书年会的核心词汇。皮书年会作为皮书发展承载平台，经历了 20 年的发展，见证了中国智库成果从觉醒萌芽到转型崛起不断吸收、反思、构建的历程。

表 6　20 年皮书年会主题及内容一览

年份	主题	内容	关键词
2000	“皮书”名称的确立	皮书开始从社会科学文献出版社内部使用的工作词语上升为一个专门的概念，作为一种学术成果出版形态进入公共话语体系	名称确立
2001～2002 年，随着皮书年会召开的常态化，越来越多学者开始认识到，皮书出版适应了时代和社会的转型，开拓了新的研究领域，已经成为社会科学在中国现代化进程中、在经济发展进程中一道独特的风景线			开拓研究新领域
2003	“皮书”定义的初步确立	随着皮书在国际、国内影响的日益增大，皮书这一称谓在社会上得到广泛的流传，它作为资讯类图书的重要一支，推动了图书功能从阅读向查阅、使用方向的转化	定义资讯类图书
2004	皮书规范和内容质量的提高首次被提上议程。随着社会上各类“皮书”的泛滥，专家学者开始重视并思考皮书未来的发展方向		质量与规范
2005	“皮书”的定义有了较为完整的表述	皮书是以年度为时间单元对实体运行做专业的分析预测研究，不仅是为了满足人们的阅读需求，而且是为了满足信息查阅的需求	完整定义

续表

年份	主题	内容	关键词
2006年，皮书年会开始针对如何提高皮书质量提出具体举措，对皮书准入标准进行深度讨论，并开始注重皮书品牌和影响力的建设			质量、品牌、影响力
2007年，随着以《皮书操作手册》为代表的编撰规范的正式发布和皮书数据库的开发上线，皮书已经成为一种新的出版形态，不仅在出版界、学术界产生重要影响，而且在中央和地方各级政府决策研究和政策咨询方面发挥了重大的作用			规范、数字化
2008年，皮书的五大特性——原创性、实证性、前瞻性、时效性、权威性首次被提出，同时皮书开始从学术成果向服务经济社会发展的平台进行转型			平台
2009	中国皮书发展十年：品牌与创新之路	皮书年会首次设置年会主题，提出了品牌化战略，把皮书作为学术品牌和智库品牌进行打造	品牌
2010	皮书价值的体现：皮书出版的创新与转型	党的十七大提出“四大建设”，面对复杂的国内外经济社会变化以及海量信息资讯，在复杂变化的社会生活工作中皮书的内容需适应新形势、新变化，更好地发挥其决策参考的功能和作用	决策参考
2011	皮书研创出版的结构优化和分类管理	随着皮书系列受到更多社会认可，皮书研究领域布局和体制机制的完善被提上议程。同时，皮书国际化步伐加快迈进，会议提出要将皮书打造成为国际社会了解中国社会的一个窗口	结构和分类、国际化
2012	皮书内容创新与学术规范	为承担起更重要的社会使命，皮书内容创新与学术规范问题成为年会的高频词。皮书年会也逐步成为以中国社会科学院为代表的智库交流与合作平台和中国哲学社会科学界重要的学术会议	创新与规范
2013	皮书研创与智库建设	智库建设首次作为会议主题进行讨论，会议就如何研创高质量的皮书，建设一流智库达成了高度共识，各皮书课题组将加强合作，共同推动全球智库交流和推广平台的建立	智库
2014	大数据时代的皮书研创	大数据将成为未来最重要的资源与工具，面对数字技术对传统出版的挑战，皮书这一智库产品应利用新技术实现内容的结构化和形式的数字化，更好地为政府部门等提供决策参考	大数据

续表

年份	主题	内容	关键词
2015	皮书研创与中国话语体系建设	皮书是一种具有鲜明话语特征并被国际社会关注和接受的智库报告，在政府决策、智库思想交流、社会推广、媒体转化、引导理论、传递中国话语等方面发挥着重要作用。皮书研创出版将成为中国特色新型智库建设的重要抓手	中国话语
2016	皮书研创出版：专业化与规范性	专业化和规范性是皮书的价值所在，也是皮书能持续发展的立命之本。皮书的研创出版与新型智库建设的目标、路径和机制高度契合，皮书研创水平日益成为智库建设的评价指标之一	专业、规范
2017	皮书专业化二十年	“皮书”从品牌图书到智库研究和社会科学应用对策研究的知识服务和成果推广平台，树立了中国学术出版标准，搭建起了中国智库产品和智库建设的交流服务平台和国际传播平台	智库平台
2018	新时代的皮书：未来与趋势	皮书研创应紧跟时代发展潮流，围绕国家重大战略举措开展具有全局性、战略性、前瞻性的研究	未来趋势
2019	皮书与学术共同体	20 年来，皮书年会在学术共同体、智库共同体建设中发挥了巨大的价值和功能，皮书年会将和皮书发展一起进入新的阶段	学术共同体

二　皮书读者购买行为分析

随着互联网的不断完善和普及，我国互联网用户规模不断扩大，网购用户随之不断增长，网购消费能力与日俱增。AC 尼尔森调查显示，图书是我国消费者最喜欢的网上购物商品，56% 的网购消费者会选择在网上买书。本报告将基于社会科学文献出版社天猫、淘宝官方店及皮书官方店 2019 年 5 月 1 日至 2020 年 4 月 30 日的 1390 个读者购买数据，分析皮书读者的购买行为。

（一）地域分析

人是生活在一定的政治、经济社会中，他们的文化需求和阅读取向无不受一定社会的政治、经济影响。不同的地域，其经济社会发展水平、产业特色各不相同，对读者的心理和行为有重大影响。

由表7可知，通过出版社自营渠道的读者购买地址数据进行分析，读者购买前三位的为北京、广东和上海。从直辖市层面分析，天津和重庆的排名远低于北京和上海，在全国处于中游水平。如以我国人口超过1000万的6个超大城市角度分析，排名依次为北京、上海、广州、深圳、重庆、天津（见表8）。

表7　出版社自营渠道读者来源

序号	收货地	占比	省域内购买排名第一的城市	省域内购买排名第二的城市
1	北京市	12.72%	—	—
2	广东省	10.93%	广州市	深圳市
3	上海市	9.42%	—	—
4	江苏省	5.97%	南京市	苏州市
5	山东省	5.75%	济南市	青岛市
6	浙江省	5.25%	杭州市	宁波市
7	四川省	4.60%	成都市	绵阳市
8	河南省	4.24%	郑州市	南阳市
9	湖南省	3.45%	长沙市	湘潭市
10	福建省	2.95%	厦门市	福州市
11	辽宁省	2.80%	大连市	沈阳市
12	云南省	2.73%	昆明市	德宏傣族景颇族自治州
13	湖北省	2.73%	武汉市	荆门市、宜昌市
14	安徽省	2.59%	合肥市	安庆市、六安市
15	河北省	2.52%	石家庄市	保定市、邯郸市、唐山市
16	重庆市	2.23%	—	—
17	陕西省	2.23%	西安市	渭南市
18	山西省	2.08%	太原市	长治市
19	天津市	1.94%	—	—
20	吉林省	1.87%	长春市	吉林市

续表

序号	收货地	占比	省域内购买排名第一的城市	省域内购买排名第二的城市
21	黑龙江省	1.80%	哈尔滨市	大庆市
22	内蒙古自治区	1.65%	呼和浩特市	兴安盟
23	江西省	1.58%	南昌市	上饶市
24	贵州省	1.44%	贵阳市	安顺市、六盘水市、遵义市
25	广西壮族自治区	1.37%	南宁市	柳州市
26	新疆维吾尔自治区	1.29%	乌鲁木齐市	喀什地区
27	海南省	0.58%	海口市	三亚市
28	甘肃省	0.50%	兰州市、酒泉市、定西市	平凉市
29	青海省	0.43%	西宁市	果洛藏族自治州
30	宁夏回族自治区	0.29%	银川市	中卫市
31	西藏自治区	0.07%	拉萨市	—

表 8　出版社自营渠道特大城市分布

序号	收货地	占比
1	北京	12.72%
2	上海	9.42%
3	广州	4.10%
4	深圳	2.88%
5	重庆	2.23%
6	天津	1.94%

分析城市数据可以发现，除福建省、辽宁省外，在省域内购买排名第一的通常都是省会（首府）城市。在全部购买地区中，直辖市及省会城市的订单量占60%（见图5）。

此外，通过对地址进行查重，我们发现地址重复的比例仅为全部的3.2%，据此可以推测读者在一年中反复购买皮书的概率是很低的。

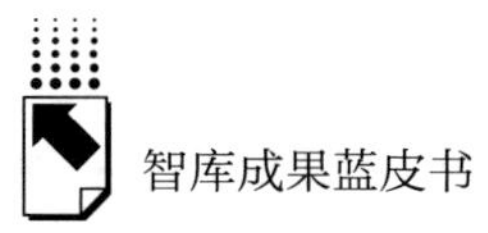

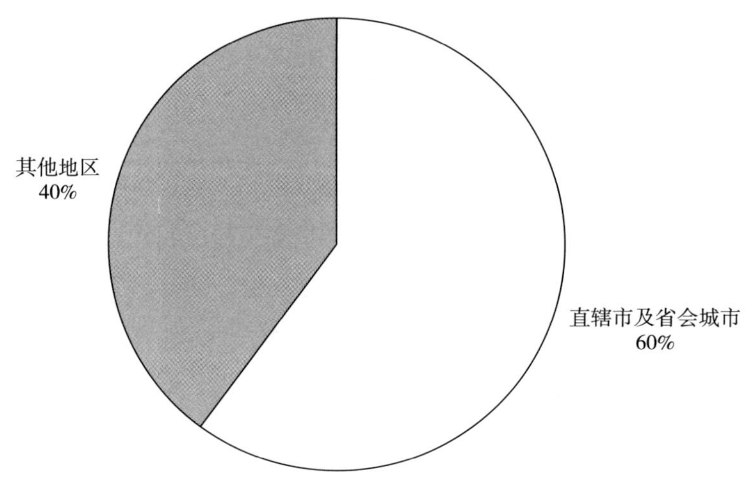

图 5　出版社自营渠道读者地区分布

（二）机构分析

根据出版社自营渠道读者在后台所留的收货地址、发票信息等对购买机构信息进行梳理发现，企业、大学及科研机构、党政机关及事业单位占比较为平均，其中企业占比最高，为 37%（见图 6）。由于大学科研机构、党政机关及事业单位的读者受教育程度通常较高，因而我们推断，皮书的主要读者群体为受过高等教育的专业读者。

在高等学校中，双一流大学占比为 16%，虽然这一比例高于双一流大学在全国高等学校中的占比，但是我们可以看到皮书高校主要购买群体来自普通院校（见图 7）。

（三）时间分析

图 8 展示了皮书在出版社自营渠道一年来的销售情况，呈现以下几个特点。

一是出现两个峰值，第一次是 2019 年 6 月底由于“新媒体蓝皮书”发布会的召开，出现了销售的高峰；第二次是在 2019 年 12 月初，2020 版“经济蓝皮书”的销售量有一个蹿升。

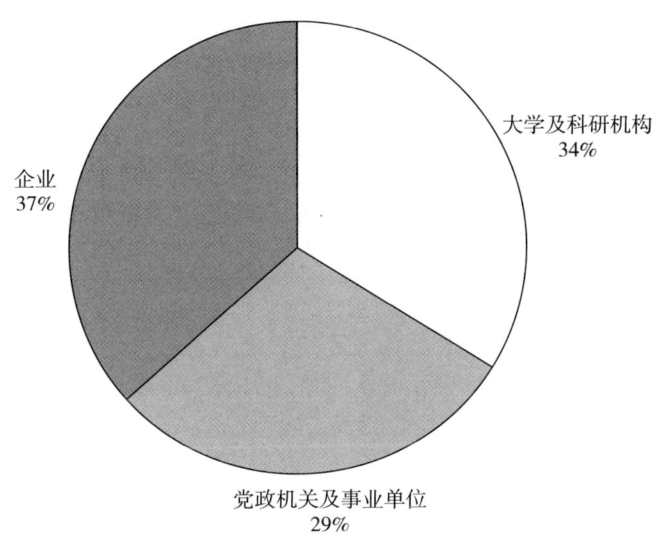

图 6　出版社自营渠道读者机构来源

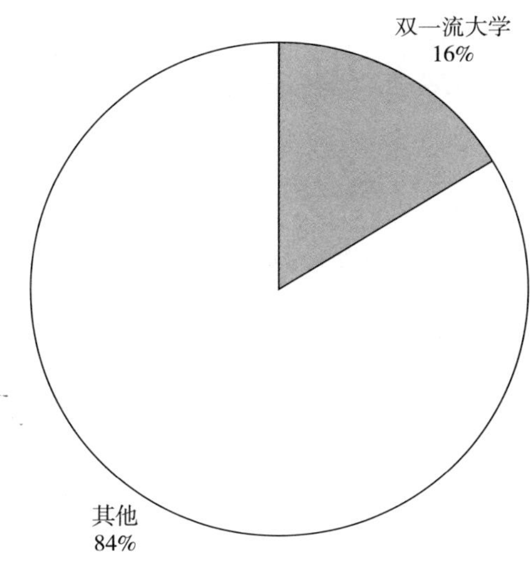

图 7　出版社自营渠道高校读者来源

二是由于皮书自营渠道建设的加强，淘宝皮书官方店在 2019 年 12 月初正式上线，从整体淘宝系渠道来看，虽然经历了 2020 年初疫情的严重影响，皮书整体的出版和销售都处于低迷期，但是皮书在淘宝系自营平台上的销售却优于皮书官方店开设之前，这一方面是因为加强了自营平台的建设，另一方面也是由于疫情影响，过去线下的销售更多转移到了线上。

三是节假日销量低，在 2020 年春节及后一周内几乎没有销售，且皮书销售基本不受如双十一等购物节影响，全部统计时间段的日平均购书册数约为 3.8 册，而周末购书日均册数为 2.8 册，这可能是由于皮书发布会一般都在工作日举行，相关媒体报道也都在这一时间段释放。

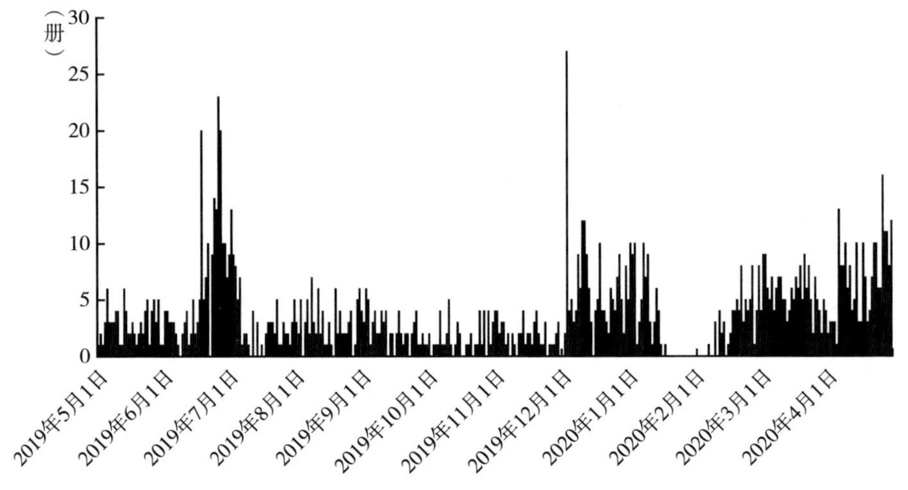

图 8　皮书淘宝系自营平台销售情况

从图 9 可以看出，一天中 11：00 ~ 12：00 是全天的购买高峰，16：00 ~ 17：00 又会再次出现一个高峰，也就是在上下午的工作时段将近结束的时候，是读者购买皮书的高峰。超过 90% 的读者在下单后的一分钟内即付款，仅有不到 2% 的读者会犹豫超过一个小时才最终决定付款。

（四）性别、消费金额分析

通过皮书官方店后台进行客户性别分析发现，无论是进店购买或者没有购买的读者都以女性居多，但是经常购买的读者均为男性（见图 10）。

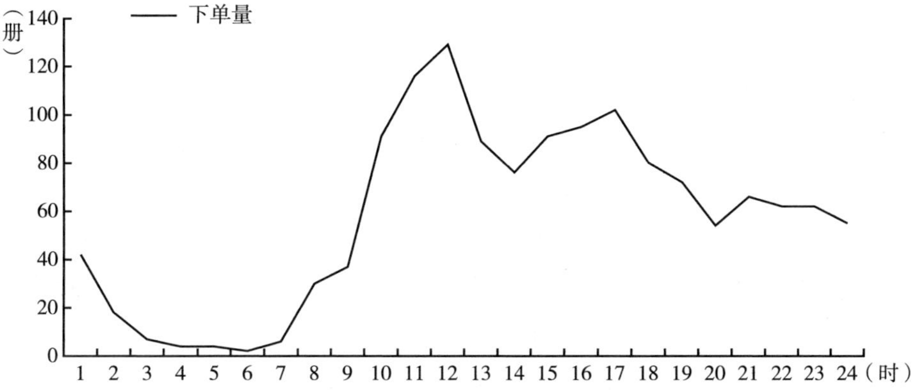

图 9　一天内皮书读者下单趋势

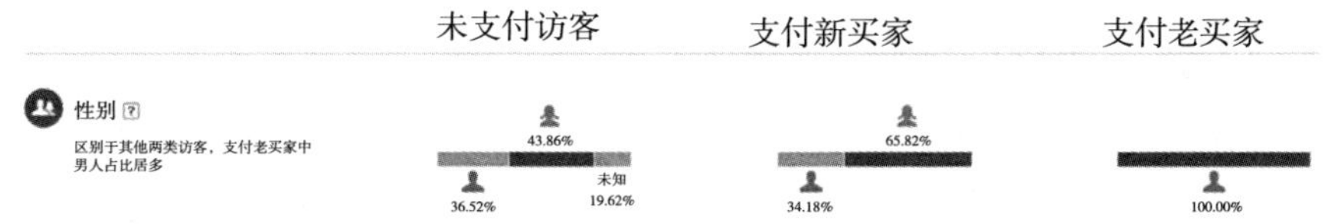

图 10　皮书读者购买性别特征

数据显示，老买家支付金额处于最高档次，在 165 元以上。区别于淘宝以女性客群为主的特点，皮书呈现出男性反复购买的特点（见图 11）。

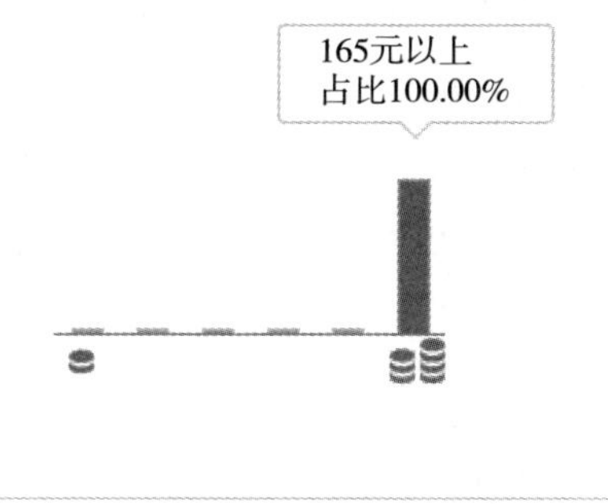

图 11　皮书读者重复购买金额特征

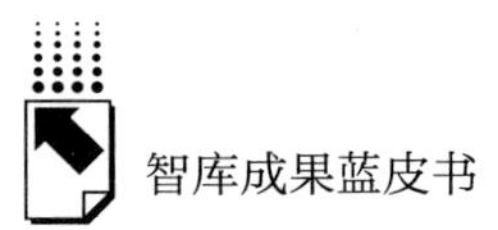

对于不同的书，读者心理价格底线并不相同，图书定价愈高，愈要考虑人们的经济承受能力。皮书的定价相较于一般大众图书高一些，在自营渠道购买读者中，通常有工作收入的读者可能会为了抢先看到书中的内容而购买比纸质书更贵的电子书（目前出版社自营渠道纸质书为原价 7 折，电子书为 7.5 折），而如在校学生等没有工作收入的群体，对价格比较敏感，则可能会因为价格差异而选择等待纸质书。在皮书发布会后，迫切的读者对电子书的需求非常强烈，如“粤港澳大湾区蓝皮书”在发布会后其电子版排在了当期出版社自营电子书平台销售的前三位。

在 1390 个皮书订单中，一次购买皮书品种大于一种的团购订单占 10.4%，结合上文调查显示地址重复的比例仅为全部的 3.2%，可以推测绝大多数皮书读者除本专业皮书外并不会再购买其他领域的皮书。

（五）商品特征分析

1. 引流关键词分析

在关键词方面，通过皮书官方店后台统计，读者搜索关键词主要分为两类，一类是皮书名，如《2019～2020 年中国旅游发展分析与预测》；另一类是丛书名，如“旅游绿皮书”。统计显示，大部分读者都是通过搜索丛书名或皮书名的关键词（如“中国旅游发展”）进入店内的，极少有读者会输入完整皮书名，且读者在搜索丛书名时一般不会附加年份等信息。

因此，我们在设置皮书丛书名称时应注意与市场上其他类似报告重复，同时在宣传时要注意不要把丛书名与皮书名混在一起，如《经济蓝皮书：2020 年中国经济形势分析与预测》不应简写为“中国经济蓝皮书”。在淘宝中搜索“中国经济蓝皮书”，列表出现的第六个销售链接图标才是真正的“经济蓝皮书”，而搜索“经济蓝皮书”则可直接呈现其销售链接图标。

2. 销售趋势分析

我们以 2019 年“新媒体蓝皮书”为例，分析一本皮书在网店的销售趋势。2019 年 6 月 11 日在新媒体蓝皮书的微博上进行预告，6 月 18 日相关专业考研机构开始对这本书进行宣传，6 月 25 日召开发布会。新媒体蓝皮书于2019年6月13日在出版社自营平台上线后14日开始第一次动销，18日出现第一次销售高峰，在25日发布会后的25～27日形成了第二次销售高峰，7～9月销售逐渐稳定，9月后销量降低，但在本次统计截止日期2020年5月1日前始终有零星销售（见图12）。

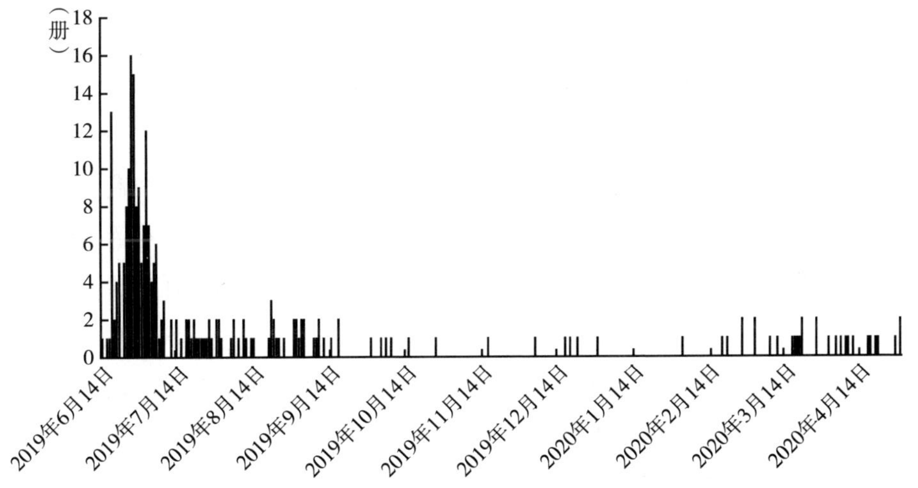

图12　2019年“新媒体蓝皮书”在出版社自营电商渠道销售情况

在皮书新书出版消息一旦发布即开始出现销售高峰，且销售的热度会在短期内完成释放。在“新媒体蓝皮书”读者留言中有相当比例的读者是考研学生。

不仅仅是“新媒体蓝皮书”，当前专业课资料是稀有资源，由于当前考研人数激增，相关专业的皮书报告成为考研学生的新宠。从自营平台读者留言中发现，相当一部分读者会在备考前购买，甚至是复试前突击购买相应专业的皮书进行准备。笔者在采访考研机构时，相关负责人表示，皮书作为考研专业书参考的质量优于目前市场上的热销品种，但是由于价格过高，在考生群体中的销量要远低于内容粗糙但价格低廉的专业备考书。

值得注意的是，除了极少数刚需图书之外，大部分图书对于读者来说并非必需品，许多人买书只是在“顺手”时购买。皮书宣传时应充分考虑这一点，尽量减少读者买书的麻烦，发布微博、微信等新书消息时应添加购书链接，使消费者在动心时鼠标一点即可方便购书，避免延迟造成购买欲望减退；发布会的时机选择也应与发行配合好，不要出现货未铺出就超前宣传的现象。

（六）小结

“五环内的生意不好做”，已经成为各大品牌间公开的秘密。而从目前在淘宝系自营店的读者数据来看，“皮书”的主要客户群为经济发达城市、受过高等教育的读者，特别是男性读者购买皮书的频次和金额更高，根据阿里研究院在2016年发布的首份中国高端网购消费调查报告《品质生活指南——互联网高端消费橙皮书》，“皮书”的读者符合互联网高端消费者的特点。

对于高端消费者品质化、多样化和个性化的服务消费需求，需要更高的服务成本，除了需要提升服务意识和服务水平之外，还需要极强的技术和平台的支撑。什么样的服务是最契合这部分消费者需求，如何在提升服务品质的同时降低服务成本，实现企业与消费者双赢，都是需要进一步思考的问题。

三　皮书传播的建议

长期以来，皮书传播一直依靠外部媒体，发行依靠外部渠道，但是随着读者对资讯时效性的要求越来越强，个性化、精准化服务的需求越来越强烈，外部渠道已经难以满足皮书发展的需要。无论在传播媒介还是发行渠道上，加强相关平台建设，将流量和数据掌握在自己手中的需求愈发凸显。

（一）资讯类图书的再转型

皮书在2003年第四次皮书年会时曾被定义为资讯类图书，不仅普通大众会购买皮书获取相关领域的专业知识，皮书更承担着为决策者提供参考的功能。随着时代发展，网络信息的发布和检索越来越便捷，专家可以根据时事热点即时发布观点，皮书受纸质书的出版周期所限，其时效性受到挑战，这也是2019年媒体对于皮书态度调查中被诟病最多的一点。

针对这一问题，本报告认为，一是纸质书如果从内容上难以实时追踪当下热点，在书中对该领域热点话题进行盘点时应更注重分析角度和深度。二是可以在临近出版，完成大部分稿件编校后根据最新热点话题增加个别篇章，如2020年“旅游绿皮书”虽然大部分书稿在2019年完成，但在2020年出版前加入了关于新冠肺炎疫情对旅游业影响的文章，媒体关注度显著提升。三是可以根据当下的社会热点由主编进行直播解读。目前学术图书直播缺乏成熟的盈利模式，如何精准找到学术内容直播受众，提高直播关注度是未来直播活动应关注的重点。

目前皮书主要依靠外部媒体发声，存在对报道内容缺乏掌控、媒体流量无法直接统计变现等诸多问题，未来出版社应逐步加强多渠道自媒体平台建设，打造自己的媒介平台和内容产品，从而孵化新的产品形态和盈利模式。

（二）自营平台建设

近年来，传统的销售渠道如零售店、图书馆以及机关、大中小学校、图书批发商日渐饱和。出版社不仅加快网络销售布局并且开始加强网络自营平台建设，将流量引导到淘宝等自营店铺，这一举措不仅是为了赢得更多的销售机会，更可以直接拿到终端读者和销售数据，相当于进行市场调研，通过市场调研了解图书市场的需求、读者购买行为以及影响读者购买行为的因素。在调研收集大量信息的基础上进行结果分析，会指导我们的出版和宣传。随着数据的不断积累，不仅皮书整体的读者画像会更加清晰，各个领域皮书的读者画像也会逐步被勾勒出来，宣传的精准性将进一步提高。

此外，自营平台搭建了出版社与读者直接交流的平台，由过去的被动式服务逐渐转为主动服务。如读者在经销商平台询问是否有电子书销售，经销商可能出于促成纸质书销售的目的或者对出版社电子书不了解，并不会告知读者电子书的购买方法，读者可能由于对皮书中的资讯需求比较迫切而物流时间无法满足而最终选择放弃购买。出版社介入读者服务，能给予消费者更多的知情权、更大的信息量。在服务中，出版社能了解现有读者的需求，并据此开发新的市场、新的产品。打造品牌是一个漫长的过程，需要长期的积累，只有以提高皮书品牌知名度、可信度为切入点，以提高读者美誉度和忠诚度为目标，才能使皮书品牌健康稳步地发展，发挥它的超值魅力。

参考文献

宗平：《我国消费者网络购物行为特征及影响因素分析》，《商业经济研究》2019 年第 6 期。

蒋新平：《掌握图书消费者心理的八大门径》，《出版发行研究》2000 年第 6 期。

徐丽：《图书营销的理念与策略》，《新华书目报》2014 年 9 月 15 日。

李鲆：《读者购买行为大起底：不买书的 18 个理由》，《中国图书商报》2013 年 7 月 23 日。

刘晓庆：《考研图书在激流中勇进——考研图书读者购买行为调查》，《出版参考》2006 年第 16 期。

赵赣南：《图书市场购买者行为研究》，《江西科技师范学院学报》2004 年第 6 期。

雷锦梅、刘婷：《智能零售与中高端服务消费的协同发展探索》，《商业经济研究》2019 年第 22 期。

案　例

Case Study

B.13
民间教育智库出版项目综合影响力的参与式评估探索
——以《教育蓝皮书：中国教育发展报告》为例

陈昂昂　杨　旻*

摘　要： 报告以21世纪教育研究院主编的《教育蓝皮书：中国教育发展报告》综合影响力为评估研究对象，在民间教育智库参与教育公共政策倡导的背景框架下，依托参与式评估范式，探讨学术出版影响、传播推广影响和政策倡导影响在内的综合评估分析。评估发现，在国内“教育类”出版序列中，《中国教育发展报告》是出版时间最早，连续性最强，且为数不多的社会智库成果代表；其内容质量保持高水平，在“皮

* 陈昂昂，21世纪教育研究院助理研究员，研究方向为教育学；杨旻，21世纪教育研究院研究员，研究方向为教育评估。

书”评估排名中多年位居前列；入选第一批国际发行的英文版皮书，传统主流媒体和新媒体报道数量呈上升趋势；积极推动教育政策的制定、倡导和推动。报告揭示参与式评估各利益相关方的多元复合价值和作用，为同类出版项目的影响力评估提供有益经验。

关键词：《教育蓝皮书：中国教育发展报告》　民间教育智库成果　影响力评估

作为一个日渐成熟的教育品牌和平台，《教育蓝皮书：中国教育发展报告》的影响力在持续扩大，但同时面临着教育类皮书种类趋于多元、出版业态变化、传播手段变革、政策倡导复杂等挑战。因此，研创机构21世纪教育研究院基于项目监测评估和学习的角度，依托参与式评估范式，对近十年来《教育蓝皮书：中国教育发展报告》的综合影响力进行系统评估。

一　出版项目综合影响力评估和参与式评估的价值融入

（一）教育公共政策倡导视域下的《教育蓝皮书：中国教育发展报告》

2003年，21世纪教育研究院院长、著名教育家杨东平着手编著《教育蓝皮书：中国教育发展报告》，将其与21世纪教育研究院作为“独立的民间教育智库”的使命紧密契合，致力于从民间的立场和视角来记录、透视和研究中国教育问题，聚集教育界内外的民间智慧，注重突破与变革的阐述，积极参与和影响教育现实，推动教育发展。在国内“皮书”研创机构中，21世纪教育研究院是为数不多的社会智库代表，其立场和声音难能可贵。《教育蓝皮书：中国教育发展报告》不仅仅是一本出版物，更是一个集教育研究、政策倡导和公众传播于一体的综合平台。

近十年来，《教育蓝皮书：中国教育发展报告》共刊发报告或文章 320 篇（包括正文原创和附录转载），参与研究写作的作者团队近 398 人（包括个人和课题组），共举行新书发布会 10 场，相关论坛和沙龙 60 余场，国内外媒体报道达 1800 余篇，撰写提案和教育政策简报 50 余份。其课题报告、案例研究、调查数据被教育行政主管部门参考，被主流媒体广为传播，具有较高的资政价值和广泛的社会影响力。作为第一部教育类蓝皮书，同时也是教育类皮书中出版时间最早、连续性最强的智库成果，《教育蓝皮书：中国教育发展报告》多次获得“优秀皮书奖”和“优秀皮书报告奖”。截至目前，《教育蓝皮书：中国教育发展报告》已经连续出版 16 部，自 2008 年起，由国际著名学术出版集团荷兰 BRILL 发行英文版本；2017 年起，由香港和平图书有限公司发行繁体中文版本，成为境内外了解中国教育发展状况的重要参考文献之一。

（二）凝聚出版项目发展价值共识的评估新模式

参与式评估最初起源于 20 世纪 60 年代第三世界国家的发展项目评估研究，目前被广泛用于医疗、健康、教育、扶贫和农村发展多个领域。将参与式理念和方法运用在项目影响评估，目前是一个较新的领域，其核心在于需要从相关利益群体的视角出发，体现他们的特征属性、价值观念，设计和开发相应的评估指标、工具和评估方式。在评估过程中，为其提供积极参与和融入的机会，倾听和重视他们的意见，参与的程度越充分，就越能确定和厘清评估关键问题，收集到全面的资料和信息，也就越可能利用评估结论和反思去完善项目。当然，也需要兼顾整个评估工作的系统性、可行性。

《教育蓝皮书：中国教育发展报告》从最初的一份出版物，逐渐成为一个开展教育公共政策研究和公众倡导活动的平台，造就了一个“思想市场”，即公共政策问题应该有更多的人来关注和讨论，有来自教育体制内外不同的声音、不同的意见，进而体现研创机构即民间教育智库的“独立性”、“公信力”与“影响力”。通过信息公开，扩大公众的知情权，从而达到影响舆论来影响政策，这种方式在现代社会、信息社会非常有价值。因此，在《教育蓝皮书：中国教育发展报告》出版项目综合影响力评估的开展过程中，更多采取各利益相关方参与的方式，通过文献研究、调查问卷、访谈与共同对话等多种方式，力图构建一个以问题为导向、强调多元利益主体互动的评估模式，弥补传统出版项目评估模式的不足，从而凝聚更面向未来、更适应发展的出版项目发展价值共识。

开展《教育蓝皮书：中国教育发展报告》的参与式评估，不仅是民间教育智库项目评估的创新方式，更有利于建构相关利益群体之间的协作关系，对提高质量和加强品牌建设具有十分重要的作用。从长远来看，对实施项目的民间智库的公信力和组织能力的提升，为其他“皮书”类智库产品评估提供若干借鉴和启示，亦有着深远的意义。

二　出版项目综合影响力的参与式评估框架

（一）实施评估的出版项目各利益相关主体

作为民间教育智库的核心产品，《教育蓝皮书：中国教育发展报告》聚集了教育体制内外的智慧和声音，项目相关利益主体非常多元，既包括来自不同性质和不同地域的研创团队，也包括出版团队、媒体人士和重要的广大读者群体。从参与式评估的需求而言，需要融合不同利益相关主体各自所拥有的不同优势，形成更具科学性、合理性、操作性、便捷性的评估实施主体结构。

1. 评估实施主体遴选逻辑

第一，对于出版物来说，读者群体是最有发言权的，评估实施主体的首要遴选任务就是选择有针对性的读者代表，以其对《教育蓝皮书：中国教育发展报告》的认知与评价，反映广大受众的普遍性影响力评价。结合前期的读者群体分析，邀请来自高校的专家学者、科研机构的研究人员，教育部、教育厅、教育局的领导和教育工作者，一线幼儿园、中小学的校长、教师，新闻媒体人士，以及基金会、教育公益组织人员等读者代表，共同成为评估实施主体的一方。

第二，充分依托社会科学文献出版社的专业编辑评价功能，委托皮书研究院担任评估实施主体。社会科学文献出版社是直属于中国社会科学院的人文社会科学专业学术出版机构，策划并出版了著名的“皮书”（蓝皮书、绿皮书、黄皮书）品牌，《教育蓝皮书：中国教育发展报告》属于社会政法类皮书。皮书研究院是社会科学文献出版社的科研机构，是服务于中国智库建设与学术出版的独具特色的社会智库，致力于为皮书研究、智库分析、学术出版等各项事业提供全方位智力支持。出版社能够从专业角度对出版物的内容、质量和影响力进行综合评判，并且能够基于每一年度的打分排序情况进行连续性观测和评估。

第三，重视相关领域专家的咨询意见，从专家的视野、教师的身份、校长的视觉、基层管理者的思维、资深媒体人的观察、责任编辑的印象、国外学者的书评等不同的视角，多元且专业地评价《教育蓝皮书：中国教育发展报告》的过往与未来，进一步拓展分析教育问题研究的深度和广度。特别邀请来自教育研究和实践领域的专家学者以及资深媒体人，以相对独立的方式提供评估咨询意见。

第四，由于《教育蓝皮书：中国教育发展报告》编委会对其每一年度的研创情况最为了解，所以编委会既是评估对象又是评估实施主体之一。一方面利用能够显示知识发展进程与结构关系的可视化工具呈现十年来《教育蓝皮书：中国教育发展报告》研究的图景；另一方面综合分析各评估实施主体的建议和意见，形成兼具外部评价与内部评价的评估报告，全面展现参与式评估的过程和结果。

2. 评估实施主体合作形态

《教育蓝皮书：中国教育发展报告》的综合影响力评估侧重强调项目利益相关主体参与的重要性，注重项目利益相关方的作用，个体、组织或团体，各利益相关方通过合作的形式参与到评估工作中，以便各方更好地收集和掌握项目资料和信息，对得到及时、全面、有效的评估结论具有重要作用。

经过前期讨论、协商、遴选，确定了读者代表、社会科学文献出版社皮书研究院代表、专家学者以及资深媒体人代表、《教育蓝皮书：中国教育发展报告》编委会代表的四方参与式评估实施主体，据此共同组成代表项目利益相关主体的工作小组，以便提供多重视角和全方位的观点，避免单一主体各自的局限性。各方主体全面参与《教育蓝皮书：中国教育发展报告》的综合影响力评估过程，包括对关键问题进行协商，确定评估指标，设计评估工具，收集资料和信息，以及分析、解释和撰写评估报告等。

需要注意的是，不同相关利益主体对《教育蓝皮书：中国教育发展报告》的理解、关注的维度乃至评估判断的标准都不尽相同，甚至还存在相斥的可能。因此，需要构建一套适合研创机构和项目独特状况的参与式评估框架，从评估的理念、方法到组织、实施，力图全面、合理地反映不同利益主体的评估意见，进一步促进皮书综合影响力的改进与提升。

（二）出版项目评估的指标体系与方法

1. 评估指标体系的核心维度

项目影响评估离不开项目的目标和定位。《教育蓝皮书：中国教育发展报告》出版的目标在于通过对教育现实问题的热切关注和理性分析，整体把握当年中国教育发展的脉搏，从而使它成为一个关注教育的各界人士交流和参与的平台。另外，通过对教育政策的研究和传播，参与和影响教育决策，从而促进教育制度改革和教育公平。这也是上述相关利益主体的共同认识。基于此，构建了包括“学术出版影响”“传播推广影响”“政策倡导影响”三个核心维度在内的评估指标体系。

对学术出版影响的评估，一方面，基于历年《教育蓝皮书：中国教育发展报告》中的文献计量统计分析，包括载文量、作者情况、内容主题、研究前沿和趋势等；另一方面，根据社会科学文献出版社的评估指标体系，对《教育蓝皮书：中国教育发展报告》的内容质量进行量化评估；同时，根据皮书数据库统计的历年《教育蓝皮书：中国教育发展报告》全书和单篇报告的点击量、下载量，以及通过横向比较分析，综合反映《教育蓝皮书：中国教育发展报告》的学术价值。

对传播推广影响的评估，分别从《教育蓝皮书：中国教育发展报告》的传统媒体影响力、新媒体影响力、境内外出版和推广影响力等方面进行考察，以定量评价和定性评价（发行、馆藏、书评等）相结合的方式，对《教育蓝皮书：中国教育发展报告》在传播发行上的影响要素展开讨论。

对政策倡导影响的评估，主要是考量《教育蓝皮书：中国教育发展报告》参与教育政策的制定、倡导和推动，建言献策的途径，以及对教育政策施行效果的调查评价等。从蓝皮书的调研报告、研讨会/高峰论坛、“两会”提案、政策简报中，梳理《教育蓝皮书：中国教育发展报告》在教育政策倡导和推动上的做法和影响；同时，对《教育蓝皮书：中国教育发展报告》的亲历者和教育行政管理部门的官员进行调查和访谈。当然，教育政策的制定或施行，是受其复杂的环境因素所影响，往往很难确定某个单一因素对教育政策的真正影响。

2. 评估方法与过程管理

在参与式评估中，容易出现信息来源纷杂、带有一定主观评价的情况，要解决不够客观这一问题，需要在确定指标和收集信息时，充分考虑到信息、资料的信度和效度，选择从多个途径、不同渠道获取资料和信息，相互印证。同时，也要充分考虑到项目的现实情况、评估周期、评估经费、评估方法的可行性。

为了使评估更加全面，提高评估的科学性、客观性，评估采用定量和定性相结合的方法，具体包括问卷调查法、半开放式访谈法、打分排序及比对方法、文献计量统计分析方法等，对《教育蓝皮书：中国教育发展报告》的综合影响力进行系统评价。

（1）问卷调查法。通过对读者进行问卷调查，了解读者对《教育蓝皮书：中国教育发展报告》的满意度，包括可读性、时效性、科学性、针对性、指导性、前瞻性等指标，进而和皮书研究院的评估资料互相印证。

（2）半开放式访谈法。对编委会成员、作者、读者、出版社编辑和新闻媒体人进行半开放式访谈，访谈问题主要包括：①对《教育蓝皮书：中国教育发展报告》的定位、目标和功能实现程度进行判断；②基于上述判断，提出相关改进建议；③分享和《教育蓝皮书：中国教育发展报告》之间的故事，对本人的工作和交流的帮助等。

（3）打分排序及比对方法。结合每年进入“优秀皮书奖”参评皮书的打分排序，对政治方向、学术导向、主题价值、科学性、原创性、规范性、时效性、前沿性、媒体报道情况等多项指标进行评比；对目前市面上所有教育类蓝皮书或年度报告进行横向对比，从研究主题、出版周期、持续性、销售能力、媒体报道等进行比对。

（4）文献计量统计分析方法。利用可视化工具 CiteSpace，绘制关键词共现聚类知识图谱、关键词时区分布图谱和作者所属机构合作共现网络。利用工具突发词检测功能，探讨近十年来载文反映出的研究热点及阶段性特征。

从评估过程来看，各评估实施主体非常重视项目的评估工作，为评估研究提供了丰富的资料、信息以及收集的渠道和机会。与此同时，参与式评估的负责人充分发挥协调作用，协调好各类相关利益主体，较好地避免了实际评估在客观性方面存在的不足。这对于整体评估工作起到了非常重要的作用，也是项目评估工作成功的关键所在。

三　出版项目参与式评估结果的基本面貌

（一）读者满意度问卷调查和访谈情况

为进一步了解《教育蓝皮书：中国教育发展报告》的读者建议，评估工作小组于 2018 年 8 月至 2019 年 4 月，面向来自 15 个地区的 32 位读者代表进行问卷调查和访谈。调查对象回应了《教育蓝皮书：中国教育发展报告》的七项满意度指标评价。从结果来看，读者代表对可读性强，及时回应阐述年度教育热点、重难点问题，数据、资料的时效性强，采用的研究方法科学，政策建议具有较强的针对性和可操作性，对实践具有较强的指导意义，做出的年度预测和展望客观可信等指标，呈现了较高的满意度（见表1）。同时，在提升研究内容的严密性、持续性、实证性及可读性，加大宣传力度，扩大作者群体，发挥智库影响力，关注政策性回应等方面提出了相应建议。

表1 《教育蓝皮书：中国教育发展报告》读者满意度评价

单位：%

指标	非常同意	比较同意
可读性强	52.78	41.67
及时回应阐述年度教育热点、重难点问题	77.78	22.22
数据、资料的时效性强	66.67	30.56
采用的研究方法科学	38.89	44.44
政策建议具有较强的针对性和可操作性	47.22	38.89
对实践具有较强的指导意义	44.44	38.89
做出的年度预测和展望客观可信	38.89	50.00

在读者访谈环节，读者代表对《教育蓝皮书：中国教育发展报告》给予了充分肯定。例如，“可贵之处在于从民间立场观察、记录和研究中国教育的发展，及时发掘民间研究力量共同参与”；“是不可或缺的第三方独立声音，在教育领域和其他关联领域产生影响”；“较好发挥了交流探讨的平台作用，已经成为沟通决策者、研究者和实践者的平台，希望继续发扬”；“编写过程和新书发布，吸纳了各方的观点信息加以整合呈现，这一过程本身就是多方交流、互通有无的体现”，等等。

（二）基于出版专业领域评价和行业对比分析

作为评估实施主体之一，皮书研究院领衔的教育蓝皮书评价小组对《教育蓝皮书：中国教育发展报告》这一出版物的内容质量和影响力进行了综合评估，全面展现了《教育蓝皮书：中国教育发展报告》在“皮书”系列中的定位、发展和价值，从传统媒体影响力、新媒体影响力、学术期刊影响力等方面全面考察《教育蓝皮书：中国教育发展报告》的影响力。

1. 四个维度阐释内容质量

皮书研究院重点从皮书总体评价排名、教育类主题皮书、其他出版社教育类研究报告、其他社会民生类皮书四个层面评估和分析内容质量。

一是从社会科学文献出版社每年参与评价的皮书来分析“教育蓝皮书”在皮书综合评价中的得分、总排名以及社会政法类皮书的分类排名变化情况，反映《教育蓝皮书：中国教育发展报告》的质量稳定性。从2012年起，皮书研究院构建了专业的评价指标体系，对每年有资格进入参评的所有皮书进行打分，从内容质量、媒体报道、社会影响等多方面进行考核。从近些年来看，21世纪教育研究院主编的《教育蓝皮书：中国教育发展报告》每年在参选的皮书评价总排名和分类排名中，均位居前列，多次获得“优秀皮书奖”和“优秀皮书报告奖”。

二是将《教育蓝皮书：中国教育发展报告》与皮书系列中其他教育类主题皮书进行比较分析，衡量其在社会科学文献出版社教育类品种中的出版质量，比较七种教育类皮书的内容评价实际得分，揭示《教育蓝皮书：中国教育发展报告》的连续性与高质量。

三是将《教育蓝皮书：中国教育发展报告》与其他出版社的教育类研究报告进行比较分析。考虑到研究主题和影响力，从59个研创机构出版的105种教育类研究报告中筛选了55种进行对比分析。通过与同类蓝皮书或报告的横向比较，发现21世纪教育研究院的社会智库稀缺价值、布局影响、网络销售能力、出版周期等优势。

四是将《教育蓝皮书：中国教育发展报告》与其他社会民生类皮书进行比较分析。主要的民生领域包括扶贫解困、就业促进、教育助学、社会保障、百姓安居、基础设施、环境提升、文化体育、医疗卫生、社会管理等。根据十大民生问题筛选了以上领域的皮书，每个类别选择一种进行比较，共计20部。从2015年以后来看，“教育蓝皮书”分值仅次于“社会蓝皮书”。

2. 分析媒体影响力和社会关注度

皮书研究院从传统媒体影响力、新媒体影响力、学术期刊影响力等方面全面考察《教育蓝皮书：中国教育发展报告》的影响力，掌握《教育蓝皮书：中国教育发展报告》的舆情动态，并为如何扩大《教育蓝皮书：中国教育发展报告》的影响力提供分析依据。

从评价结果看，《教育蓝皮书：中国教育发展报告》在媒体影响力方面取得了不错的成绩，十年来媒体报道数量呈上升趋势。传统媒体的宣传对提升《教育蓝皮书：中国教育发展报告》媒体影响力起到了重要作用，系统地分析传统媒体关注的话题，对于约稿方向有所帮助。随着新媒体力量的崛起，在整个媒体行业受众细分、兴趣细分，和以今日头条为代表的智能推荐模式兴起的背景下，《教育蓝皮书：中国教育发展报告》媒体传播面临着新的挑战，需要进一步创新传播策略和手段。

《教育蓝皮书：中国教育发展报告》的国际影响力是媒体影响力评价的重要一环。早在2006年，“教育蓝皮书”就入选了第一批英文版皮书。从2012年起，该项目的英文版正式命名为“中国研究视角”系列丛书。作为该项目的重要品种，通过BRILL的选题论证后，面向全球出版发行英文版。在“教育蓝皮书”资源的全球化使用中，哈佛大学、普林斯顿大学、伯克利大学、斯坦福大学、杜克大学、约翰斯·霍普金斯大学、牛津大学等大学的图书馆以及美国国会图书馆等高级智库均有收藏。

3. 提出综合评价意见

皮书研究院认为《教育蓝皮书：中国教育发展报告》的价值体现在：①以年度为时间单元持续关注教育领域的重要议题，形成了持续的研究成果，具有历史价值和资料价值，可为深入研究提供基础的数据资源；②体现与代表的是第三方观点，是中央及地方政府部门、相关企事业单位、社会组织乃至个人行为的决策参考；③为商业机构、咨询公司提供有价值的基础数据和资料；④国际社会了解中国教育的重要窗口；⑤汇聚全国乃至全世界关心中国教育的官产学媒体人士的资源整合平台。

（三）专家学者以及资深媒体人的多重视角

来自专业领域和主流媒体的多位专家学者以及资深媒体人，客观阐述《教育蓝皮书：中国教育发展报告》的价值与作用、问题与不足，希望在认知的提升和实践的引领方面，发挥更加积极的作用，以体现21世纪教育研究院作为研创机构的独特价值，在多元化的格局中展现教育变革的强大生命力。

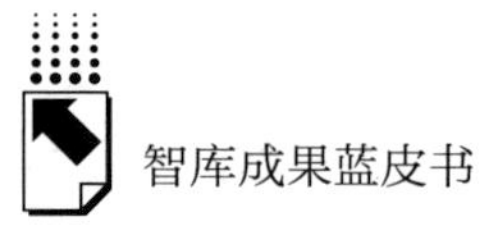

教育公益领域资深人士梁晓燕指出，“教育蓝皮书”具有宏观的认知背景与鲜明的民间立场，形成了独特的编辑风格和整体气质，不是一般的谈成绩、谈发展，更为注重困境与突破、差距与变革的阐述。《中国青年报》资深记者李新玲认为，“教育蓝皮书”在倡导传播上的表现可圈可点，对事关教育公平和教育均衡的“痛点”问题有着准确的把握，在进行客观描述与学术分析后，通过媒体报道引发更多的舆论关注，同时提出政策建议，包括大城市“小升初”乱象、小学“奥数”泛滥、高考加分逐年减少、随迁农民工子女义务教育等都得到了一定程度的解决，有的甚至是整体性的改善。“独立而不排斥，独立而不固执，独立而不狭隘，独立而不偏激”，成为《教育蓝皮书：中国教育发展报告》留下的价值印象。皮书研究院领衔的“教育蓝皮书”评价小组代表以“相伴十载、初心不改”为题的评价报告，注脚了多重视角分析报告的真实与深刻。曾任世界与比较教育学会主席、《比较教育评论》副主编，印第安纳大学饶海蒂教授（Dr. Heidi Ross），在其书评中指出：“教育蓝皮书”是理解中国教育的重要桥梁，对当代教育政策与实践的分析将很可能为其特色。此外，它还有一项贡献同样不容忽视，即研究机构的中国学者在蓝皮书中表达了基于本土（以及全球视野）悠久教育历史与传统的种种洞见。

专家学者以及资深媒体人对每一年度“教育蓝皮书”的研创情况最为了解，所以他们既是评估对象又是评估实施主体之一。一方面利用能够显示知识发展进程与结构关系的可视化工具呈现十年来《教育蓝皮书：中国教育发展报告》研究的图景；另一方面综合分析各评估主体的建议和意见，形成兼具外部评价与内部评价的评估报告，全面展现参与式评估的过程和结果。

（四）文献统计和项目管理的内部评估

1. 文献计量统计分析

《教育蓝皮书：中国教育发展报告》编委会代表通过文献计量统计分析，反映“教育蓝皮书”价值取向。利用能够显示知识发展进程与结构关系系的可视化工具 CiteSpace[①]，对《教育蓝皮书：中国教育发展报告》最近十年来刊载的320篇文章的选题、作者情况、研究前沿和趋势等进行计量分析，呈现十年来《教育蓝皮书：中国教育发展报告》研究的图景。根据词频变化趋势，十年来的研究领域主要聚焦在教育改革、教育公平、农村教育、高考改革、政校关系、学前教育、义务教育等领域，体现出《教育蓝皮书：中国教育发展报告》长期以来对教育现实问题的关切和对教育公平价值的追求。

2. 出版项目管理检视

除了文献计量统计分析以外，《教育蓝皮书：中国教育发展报告》编委会对项目实施运营层面，如项目工作机制和流程、项目团队执行的水平和质量等进行了评估，相关的表现可圈可点。在项目工作机制和流程方面，重点检视环节逻辑关系合理，前序环节和后续环节有序，为资金规范运行而采取必要的监控措施，为达到项目质量要求而采取督导、检查等措施。在项目团队执行的水平和质量方面，重点检视编委会的敬业精神和专业素养，工作团队的协作水平以及作者团队构成合理性、研究内容契合度等。在项目结果方面，除了项目影响力之外，还关注了优化长效管理的可持续建设状况。

（五）内容研创、传播的交互评估

《教育蓝皮书：中国教育发展报告》定位为智库报告，旨在对教育公共政策进行研究、评估和倡导，进而对教育公共政策产生影响，以解决现实发展中的重大和根本性的问题。需要保持民间立场和专业品质的基础，继续增强对政策的影响力，提振公众对教育改革的信心，使公众在教育改革过程中有真实的获得感，提高公众的教育满意度。为此，《教育蓝皮书：中国教育发展报告》综合影响力评估工作小组委托专家学者牵头完成独立评价报告，

① CiteSpace 软件适用于多元、分时、动态的复杂网络分析，成为近年来信息分析中最具特色和影响力的信息可视化软件。与传统的文献统计法相比，它将某一知识领域的发展过程集中展现在网络图谱上，并自动标识出图谱上的节点与共引聚类所表征的研究前沿和研究热点。

基于已完成的各项评价内容实施交互评估，主要对《教育蓝皮书：中国教育发展报告》的内容研创、传播进行深入分析，检视、反思工作方向。

在内容研创方面，连续性、跟踪数年、可供纵向对比的调查研究较少，为观察者和研究者提供进一步分析和探究的“原料”还有待增量。作为综合性、年度性教育发展报告，和当下按照领域精分的其他各种“教育类”皮书之间的关系和互动，也是值得思考和探索的方向。另外，需要进一步稳固和纳新，做好作者团队社群运营，形成“教育蓝皮书共同体”。在考虑可行性的前提下，对接到更多的调查机构和民间力量，加强相互之间的合作。

在宣传传播方面，需要根据面向的阅读对象和使用群体扩大发行量，进一步将智库专家、媒体、出版社纳入更大的政策网络。对《教育蓝皮书：中国教育发展报告》成果的传播特征和可实现的载体进行精细分析，及时把握社会新的传播趋势。在整个媒体行业受众细分、兴趣细分，和以“今日头条”为代表的智能推荐模式兴起的背景下，如何适应移动阅读的时代或者说是视频时代，是必须考虑的问题。

四　出版项目参与式评估的再思考与改进

皮书评估与皮书研创相类似之处是都属于经验研究，通过对研究对象进行大量的观察、实验和调查获取客观数据，并对客观数据采用统计、评价评级、模型预测与分析等实证研究方法，得出客观的结论或对策建议。但是，教育变革如何发生，教育政策如何制定和实施等都是系统、复杂的问题，在综合评价《教育蓝皮书：中国教育发展报告》的政策影响力时，很难全面、客观统计和分析。与此同时，面对未来的不确定性，教育变革的复杂性也愈发凸显，中国教育不断处于理想与现实的冲突之中。在多层次改革的背景下，从地方到全国甚至到全球，中国语境下的“创新”意味着什么？上述问题给下一轮《教育蓝皮书：中国教育发展报告》的综合影响力评估带来了更多挑战。

民间智库项目影响力评估研究尚处于起步阶段，不存在更加系统、完整、科学的方案可以解决所有的问题。对《教育蓝皮书：中国教育发展报告》综合影响力评估的探索，还有待在更适用于民间智库项目评估的框架内进一步调整和完善。从属于1.0时代的教育变革，即满足基本要求、解决有学可上的问题，如学前教育；到属于2.0时代的教育变革，即针对教育的热点、难点问题，改善式的推进，如推行素质教育等；再到3.0时代的教育变革，即面向未来的创新性发展。与教育改革的迭代相呼应，《教育蓝皮书：中国教育发展报告》的评估也需要持续改进，探索3.0时代的"教育蓝皮书"评估，应将面向未来、面向未知、面向挑战的创新性发展，使《教育蓝皮书：中国教育发展报告》的出版与评估形成良性循环。

参考文献

杨东平主编《中国教育发展报告（2019）》，社会科学文献出版社，2019。
杨东平主编《中国教育发展报告（2018）》，社会科学文献出版社，2018。
杨东平主编《中国教育发展报告（2017）》，社会科学文献出版社，2017。
杨东平主编《中国教育发展报告（2016）》，社会科学文献出版社，2016。
杨东平主编《中国教育发展报告（2015）》，社会科学文献出版社，2015。
杨东平主编《中国教育发展报告（2014）》，社会科学文献出版社，2014。
杨东平主编《中国教育发展报告（2013）》，社会科学文献出版社，2013。
杨东平主编《中国教育发展报告（2012）》，社会科学文献出版社，2012。
杨东平主编《中国教育发展报告（2011）》，社会科学文献出版社，2011。
杨东平主编《中国教育发展报告（2010）》，社会科学文献出版社，2010。

附　　录

Appendix

B.14
皮书报告使用量 TOP100

刘　姝*

一　数据说明

1. 统计范围：2020 年 4 月 30 日之前被皮书数据库收录的皮书报告。

2. 统计周期：2019 年 5 月 1 日至 2020 年 4 月 30 日。

3. 数据来源：皮书数据库后台统计分析系统。

4. 指标说明：使用量排名由月均使用量和使用深度按 0.6 和 0.4 的权重计算所得。使用量为用户在皮书数据库中浏览、在线阅读、下载阅读报告的次数之和。月均使用量 = 使用量/入库累计月份。使用深度由用户下载、在线阅读、下载阅读该报告次数按 0.2、0.3、0.5 权重计算所得。详细指标体系见本书《皮书数字化发展报告（2020）》。

* 刘姝，社会科学文献出版社数字出版分社副总编辑，主要研究方向为数字出版、编辑出版。

二　皮书报告使用量 TOP100

排名	报告名称	作者	丛书名称，出版时间
1	《2018 年中国互联网舆论分析报告》	祝华新，廖灿亮，潘宇峰	社会蓝皮书，2019
2	《2019 年中国网络社会舆情分析报告》	刘鹏飞，曲晓程，唐钊	互联网治理蓝皮书，2019
3	《中国城乡老年人生活状况》	党俊武	老龄蓝皮书，2018
4	《武汉动漫产业发展报告》	王世勇	创意城市蓝皮书，2019
5	《国民心理健康状况调查》	郭菲，黄峥，陈祉妍	心理健康蓝皮书，2019
6	《中国企业社会责任发展报告（2019）》	李扬，彭华岗，黄群慧等	企业社会责任蓝皮书，2019
7	《中国体育产业发展总报告》	黄海燕，徐开娟	体育蓝皮书，2019
8	《2020 年中国经济形势分析与预测》	中国社会科学院宏观经济研究中心课题组	经济蓝皮书，2020
9	《世界经济统计资料》	熊婉婷	世界经济黄皮书，2020
10	《中国对外文化贸易发展报告（2019）》	李小牧	文化贸易蓝皮书，2019
11	《中国康养产业发展现状及趋势分析》	何莽	康养蓝皮书，2017
12	《2019：中国互联网舆情分析报告》	祝华新，廖灿亮，潘宇峰	社会蓝皮书，2020
13	《中国老年人生活质量发展报告》	李晶	老龄蓝皮书，2019
14	《中国企业社会责任发展报告（2009～2018）》	黄群慧，钟宏武，张蒽等	企业社会责任蓝皮书，2018
15	《2017～2018 年度中国慈善捐赠报告》	宋宗合	慈善蓝皮书，2019
16	《多难兴邦：中国共产党领导人民抗击自然灾害》	刘德伟，李连芬，周明祥	发展和改革蓝皮书，2011
17	《中国城乡老年人失能状况与照护需求分析》	陈泰昌	老龄蓝皮书，2018
18	《非遗传承保护的鄂州模式》	周克斌，王锦芳，肖正礼	湖北文化蓝皮书，2019
19	《湖北文化产业发展总报告（2017）》	黄晓华，牛旻	湖北文化产业蓝皮书，2018

续表

排名	报告名称	作者	丛书名称，出版时间
20	中国生态城市建设发展报告	刘举科，孙伟平，胡文臻等	生态城市绿皮书，2018
21	在挑战与调整中砥砺前行	崔保国，周逵	传媒蓝皮书，2019
22	中国城乡老年人精神文化生活状况分析	冀云	老龄蓝皮书，2018
23	2018 年广州市文化创意产业发展现状与 2019 年形势分析	尹涛，杨代友，李明充	广州蓝皮书，2019
24	2018 年中国康养产业发展报告：区域可持续发展能力评价	康养产业调研项目组	康养蓝皮书，2019
25	中国数字经济发展报告（2019）	胡雯	数字经济蓝皮书，2019
27	2019～2020 年世界经济形势分析与展望	姚枝仲	世界经济黄皮书，2020
28	中国城乡老年人的基本情况及家庭关系	刘妮娜	老龄蓝皮书，2018
29	2018 年中国慈善事业综述	徐会坛，朱健刚	慈善蓝皮书，2019
30	中国区块链发展回顾与前瞻（2019）	姚前	区块链蓝皮书，2019
31	丝路节点城市 2.0："一带一路"建设的重心与前沿	邓智团，刘玉博，屠启宇等	国际城市蓝皮书，2019
32	美国经济制裁：历程、手段与效果	刘玮	世界经济黄皮书，2020
33	武汉高校毕业生就业情况分析	毛林	人力资源市场蓝皮书，2018
34	中国服务业发展现状、趋势与展望	魏际刚，崔立新	经济蓝皮书，2020
35	我国城乡老年人收入和消费状况	杨晓奇，王莉莉，董彭滔	老龄蓝皮书，2018
36	2018 年中国基金会发展报告	程刚，王璐，路昆	慈善蓝皮书，2019
37	2019 年经济形势分析及 2020 年展望	中国宏观经济研究院经济研究所课题组	经济蓝皮书，2020
38	2018～2019 年中国邮轮产业发展研究：邮轮经济全产业链实质性启动	汪泓，叶欣梁，梅俊青	邮轮绿皮书，2019
39	健康中国与健康传播	苏婧	健康城市蓝皮书，2019
40	站在中国特色社会主义现代化新征程的历史起点上	中国社会科学院"社会形势分析与预测"课题组	社会蓝皮书，2020

续表

排名	报告名称	作者	丛书名称,出版时间
41	2017年中国留学回国人员发展情况调研报告	李庆,陈肖肖,杨薇	国际人才蓝皮书,2017
42	中国对外文化贸易发展报告(2018)	李小牧	文化贸易蓝皮书,2018
43	2019年中国股票市场回顾与2020年展望	李世奇,朱平芳	经济蓝皮书,2020
44	2019年全球政治与安全形势:热点与趋势	张宇燕,李东燕	国际形势黄皮书,2020
45	国民心理健康素养调查	陈祉妍,王雅芯,郭菲等	心理健康蓝皮书,2019
46	“智能+”与全媒体:中国新媒体发展的新布局	唐绪军,黄楚新,王丹	新媒体蓝皮书,2019
47	中国滑雪产业发展研究报告	伍斌,魏庆华	冰雪蓝皮书,2019
48	中国残疾人事业发展报告(2019)	凌亢,孙友然,白先春	残疾人蓝皮书,2019
49	健全完善中国特色老年保障体系	龙玉其,王延中	社会保障绿皮书,2019
50	体育用品业发展报告	罗杰,焦妮,刘保刚	体育蓝皮书,2019
51	中国税收形势分析及展望	付广军	经济蓝皮书,2020
52	重点行业社会责任发展指数(2019)	李扬,彭华岗,黄群慧等	企业社会责任蓝皮书,2019
53	中国城市公共安全感的状况与评价(2018)	王义保,许超,刘蕾等	公共安全感蓝皮书,2018
54	2019年中国公共卫生事业发展报告	袁蓓蓓	社会蓝皮书,2020
55	中国城乡老年人健康及医疗卫生状况分析	胡宏伟,袁水苹,郑翩翩	老龄蓝皮书,2018
56	劳动力市场形势分析与2020年展望	都阳	经济蓝皮书,2020
57	2018~2019年世界邮轮产业发展研究:规模超出预期、产业格局调整、经济贡献增强	汪泓,史建勇,梅俊青	邮轮绿皮书,2019
58	2019年中国对外贸易形势与2020年展望	宋泓,高凌云	经济蓝皮书,2020
59	中国数字创意产业发展回顾与未来趋势分析	陈端,张涵,聂玥煜	数字创意产业蓝皮书,2019

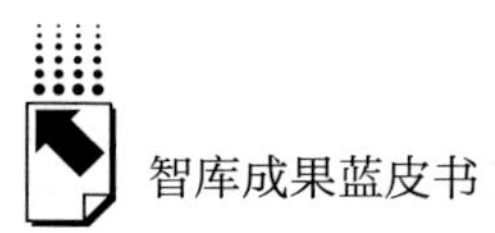

续表

排名	报告名称	作者	丛书名称,出版时间
60	北京市人口形势分析报告(2019)	马小红,闫萍,石万里等	北京人口蓝皮书,2019
61	2016 年中国网络舆情年度报告	上海交通大学舆论学研究院	舆情蓝皮书,2017
62	世界能源发展现状、未来趋势及中国的能源发展战略	总报告撰写组	世界能源蓝皮书,2019
63	2018 年中国人力资源状况及事业发展	余兴安,李志更,王梅等	人力资源蓝皮书,2019
64	严格监管与双轮驱动:社会组织高质量发展的转型之路	中国社会科学院“社会组织与公共治理研究”课题组	社会组织蓝皮书,2019
65	2018 年中国汽车工业发展报告	中国汽车技术研究中心有限公司,丰田汽车公司,中国汽车工业协会	汽车工业蓝皮书,2019
66	2019 年中国城乡居民收入和消费报告	贾德刚	社会蓝皮书,2020
67	2017 年中国互联网舆论分析报告	祝华新,廖灿亮,潘宇峰	社会蓝皮书,2018
68	2018 年中国电子政务发展报告	中央党校(国家行政学院)电子政务研究中心课题组	电子政务蓝皮书,2019
69	区块链产业图谱	姚前,朱烨东	区块链蓝皮书,2019
70	2018 年中国影视产业发展报告	陈鹏,王毛毛	影视蓝皮书,2020
71	中国宏观经济形势分析与展望:走出低迷仍待政策发力	张斌,徐奇渊	世界经济黄皮书,2020
72	2018 年国内康养企业发展报告:基于 240 万家企业的数据分析	康养企业调研项目组	康养蓝皮书,2019
73	2019 年消费形势分析及 2020 年展望	邹蕴涵	经济蓝皮书,2020
74	大国关系和国际力量对比的变化	李隽旸	国际形势黄皮书,2020
75	2018 年中国互联网经济发展情况与趋势	中央财经大学中国互联网经济研究院	互联网经济蓝皮书,2019
76	中国机器人产业发展报告	朱磊,申靓,沙鑫	机器人产业蓝皮书,2020
77	2018 年全国各地康养政策调研与分析报告	彭菲,庞晌	康养蓝皮书,2019

续表

排名	报告名称	作者	丛书名称,出版时间
78	2019 年工业运行情况分析及 2020 年预测	解三明	经济蓝皮书,2020
79	中国核能发展报告(2019)	王茜,李言瑞,石磊	核能发展蓝皮书,2019
80	2018 年中国企业公益报告	李东瑶,熊祎伟,王睿	慈善蓝皮书,2019
81	中国周边安全形势评估(2018 ~ 2019)	王雷	国际形势黄皮书,2020
82	基于康养人群分类的康养市场需求分析	何瀚林,黄凯伦	康养蓝皮书,2017
83	收入分配形势分析及建议	张车伟,赵文,张涛	经济蓝皮书,2020
84	我国人力资源基本状况分析	李学明	人力资源蓝皮书,2019
85	2018 年中国志愿服务发展指数报告	翟雁,辛华,张杨	慈善蓝皮书,2019
86	中国未来媒体发展报告(2019)	林小勇,林朝霞	未来媒体蓝皮书,2019
87	2018 ~ 2019 年长三角地区经济发展分析与展望	王振,薛艳杰	长三角经济蓝皮书,2020
88	山东村镇银行发展报告	孙国茂,李宗超,闫小敏	山东蓝皮书,2019
90	中国政府透明度指数报告(2018)	中国社会科学院法学研究所法治指数创新工程项目组	法治蓝皮书,2019
91	中国养老金融发展现状、挑战与趋势研判	董克用,孙博,张栋	养老金融蓝皮书,2019
92	2020 年中国经济走势和政策建议	祝宝良	经济蓝皮书,2020
93	中国各滑雪大区发展分析报告	赵薇	冰雪蓝皮书,2019
94	中国城乡老年人在业状况及其变化趋势	彭青云	老龄蓝皮书,2018
95	2018 年新能源汽车产业发展综述	黄永和,刘桂彬	新能源汽车蓝皮书,2019
96	中国老年人生活质量的定量研究	彭青云,冀云	老龄蓝皮书,2019
97	当前中国工业经济运行分析、展望与政策建议	史丹,张航燕	经济蓝皮书,2020
98	中国大健康产业:内涵、范围与规模测算	张车伟,程杰,赵文	大健康产业蓝皮书,2018
99	康养产品分类及市场供给分析	李靖雯,何瀚林	康养蓝皮书,2017
100	湖北省经济综合竞争力评价分析报告	李建平,李闽榕,李建建等	中国省域竞争力蓝皮书,2019

Abstract

Research output generated by intellectual cooperation and collaboration among think tank researchers plays a crucial role in helping the Party and the government in making more scientifically-informed decisions and policies. Being application-oriented think tank's output and recognized as one of the well-known brands of Chinese academic international discourse construction, Pishu increasingly exerts great influence in the international academic circles. At the meantime, Pishu plays a crucial role in building new-mode think tanks with Chinese characteristics through consultation, public opinion guidance, international exchanges promotion and academic community building.

Pishu was firstly published in China in 1990. Since 1997, Social Sciences Academic Press (hereinafter referred to as "SSAP") has run under specializing, serializing and branding operation. Over the past twenty years' improvement, Pishu is now progressing into an era of high-quality development. By the year 2019, SSAP has annually published nearly 450 titles of Pishu which register a total of 1.25 billion words and over 30, 000 authors. It involves approximately 1, 000 research institutions. The content resources of Pishu Database have reached 4.47 billion words with more than 1, 500 institutional users and 166, 000 individual users by June 30, 2020. Many titles of Pishu have been published overseas in English, Russian, Japanese, Korean and other languages since 2007. By July, 2020, 232 titles of Pishu in both foreign languages and traditional Chinese editions have been published.

In addition to the pursuit of high-quality in compilation, Pishu strictly commits to adhering to the correct political direction and academic orientation, and fully implements Bibliographic Management System of "adjusting the structure and optimizing the topic". It also bends itself to making full use of data and intelligent platforms to innovate its content, production and release. Pishu attaches great importance to academic norm and formulation of output evaluation system as well. As a new-mode think tank with Chinese characteristics, Pishu plays a very valuable role in the aspects of consultation, political advice, theoretical innovation, public opinion guidance, international exchanges, and think tank community construction.

Keywords: Pishu; High-quality Development; Think Tank Community

Contents

Ⅰ General Report

Abstract: After structural adjustment and optimization, the titles of total reports of Pishu have been effectively controlled, the research and innovation institutions are constantly diversified, and the numbers of authors continue to grow. By the year 2019, SSAP has annually published nearly 450 titles of Pishu which register a –total of 1. 26 billion words and over 30, 000 authors. It involves approximately 1, 000 research institutions. By June 30, 2020, the content resources of the Pishu Database have reached 4. 47 billion words more than 1, 500 institutional users and 166, 000 individual users. Since 2007, many titles of Pishu have been published overseas in English, Russian, Japanese, Korean and other languages. By July 2020, 232 titles of Pishu in both foreign and Traditional Chinese versions have been published. Pishu plays a valuabe role in promoting the construction of a new-mode of think tank with Chinese characteristics, such as advising government, guiding public opinion, promoting international exchanges, and building an academic community. In the future, we will fully implement the requirements of high-quality management, highlight the publicity of think tank results, and focus on studying major theoretical and practical issues. We will actively make full use of data platform and intelligent platform to innovate the production and release mode of Pishu content; attach great importance to the writing standards of yearbooks; establish a scientific evaluation system of think tanks to promote the growth of the academic community.

Keywords: Pishu; Think Tank; Academic Results Evaluation ; Think Tank Evaluation

Ⅱ Sub-category Reports

Abstract: This report based on 97 social, political and law blue books released in 2019 as a research sample for content classification. According to the compound standard of "research theme + research team", it is divided into three types, social development, public service and rule of law construction. A dynamic inventory of the number of blue books, research teams, media influence, research trends, and topic selection hotspots are carried out. The 2019 social, political and law blue books present the characteristics of enhanced depth and breadth of topic selection, increased responsive topic selection, and high influence and standardization. In addition to the traditional excellent blue books with high research quality for consecutive years, some books have gradually entered the ranks of excellent blue books through years of intensive cultivation and data accumulation in specific fields. The research hotspots of the social politics and law books in 2019 and the hot issues of general concern in the society from 2018 to 2019 show a high overlap, reflecting the cutting-edge, forward-looking and time-effectiveness of this type of blue book. At the same time, some of the hot words are those hot issues that have received long-term attention for many years. This reflects the characteristic of the blue book that focuses on the long-term development trend of hot issues in specific fields. Finally, this article puts forward four suggestions for the high-quality development of social, political and legal blue book: pinpointing research and innovation positioning, optimizinge the topic selection of the paper, improvinge research and innovation methods, and enriching countermeasures.

Keywords: Social Development; Public Services; Legal Construction; Pishu; Hot Words

Abstract: International and regional studies, as a discipline combining fundamentality with practicability, covers a very wide range of research and it also has higher requirements in terms of timeliness and accuracy of analysis and forecasting. Therefore, the capacities to conduct in-depth international and regional studies are multifaceted. Scholars need to have interdisciplinary and transdisciplinary academic horizon and research capabilities, as well as the theoretical analysis ability of humanities and social sciences. It also brings certain challenges to the research and creation of the book because of. the ability to use foreign languages and the life and fieldwork research experience in the target countries or regions. This article takes the edition of 2019 International, regional and global governance year books as the statistical object, making a more comprehensive description toward the creation of Pishu by analyzing the number of publications, research institutions and authors, continuous publication conditions, influences as well as other aspects. At the same time, this article also associates the disciplinary features of international and regional studies with the practical problems in the creation of the book and puts forward four suggestions for the future development: oriented by the needs of national diplomacy, further emphasize the policy advice and practicability; broaden the scope of topic design and form the comparative advantages of research institutions; strengthen interdisciplinary and transdisciplinary joint creation; integrate the creation of Pishu and database construction together to strengthen data collection and analysis capabilities.

Keywords: Pishu; International and Regional Studies; Global Governance; Disciplinary Features

Abstract: In this paper, the research and creation of local culture yearbooks are first included into the broad scope of cultural yearbooks research. This paper analyzes the background, publication, research theme characteristics and research trends of cultural media and local culture books respectively. Combining the situation of modern cultural industry and reform, it carries out the analysis of 61 yearbooks of cultural media and local culture published in 2019. In 2019, there were 40 cultural media yearbooks, nine of which were new series. Twenty-one local culture books were published in 2019, and a total of 185 yearbooks were published from 2006 to 2019. In 2019, these books focused on the opportunities and challenges of the media industry, the application of new technology and the construction of new cultural markets in local cultural development. They gave full play to the creative power of the think tanks of the party, government institutions, society, and industries. Through a quantitative approach along with know-metrics tools, this paper uses the series name, table of contents, general abstract, and keywords of cultural media and local cultural books as the basic data, and finds that cultural media books focused on the eight categories, namely, industry, network, media, world, economics, Internet, public, and creative ideas, among which "artificial intelligence", "media convergence" became annual research hotspots in 2019; while the local culture books covered the cultural belts of China's major regions, where "cultural industry" and "cultural trade" stood out as important research objects. In the "comprehensive evaluation" of the quality of the books, the number of the cultural media books has increased over the past five years, but their quality has surprisingly decreased, and the number of local culture books has declined even significantly. Based on these, three suggestions are put up for the research and creation of cultural media and local culture books. First, it is important to strike a balance between logic and critical thinking within the academic community. Second, it should be guaranteed to maintain the balance between issue setting and issue leading in the new technological environment. Third, it is significant to balance rural economic development and cultural revitalization in the new historical turning period.

Keywords: Pishu; Cultural Industry; Public Cultural Services; Cultural Tourism; Lssue Setting

B.5 The Specialization and Industry Value of Automobile Yearbooks

Zhang Yanli / 124

Abstract: As a think tank report of automobile industry, automobile yearbooks collect the basic data of the development of automobile industry by using the empirical analysis method, which plays a positive role in promoting the development of automobile industry. This report makes a statistical analysis of the data of the first titles of automobile Pishu published since 2006, including 22 titles and 81 automobile yearbooks. Statistics show that the total number of series, varieties and reports of automobile Pishu are increasing year by year, but the quality and standardization show uneven. Comprehensive evaluation ranks lower than other types of Pishus, the content of the professional and empirical aspects also need to be improved. Based on the analysis of word frequency and knowledge atlas, the focus of automotive Pishu are mainly on the power source of new energy vehicles and the intelligent field of vehicles in recent years. Finally, this report expounds the industry value of the automobile books, which are the recorder of the development track and the intellectual source of the automobile industry. The report also puts forward that the core content and orientation of the yearbooks should be determined according to the direction of the subdivided industries, and the synergy effect should be formed through the sharing of data resources and the effective integration. In the future, the automobile yearbooks should pay attention to the frontier and hot spot of industry development and expand the social and international influence. This report provides reference and direction for more industries to join in the research of the industry Pishu, and to launch more valuable think tanks output of the industry.

Keywords: Pishu; Automobile Industry; Standardization; Specialization; Industry Value

B. 6 Report on the Development of Sports Yearbook (2020)

Abstract: The sports yearbook is a think tank report, annually published, that analyzes, evaluates and forecasts sports development and hot issues. This report analyzes the development and publishing characteristics of sports papers based on the full sample data of sports Pishu of Social Sciences Academic Press from 2010 to 2019. The study found that the development process of sports Pishu falls into three stages: the preliminary exploration period (2010 - 2013), the growth and ciltivation period (2014 - 2018) and the management innovation period (2019 - present) . A total of 7 series of sports yearbooks, including 16 titles, and a total of 35 books, 593 reports and 7563. 26 thousand words have been published. Thirty-eight research institutions mainly consist of sports colleges are involved in the study of sports yearbooks. Since 2010, the number of Pishu continuously published until 2019 accounts for 31. 25% of the total, and only one title of Pishu is continuously published on schedule. In the long run, there is more room for sports Pishu volume expansion. Sports yearbook research should pay attention to achieving quantitative expansion while ensuring quality improvement. Stablizing the research teams with better interdisciplinary attribute can help solve sports data collection problems to ensure authority, so as to truly become an authoritative window for the community to quickly have a comprehensive understanding of sports development.

Keywords: Pishu; Sports; Public Sports Service

Ⅲ Norm and Evaluation Reports

Abstract: A total of 419 titles of 2019 edition Pishu participated in evaluation. Local development Pishu has the largest number of participants, accounting for 35% , followed by industry Pishu, economics Pishu, international issues Pishu, social politics and law Pishu, and cultural media Pishu. Through analysis, it is found that the local development and industry Pishu should strengthen the research and creation of various indicators in the original scores of the value and significance of the research topics; economics, social politics, law, and cultural media Pishu should be more innovative and solution-solving. Policy guidance on major theoretical or practical issues; improve originality of the report ; reduce content repetition rate. The report also analyzed the scoring rate of the average value of each indicator, the category distribution of the top 100Pishu, the distribution of research and innovation institutions, the distribution of research topics, and the distribution of publication year. At present, the content quality of Pishu showed many problems, such as lack of writing style standardization and insufficient innovation of Pishu index report or investigation report. Based on the problems, it is proposed to strengthen the front-end management of Pishu and manage the related bibliography of Pishu; combine with the evaluation results; improve the comprehensive evaluation index system of Pishu; perfect the feedback and appeal system of the evaluation results of Pishu; reform the evaluation method, and deeply integrate online review and offline review.

Keywords: Pishu; Peer Review; Academic Evaluation

Abstract: This report is based on the results of the media impact of 2015 – 2019 edition of Pishu as the research object. The study found that, Firstly, the mean score of the media impact of economic yearbook has a long track record of leadership, three indexes (the index of traditional media, web page retrieval and the communication ability of microblog) achieves the highest average score of a single index of 2019 edition of Pishu. Secondly, The report analyzes the scoring rate of mean score of the media impact of 2015 – 2019 edition of Pishu, and the scoring rate of mean score of traditional media are higher than other indexes except the year of 2016. Thirdly, the average score of the top 50 Pishu on the results of the media impact of 2019 edition is much higher than grand average, the outstanding one is the media transmission power, it still has a huge lead. Fourthly, analyzing the research institutes of top 50 on the results of the media impact of 2019 edition of Pishu, Beijing, Guangzhou and Lanzhou dedicated to 38 research institutes; The main research force focused on Chinese Academy of Social Sciences, Local Academy of Social Sciences and Institution of higher education, which accounts for 76 percent of top 50 research institutes. Fifthly, the media impact of 2019 edition of Pishu still faces four problems such as no press conference of Pishu research group paid less attention to media impact evaluation, irregular publishing time affects the evaluation results of the media impact of Pishu, the propaganda strength of traditional media is insufficient and the operational capability of new media is weak. Sixthly, this report puts forward how to enhance the six countermeasures and suggestions of media impact of Pishu, they are respectively strengthening the management of Pishu press conference, perfecting the operation mechanism of Microblog and Wechat public platform, exploring diversified model of Pishu release, integrating advantage in both traditional and new media, promoting the two-way interdynamic behavior between Pishu research group and evaluation work, fixing the publication date and scheduled date of Pishu press conference.

Keywords: Pishu; Media Impact; Evaluation Index; the Management of Pishu Press Conference; Media Coverage Monitoring

B. 9 Pishu Originality Evaluation Report (2020)

Zhang Mingyan / 221

Abstract: The content repetition rate of Pishu is a means to test the originality of a yearbook report, and it is also one of the standards to test the quality of a yearbook. It can affect the quality and social influence. This report is based on the 2019 edition Pishu' repetition rate test results, from the overall situation, content classification, research functions of yearbook to analysis the points of academic evaluation of yearbooks. Not the author's first publication, yearbooks' frame is similar and references published articles were the causes of yearbooks content repetition rate falls. At the same time, according to a single report from 2019 edition Pishu' report content repetition rate tests results data, the author analyses the reason not up to standard: the authors from universities and research institutes often refer published articles of their own, the authors of party and government departments tend to write yearbook reports seems be more like government work reports and policy documents. Based on the above data statistics and analysis result , it proposed the future countermeasures to reduce yearbook report content repetition rate from the perspective of Pishu authors and editors angle, The first, it focus on the authors' first publication; Second, we should strengthen the innovation of Pishu, avoid using the same framework and only to change the data every year, and finally strengthen the original ability with reducing the reference of others published articles.

Keywords: Content Repetition Rate; Academic Originality; First Publication

Abstract: Academic norm is an important guarantee to promote academic increment and realize discipline development. As an important part of academic norms, the academic norms of Pishu contain the general requirements of academic norms, and its own characteristics as well, which is an important guarantee for the high-quality development of Pishu. Based on the data analysis of 427 titles of Pishu published in 2019, this report makes a comprehensive investigation on the academic standardization of Pishu from three aspects: writing methods, normative elements and content quality. It is found that some Pishu in 2019 still have academic non-standard problems. This paper puts forward the suggestions from authors and publishers'perspective, in order to further promote the construction of academic standardization, improve the quality and expand the influence of Pishu.

Keywords: Pishu; Document Standard; Content Standard; Quality Standard

Ⅳ Hot Spot Reports

Abstract: Since 2019, Pishu's digitization has accelerated towards the direction of deep integration. Diversified digital publishing business pattern has brought a good market superposition effect. The quality and scale of content resources in Pishu Database has continuously strengthened. The number of users and visits increased rapidly and the user portraits became more clearly. The digital development of Pishu is still facing many challenges, including the fast changing external environment, increasingly "hypercritical" user vision about products and services, insufficient scale of high quality content and weak capacity of accurate scene knowledge service. In the future, Pishu digitization will continue to focus on the database, integrate high quality resources vigorously based on the essence of content, build the world's leading knowledge service platform which integrate and release think tank achievements, use new technologies to provide information, data, norms, dissemination, evaluation and other professional services for research and innovation of Pishu and think tank research; keep innovating cross-border carriers and marketing models, and extend the depth and breadth of the brand's social influence in the digital age.

Keywords: Pishu; Digitization; Pishu Database; Deep Integration

Abstract: This paper attempts to describe the new situation and new characteristics of the current dissemination of Pishu by analyzing the four important elements: media, distribution channels, Pishu annual conference, and readers. It is found that the peak of media reports in 2019 occurred in June and December, but in terms of the number of publications, January is the most efficient month for media reports. Due to the impact of the epidemic, the distribution of Pishu in 2020 is facing a severe test, and the publishing houses' self-operated platforms have begun to rise against the trend in the epidemic. As an important platform of the development of Pishu, the Pishu annual conference has experienced 20 years of development, witnessing the continuous absorption, reflection and construction of the achievements of the Chinese think tank from the awakening to the rise . Through self-operated channel readers and sales data, we have a clearer understanding of the purchasing behavior of the readers of Pishu. Readers from developed cities with higher education are important customer groups of Pishu. With regard to the construction of Pishu' dissemination power in the future, the need to strengthen the construction of its own platform and control the media reports and reader data in publishing houses' side has become increasingly prominent .

Keywords: Media; Reader Portraits; Self-operated Platforms; Pishu Annual Conference

V Case Study

Abstract: This paper takes the comprehensive influence of Annual Report on China's Education – *Blue Book of Education* which is edited by the 21st Century Institute of Education as the evaluation research object. It is under the background framework of private education think tanks participating in the education public policy advocacy and relying on the participatory evaluation paradigm, this paper discusses the comprehensive evaluation and analysis of the impact of academic publishing, dissemination and promotion and policy advocacy. Based on the evaluation , it can be found that in the domestic "education" publishing sequence, Annual Report on China's Education is one of the earliest publication, the strongest continuity, and a small number of social think tank output; The content quality maintains a high level, ranking in the top of the evaluation ranking for many years; it is selected as the first batch of English version of Pishu published internationally, and the number of reports by traditional mainstream media and new media is on the rise; actively promote the formulation, advocacy and promotion of education policies. This paper reveals the multiple and complex value and role of stakeholders in participatory evaluation, and provides useful experience for the impact evaluation of similar publishing projects.

Keywords: Annual Report on China's Education; Achievements of Private Education Think Tank; Impact Assessment

Ⅵ Appendix

权威报告·一手数据·特色资源

皮书数据库

ANNUAL REPORT(YEARBOOK) DATABASE

分析解读当下中国发展变迁的高端智库平台

所获荣誉

- 2019年，入围国家新闻出版署数字出版精品遴选推荐计划项目
- 2016年，入选“‘十三五’国家重点电子出版物出版规划骨干工程”
- 2015年，荣获“搜索中国正能量 点赞2015”“创新中国科技创新奖”
- 2013年，荣获“中国出版政府奖·网络出版物奖”提名奖
- 连续多年荣获中国数字出版博览会“数字出版·优秀品牌”奖

WWW.PISHU.COM.CN

成为会员

通过网址www.pishu.com.cn访问皮书数据库网站或下载皮书数据库APP，进行手机号码验证或邮箱验证即可成为皮书数据库会员。

会员福利

- 已注册用户购书后可免费获赠100元皮书数据库充值卡。刮开充值卡涂层获取充值密码，登录并进入“会员中心”—“在线充值”—“充值卡充值”，充值成功即可购买和查看数据库内容。
- 会员福利最终解释权归社会科学文献出版社所有。

数据库服务热线：400-008-6695
数据库服务QQ：2475522410
数据库服务邮箱：database@ssap.cn
图书销售热线：010-59367070/7028
图书服务QQ：1265056568
图书服务邮箱：duzhe@ssap.cn

社会科学文献出版社 SOCIAL SCIENCES ACADEMIC PRESS (CHINA) 皮书系列

卡号：135652233436

密码：

中国社会发展数据库（下设 12 个子库）

整合国内外中国社会发展研究成果，汇聚独家统计数据、深度分析报告，涉及社会、人口、政治、教育、法律等 12 个领域，为了解中国社会发展动态、跟踪社会核心热点、分析社会发展趋势提供一站式资源搜索和数据服务。

中国经济发展数据库（下设 12 个子库）

围绕国内外中国经济发展主题研究报告、学术资讯、基础数据等资料构建，内容涵盖宏观经济、农业经济、工业经济、产业经济等 12 个重点经济领域，为实时掌控经济运行态势、把握经济发展规律、洞察经济形势、进行经济决策提供参考和依据。

中国行业发展数据库（下设 17 个子库）

以中国国民经济行业分类为依据，覆盖金融业、旅游、医疗卫生、交通运输、能源矿产等 100 多个行业，跟踪分析国民经济相关行业市场运行状况和政策导向，汇集行业发展前沿资讯，为投资、从业及各种经济决策提供理论基础和实践指导。

中国区域发展数据库（下设 6 个子库）

对中国特定区域内的经济、社会、文化等领域现状与发展情况进行深度分析和预测，研究层级至县及县以下行政区，涉及地区、区域经济体、城市、农村等不同维度，为地方经济社会宏观态势研究、发展经验研究、案例分析提供数据服务。

中国文化传媒数据库（下设 18 个子库）

汇聚文化传媒领域专家观点、热点资讯，梳理国内外中国文化发展相关学术研究成果、一手统计数据，涵盖文化产业、新闻传播、电影娱乐、文学艺术、群众文化等 18 个重点研究领域。为文化传媒研究提供相关数据、研究报告和综合分析服务。

世界经济与国际关系数据库（下设 6 个子库）

立足“皮书系列”世界经济、国际关系相关学术资源，整合世界经济、国际政治、世界文化与科技、全球性问题、国际组织与国际法、区域研究 6 大领域研究成果，为世界经济与国际关系研究提供全方位数据分析，为决策和形势研判提供参考。